한자를 알면 수능이 보인다 ②

―국사

한자를 알면 수능이 보인다 ②
- 국사

1판1쇄 발행 2002년 3월 25일
1판3쇄 발행 2007년 9월 10일

지은이 | 전국한문교사모임
펴낸이 | 양지현
펴낸곳 | 한문교육

출판등록 | 제13-1021호(2004. 1. 14)
주소 | 서울 서대문구 남가좌동 124-313 / 2층
전화 | (02) 303-3491
팩스 | (02) 303-3492
e-mail | jngame@hanmail.net

ISBN 89-951192-3-3
값 8,000원

* 저자와의 협약에 의해 인지를 생략합니다.
* 잘못된 책은 구입하신 서점이나 본사에서 교환해 드립니다.
* 한문교육의 책은 도서출판 문자향에서 공급합니다.
   Tel. (02)303-3491 Fax. (02)303-3492

한자를 알면 수능이 보인다 ②
- 국사

전국한문교사모임 편

머리말

안녕하세요? 전 예비 고3입니다.

전 국사랑 한국지리를 공부할 때마다 '내가 뭘 하고 있지?' 란 생각이 들었습니다.

그래도 국사는 제가 좋아하는 과목이니깐 좀 나았지만 한국지리는 국어사전과 옥편을 펴 놓고 공부했습니다. 공부하다가 문득 우습더라구요. 세상에 우리말로 되어 있는 책으로 공부하는데, 한 문장에 뜻이 와 닿지 않는 낱말이 수없이 많다는 것이… 다른 애들은 그냥 넘어가던데 전 너무 답답하고 화가 나더라구요. 그냥 흙이라고 하면 될 것을 '토사(土砂)' 라고 하고…

제 어머니가 국사 선생님이시거든요.

그래서 국사공부를 한 뒤에는 한자로 된 용어를 한 글자 한 글자 풀어서 무슨 뜻인지 여쭤 보거든요. 그럴 때마다 제가 어머니께 한자말을 다 풀어서 설명해 주는 책이 나오면 좋겠다고 징징거렸거든요.^^

근데!!! 오늘 책방에서 이 책을 보고 얼마나 놀랐는지 몰라요. 저도 모르게 환호성을 질러버렸답니다.^^;

왜 이제야 만났는지… 지금이라도 이 책과 만나서 정말 다행이에요.^^

정말 고맙습니다. 이런 책을 만들어 주셔서… 감동입니다.

구분전(口分田)이 그런 뜻인 줄은 정말 몰랐어요.^^

《선생님이 풀어 주는 사회 한자어》도 빨리 나왔으면 좋겠어요. 나오면 메일 보내주세요.^^ 꼭이요! 한국지리도 나왔음 좋겠어요. 제발요. ㅜ.ㅜ

윤리도…^^ 헤헤 암튼 정말 고맙습니다.

@)))))(@ - 이 김밥 드시고 힘내세요.^^ 화이팅!

앞의 글은 지난번 국사 한자어를 정리하고 풀이한 책인 《선생님이 풀어 주는 국사 한자어》를 본 한 학생이 필자에게 보내온 이-메일의 내용이다.
　이 학생의 메일 중 다음 내용을 짚고 넘어가자.

　'세상에 우리말로 되어 있는 책으로 공부하는데, 한 문장에 뜻이 와 닿지 않는 낱말이 수없이 많다는 것이… 다른 애들은 그냥 넘어가던데 전 너무 답답하고 화가 나더라구요. 그냥 흙이라고 하면 될 것을 '토사(土砂)'라고 하고…'

　우리의 어휘는 역사적 특수성 때문에 한자어가 많이 섞여 있다. 중국이나 일본에서 수입되기도 했고, 우리나라에서 만들어진 한자어 등 다양한 경로를 통해 형성되었다. 그런데 한자어 중 상당수의 어휘가 생활에서의 반복 사용으로 거의 고유어화 되어, 한자의 학습이 없어도 언어생활을 하는 데 큰 어려움이 없게 되었다. 그러나 학교에서 배우는 교과목 한자어는 일상 생활에서 반복 사용할 기회가 드물기 때문에 제대로 이해하려면 항상 사전을 옆에 두고 개별 학습이 이루어져야 한다. 그렇다면 다음 두 경우 중 어느 쪽이 현명한 학습 방법일까?
　첫번째. '삼국유사는 일연이 지은 책'이라는 식의 단순 암기.
　두번째. '삼국유사三國遺事는 삼국유사에[三國] 빠진[遺] 사건을[事] 기록한 책'이라는 식의 한자 풀이를 통한 이해.

　답은 당연히 두번째이다. 기억의 깊이나 지속도, 또한 한자 학습까지 덤으로 하게 되는 일석삼조一石三鳥의 효과까지 거둔다.
　우리는 그동안 두번째의 학습 방법을 행할 기회조차 없었다. 대부분의 교과서가 기의 한글로 표기되어 있기 때문인데, 이는 우리에게 한글 전용의 문화가 지나칠 정도로 강하다는 것과 연

머리말

관되어 있다. 필자는 개인적으로 한글 전용에 찬성하며 쉬운 우리말로 전환이 가능한 용어들은 계속 바꿔 나가는 작업도 이루어져야 한다고 생각한다. 하지만, 이것이 하루아침에 이루어지는 것도 아니고, 위와 같은 문제가 시급히 해소되기 위해서는, 적어도 학문의 영역에서만큼은 한자의 괄호 쓰기가 이루어져야 한다고 생각한다. 또한 학교에서의 한문교육이 뒷받침되어, 한자의 이해를 통한 각 교과목 용어의 학습 수준 향상이라는 결실이 맺어지길 바란다.

아쉽지만 용어와 그 의미를 무작정 외우며 넘어가는 학습 지진遲進 사태가 지금의 학생들부터라도 없어지기 바란다.
이 책은 사전 이상의 가치를 전할 것이다.

2002년 2월
이 병 주(전국한문교사모임 회장)

일러두기

1. 용어의 선정이나 편성은 고등학교 국사교과서를 따랐다.

2. 용어의 이해를 돕기 위해 어원에 충실한 직역을 해놓았으나, 그 유래를 정확히 알 수 없는 것은 임의적인 풀이를 하였다.

3. 이 책은 한자풀이를 통한 용어의 의미 이해에 중심을 두었기 때문에 용어의 설명은 간략하게 소개하였다. 더욱 자세한 설명은 국사관련 사전이나 백과사전 류를 참고하기 바란다.

Ⅰ 선사 문화의 국가 형성
Ⅱ 고대 사회의 발전 · 25
Ⅲ 중세 사회의 발전 · 53
Ⅳ 근세 사회의 발달 · 119
Ⅴ 근대 사회의 태동 · 195
Ⅵ 근대 사회의 전개 · 251
Ⅶ 민족의 독립 운동 · 291
Ⅷ 현대 사회의 발전 · 309

찾아보기 · 321

1. 선사 시대

선사 시대 先史時代

先 먼저 선 史 역사 사 時 때 시 代 대신하다, 시대 대

역사[史] 이전의[先] 시대[時代]

선사 시대는 문자로 기록된 역사 자료가 없는 역사 이전의 시대로, 남겨진 유물에 의해 생활상을 추측할 수 있으며, 석기 시대가 이에 해당합니다. 원시인들이 생활에 쓰던 도구나 용품들이 조잡하고 볼품없는 것은 당시의 도구 제작 기술이 축적되지 않았기 때문입니다. 그러나 그들이 발명해 낸 도구들은 당시로서는 위대한 것입니다.

역사 시대란

역사 시대歷史時代란 문자가 발명되고 역사 기록이 남아있는 시대를 일컫습니다. 최초의 문자는 청동기 시대에 발명됩니다. 그 예는 메소포타미아의 쐐기문자, 이집트의 상형문자, 중국의 한자가 있습니다.

구석기 시대 舊石器時代

舊 옛 구 石 돌 석 器 그릇, 도구 기 時 때 시 代 대신하다, 시대 대

돌로[石] 만든 도구를[器] 쓰던 시대[時代] 중 앞선[舊] 시기

구석기 시대는 인간이 뗀석기를 가지고 무리를 지어 이동하며 사냥과 채집 생활을 하던 시대로, 인류가 지구상에 출현한 때로부터 신석기 시대가 시작되기 전까지를 말합니다.

이 시기의 인류는 자연에서 주워 온 돌을 깨뜨려 사용함으로써 자연의 다른 생물들보다 생존하기에 훨씬 유리한 위치에 있었고, 세계의 구석기 시대의 인류는 예술적으로 뛰어나서 '동굴벽화壁畵'라는 문화 유산을 남겼습니다.

신석기 시대 新石器時代

新 새롭다 신　石 돌 석　器 그릇, 도구 기　時 때 시　代 대신하다, 시대 대

돌로[石] 만든 도구를[器] 쓰던 시대 중 나중[新] 시기

　　신석기 시대는 구석기 시대에 이어 돌을 사용하던 시대이지만, 이 시대에는 석기 제작에 새로운 발전이 이루어져, 돌을 갈아서 더욱 정교하게 만든 간석기가 사용되고, 흙을 빚어 불에 구운 토기가 사용됩니다. 이 시기에 이르러 농경과 목축이 처음 시작되었으며, 사람들은 강가나 바닷가에 움집을 짓고 정착 생활을 하였고, 혈연을 중심으로 평등한 부족 사회를 이루고 살았습니다.

　　신석기 인류는 구석기 인류가 남긴 뗀석기의 문화보다도 한층 더 발달하였습니다. 즉, 돌을 갈아서 날카로운 연장을 만들어 훨씬 강력한 도구로 이용하였습니다. 특히 자연의 식물을 품종 개량해서 농사를 지은 것은 인류의 '생활'을 근본적으로 변화시켜 놓은 대단한 일이었습니다. 오늘날 컴퓨터의 발명, 그 이상입니다.

 신석기 혁명 新石器革命

신석기 시대에 들어와 농경과 목축이 시작되었습니다. 구석기 시대에 먹이를 찾아 무리를 지어 이동 생활을 하던 인간은 이제 스스로의 노력으로 식량을 생산하고 정착 생활을 하게 됨에 따라 그 생활 양식이 크게 변화합니다. 이와 같은 생활 양식의 변화를 신석기 혁명이라 합니다.

원시 종교
 animism

자연계의 모든 사물에 영혼이 존재한다는 생각이나 신앙.
'animism'에서 'anima'는 '생명', '영혼', '정신'이란 뜻으로, 애니미즘ani-mism은 자연계의 모든 사물에 영혼이 존재한다는 생각이나 신앙을 말합니다.
예를 들어 아직도 우리나라 사람들이 외국에 비해 중고품을 선호하지 않는 이유 중에 하나는 남이 입던 옷에는 그 사람의 영혼이 붙어 있다는 조상들의 애니미즘 사상의 영향이 있기 때문이라고 합니다.

○ ~ism - '~의 행위, 특성, 상태, 주의, 학설, ~교敎'를 뜻하는 말입니다.
animation - '생기', '활발', '생기 넘침', 혹은 그런 만화를 가리키는 말.

샤머니즘 shamanism

무당이나 박수(남자무당)가 신 내린 상태에서 신령이나 죽은 이의 영혼을 불러 내어, 길흉의 판단이나 예언 따위를 하게 하는 것.

'shaman'은 '영혼과 대화할 수 있다는 무당이나 박수'를 가리키는 말로, 샤머니즘은 무당이나 박수가 신 내린 상태에서 신령이나 죽은 이의 영혼을 불러 내어, 길흉의 판단이나 예언 및 질병 치료 따위를 하게 하는 것을 말합니다. 한마디로 무속巫俗입니다.

토테미즘 totemism

신성시하는 특정의 동식물 또는 자연물 토템에 의해 형성된 사회 체제나 종교 형태.

'totem'은 '북아메리카 원주민 등이 가족·종족의 상징으로 숭배하는 자연물·동물'을 가리키는 말로 토테미즘은 미개 사회에서, 씨족·부족 또는 씨족적 집단의 성원과 특별한 혈연 관계를 가진다고 생각하여 신성시하는 특정의 동식물 또는 자연물 토템에 의해 형성된 사회 체제나 종교 형태를 말합니다.

예를 들어 곰을 숭상하는 원시 부족 사람들은 곰이 어느 나무에선가 노닐다 가면 곰의 성스러움이 그 나무에게 옮겨졌다고 믿고, 따라서 그 나무도 숭배의 대상으로 삼는 것을 말합니다. 단군 신화의 곰과 쑥 이야기도 일종의 토테미즘에서 나온 이야기로 보기도 합니다.

2. 국가의 형성

🌑 인간 사회의 발전 과정

무리 사회(구석기 시대) → 씨족·부족 사회(신석기 시대) → 군장 사회(청동기 시대) → 초기 국가(철기 시대) → 연맹 왕국 → 중앙 집권 국가

청동기 시대 靑銅器時代

靑 푸르다 청 銅 구리 동 器 그릇, 도구 기 時 때 시 代 대신하다, 시대 대

청동으로[靑銅] 만든 도구를[器] 사용한 시대[時代]

청동기 시대는 자연에서 쉽게 구할 수 있는 돌이 아닌, 구리와 주석朱錫으로 만든 청동기를 도구로 사용한 시기입니다. 이 시기에 이르러 인간 사회는 생산력의 증대에 따라 잉여 생산물이 발생하고 사유재산과 계급이 출현하여 평등한 원시 공동체 사회가 해체되고 계급 사회로 바뀌게 됩니다. 이에 따라 정치적·경제적 지배자가 등장하고 통치 체제를 갖춘 국가가 탄생하며 고도의 도시 문명이 성립됩니다.

철기 시대 鐵器時代

鐵 쇠 철 器 그릇, 도구 기 時 때 시 代 대신하다, 시대 대

철로[鐵] 만든 도구를[器] 사용한 시대[時代]

철기 시대는 청동보다 더욱 단단한 철기를 도구로 사용한 시기입니다. 우리나라에서 철기는 기원전 4세기경부터 쓰이기 시작했으며, 철제 농기구와 철제 무기가 사용되면서 생산력이 증대되고, 정복 전쟁이 더욱 활발해졌습니다. 이 시기에 고조선은 요동을 중심으로 중국의 연燕과 대립하며 강력한 국가로 성장하였고, 부여·고구려·옥저·동예·삼한 등의 여러 국가가 출현합니다.

선민 사상 選民思想

選 가려 뽑다 선 民 백성 민 思 생각하다 사 想 생각하다 상

자신의 부족은 하늘로부터 뽑힌[選] 백성이라는[民] 사상[思想]

선민 사상은 청동기 시대 이후 각 부족간의 정복 전쟁이 활발해지면서 정치·경제면에서 우세한 부족이 약한 부족을 정복하고 지배하기 위하여 만들어 낸 사상입니다. 단군 신화, 고주몽 신화, 박혁거세 신화, 김수로 신화 등이 바로 각 나라의 건국 과정에서 선민 사상을 바탕으로 형성된 것들입니다.

고조선 古朝鮮

古 옛 고 〈朝 아침 조 鮮 신선하다 선〉 나라 이름

옛[古] 조선[朝鮮]

고조선이란 이름은 일연一然(1206~1289)이 지은 《삼국유사三國遺事》에 나옵니다. 원래 나라 이름은 조선朝鮮인데, 위만 조선과 구분하기 위해 '옛 고(古)'를 덧붙인 것입니다.

고조선은 청동기 시대에 성립되어 철기 시대까지 요동을 중심으로 발전한 우리나라 최초의 국가로, B.C. 8~7세기경 요동과 한반도 북서부를 중심으로 형성되었으며, B.C. 4~3세기경에는 철기를 수용하면서 강성해졌습니다. B.C. 2세기초에는 연燕나라 사람 위만이 준왕을 내쫓고 위만 조선을 성립시켜 본격적으로 철기 문화를 수용하며 발전했습니다. 그러나 중국 한漢나라의 침입을 받아 B.C. 108년 왕검성이 함락되어 멸망하였습니다.

단군 조선 檀君朝鮮, 기자 조선 箕子朝鮮, 위만 조선 衛滿朝鮮

조선이라는 국명은 여러 차례 나옵니다. 일반적으로 단군조선은 단군檀君이 아사달阿斯達에 도읍을 세운 조선을 말하고, 그 뒤에 은殷 나라가 망할 때 기자箕子가 조선에 망명하여 세웠다는 '기자 조선箕子朝鮮', 그리고 한나라 초기에 연燕나라 사람 위만衛滿이 망명하여 와서, 전 왕조의 마지막 왕인 준왕準王을 내쫓고 건국한 위만 조선衛滿朝鮮도 모두 조선이라고 합니다.

고려와 조선 시대에는 기자 조선의 실체를 인정했지만, 현재 학계에서는 이에 대한 근거가 희박하다고 여겨 부정하는 견해가 지배적입니다. 또한 위만은 새로운 왕조를 만들었기 때문에 위만 조선이라는 용어는 '위만 왕조' 등으로 바꿔야 한다는 주장이 있습니다.

조선 시대를 간혹 이씨 조선李氏朝鮮의 줄임말인 '이조李朝'라고 표현하는 경우가 있습니

다. 이것이 이전의 여러 조선, 지금의 북한(=북조선)과 구분하려는 목적에서라면 타당한 표현으로 인정할 수 있습니다.

단군 왕검 檀君王儉

檀 박달나무 단 君 임금 군 王 임금 왕 儉 검소하다 검

제사장이면서[檀君] 군장인[王儉] 사람

'檀君'은 종교적인 제사 의식을 거행하는 제사장을 의미하고, '王儉'은 정치적 지배자인 군장을 의미하는 것으로, 단군 왕검이란 '제정일치 사회의 군장'이란 뜻입니다.

단군 왕검은 우리 민족의 시조始祖로 받드는 고조선의 첫 임금, 혹은 고조선의 지배자를 가리키는 칭호입니다.

단군의 어원에 대한 여러 주장

1. 단군은 백악산 또는 태백산을 가리키는 '박달 임금'을 이두식 한자로 옮긴 것으로, 특정 인물을 가리키는 것이 아니라, '백악산 또는 태백산을 다스리는 왕'이란 뜻.
2. 단군의 풀이는 '박달 왕'으로, 박달나무처럼 단단하다는 의미가 아니라 '밝은 땅의 통치자'란 뜻. 또한 단군은 하늘을 뜻하는 '○(동그라미)'의 뜻으로, 둥군·둥궁·둥금 등의 발음 중 하나.

제정일치 祭政一致

祭 제사 제 政 정치 정 — 하나 일 致 (~에) 이르다 치

종교와[祭] 정치가[政] 분리되지 않고 일치함[一致]

제정일치는 제사를 담당하는 제사장이 하늘의 권위를 빌려 종교적 지배자 역할을 하고, 정치적으로도 군장으로서 그 사회를 지배하는 것을 말합니다. '단군 왕검'이라는 말을 통해서도 고조선의 지배자는 제사장과 군장의 지위를 겸하고 있으며, 종교와 정치가 분리되지 않은 제정일치 사회라는 것을 알 수 있습니다.

홍익인간 弘益人間

弘 넓히다 홍　益 이익 익　人 사람 인　間 사이 간

널리[弘] 인간을[人間] 이롭게[益] 함

　홍익인간은 고조선의 건국 이념으로, '널리 인간을 이롭게 한다' 는 뜻입니다. 그러나 당시에 이미 노예가 있었고, 순장의 풍습이 행해졌던 것으로 보아, 이 이념은 지배층의 의도에 의해 만들어진 것으로 볼 수도 있습니다.

8조 금법 八條禁法

八 여덟 팔　條 조목 조　禁 금지하다 금　法 법 법

여덟[八] 가지[條] 금지하는[禁] 법[法]

　8조 금법은 고조선 때 행해지던 법으로, 8조목 중 오늘날 전해지는 것은

　1) 사람을 죽인 자는 사형에 처한다. [相殺以當時償殺]
　2) 상처를 입힌 자는 곡물로 배상한다. [相傷以穀償]
　3) 도둑질한 자는 남자일 경우에는 몰입하여 그 집의 남자 종[奴]을 만들고 여자일 경우에는 여자 종[婢]을 만든다. 자기가 용서받고자 하는 자는 한 사람 앞에 50만을 내게 한다. [相盜者男沒入爲其家奴 女子爲婢 欲自贖者人五十萬]

　3조목뿐입니다.
　8조 금법은 고조선 사회의 발달 정도를 알 수 있습니다. 먼저 법 제도가 시행되었음을 알 수가 있고, '남의 물건을 훔친 자는 노비로 삼는다' 는 조목에서 사유재산의 개념이 도입되었으며, '노비로 삼는다' 는 구절에는 당시 사회가 고대 노예제로 상당히 진입했음을 알 수 있습니다.

연맹 왕국 聯盟王國

聯 연합하다 련　盟 맹세하다 맹　王 임금 왕　國 나라 국

각 지역의 군장들이 연맹하는[聯盟] 형태로 만들어진 국가[王國]

　연맹 왕국은 철기가 보급되면서 각 지역의 군장(부족장)이 서로 싸우고 통합되는 과정에서 출현한 국가 형태로, 가장 힘이 센 군장이 왕이 되면서 중앙 통치 조직을 갖추지만 종래의 군장 세력도 자기 부족에 대한 지배권을 계속 행사하는 국가 형태를 말합니다. 부여는 5부족 연맹체로 4출도의

행정구획을 부족장인 가加가 나누어 다스려 연맹 왕국의 대표적인 모습을 보여주고 있습니다. 각 지역에 성립된 연맹 왕국은 이후 왕권이 강화되면서 점차 중앙 집권 국가로 발전합니다.

제천 의식 祭天儀式

祭 제사 제 天 하늘 천 儀 예의 의 式 법 식

하늘에[天] 제사 지내던[祭] 종교 의식[儀式]

제천 의식은 우리 민족의 고대 신앙 행사로, 농경과 정착 생활이 본격화되면서 추수감사제적인 성격으로 나타나며, 노래와 춤의 발전 과정과 긴밀히 연관돼 있습니다. 마을 주민 전체가 한자리에 모여 하늘을 숭배하는 제사를 지낸 다음 며칠 동안 밤낮을 가리지 않고 노래하고 춤추고 술을 마시며 즐겼습니다. 부여의 **영고**迎鼓, 고구려의 **동맹**迎鼓, 동예의 **무천**儛天, 삼한의 **계절제**季節祭 등이 있었습니다.

- ◐ 迎鼓 [迎 맞이하다 영 鼓 북 고] '迎'은 의식이 있기 전에 신을 맞이하는 맞이굿을 뜻하고, '鼓'는 '북 치다, 연주하다'라는 뜻으로, 노래하고 춤추는 일로 추정할 수 있습니다. 영고는 부여에서 추수한 뒤에 12월에 행하던 제천 의식으로, 많은 사람이 한자리에 모여 하늘에 제사를 지내고 노래와 춤으로 즐기던 행사입니다.
- ◐ 東盟 [東 동쪽 동 盟 맹세하다 맹] '東'은 고구려의 시조인 주몽朱蒙, 즉 동명성왕東明聖王을 가리키는 것으로 볼 수 있습니다. 그래서 東盟은 동명성왕에게[東] 맹세 드리는[盟] 제사라는 뜻으로 추정할 수 있습니다. 동맹은 고구려의 모든 부족이 매년 10월에 모여 국정을 의논하고 시조인 동명성왕과 그의 어머니인 하백녀河伯女를 제사 지낸 제천 의식이며, 일종의 추수감사제라고 할 수 있습니다.
- ◐ 儛天 [儛 춤추다 무 天 하늘 천] 무천은 하늘에[天] 제사를 드리고 춤추며[儛] 즐긴다는 뜻으로, 동예東濊에서 농사를 마친 후 음력 10월에 행해졌던 제천 의식입니다.
- ◐ 季節祭 [季 계절 계 節 절도에 맞다, 계절 절 祭 제사 제] 계절제는 삼한三韓에서 해마다 씨를 뿌리고 난 뒤인 5월의 수릿날과 가을 곡식을 거두어들이는 10월에 하늘에 제사를 지내는 행사입니다. 이러한 제천 행사 때는 온 나라 사람들이 모두 모여서 연일 음식과 술을 마련하여 노래를 부르고 춤을 추며 즐겼습니다.

부여夫餘

〈夫 남편 부 餘 남다 여〉 나라 이름

부여라는 말은 평야를 의미하는 벌(伐·弗·火·夫里)에서 연유하였다는 설과, 사슴을 뜻하는 만주어의 'puhu'에서 비롯하였다는 설이 있습니다.

부여는 만주 송화강 유역의 평야 지대를 중심으로 성장한 연맹 왕국입니다. 초기엔 중국과 외교 관계를 맺는 등 강성하였으나, 나중엔 북쪽으로 선비족, 남쪽으로 고구려의 침입을 받아 쇠퇴하다가, 5세기말 고구려에 편입되었습니다.

사출도 四出道

四 넷 사 出 나가다 출 道 길, 행정구획 도

넷으로[四] 나눠 내보내[出] 다스리는 지역[道]

道는 충청도忠淸道 등과 같이 '행정구획'을 뜻합니다.
사출도는 부여가 연맹 왕국이라는 것을 보여 주는 행정구획입니다. 왕은 중앙을 다스리고 주변의 네 지역을 부족장인 마가馬加·우가牛加·저가猪加·구가狗加가 다스리는 방식입니다.

순장 殉葬

殉 몸 바치다, 따라 죽다 순 葬 장례 치르다 장

다른 사람도 따라 죽여[殉] 묻는 장례 방식[葬]

순장은 영혼 불멸 사상에서 유래한 장례 방식으로, 옛날 사람들은 죽은 뒤에도 생전과 같은 생활을 누린다고 믿었습니다. 그래서 무덤에 부장품을 같이 묻듯이 노예도 같이 묻어 죽어서까지 주인에게 봉사하도록 하는 것입니다. 주인의 사회적 지위나 권위가 클수록 순장되는 노예의 숫자가 많았다고 합니다. 나중에는 노예의 노동력과 처첩의 인격이 중시되면서 이 풍속은 없어졌고, 인형(토우土偶)으로 대신하거나 상을 입은 사람이 일부러 상처를 내고 머리를 삭발하는 등의 행위로 대신했습니다.

고구려 高句麗

〈高 높다 고 句 글귀 구 麗 곱다 려〉 나라 이름

'高'는 '미칭美稱(아름답게 칭함)'으로 덧붙인 것이며, '句麗'는 고구려어로서 '城·읍·골' 등을 의미하는 '홀·골·구루' 등의 음을 표기한 것으로 여겨집니다 고구려는 부여에서 이주한 주몽朱蒙(동명왕東明王 - B.C. 58~B.C. 19)에 의하여 건국되었습니다.(B.C. 37) 고구려는 건국 초기부터 주변 소국을 정복하고 중국과 대립하며 성장하여 5세기경 광개토 대왕과 장수왕 때 동아시아의 대제국을 건설하고 전성기를 맞이하였습니다. 7세기 전반에는 중국의 통일제국 수隋·당唐의 침략을 막아 내어 민족의 방파제 역할을 하였으나 668년 나羅·당唐 연합군에게 평양성이 함락되어 멸망하였습니다.

고구려와 고려

고구려는 5세기 무렵 나라 이름을 '고려'로 바꾸었습니다. 그래서 그 이후의 중국 역사책에는 모두 '고려'로 표기되어 있는데, 현재 계속 '고구려'로 불리는 이유는 김부식이 《삼국사기三國史記》를 지으면서 '고려'로 표기된 부분을 모두 '고구려'로 바꾸었기 때문입니다.

옥저 沃沮

〈沃 비옥하다 옥 沮 막다 저〉 나라 이름

옥저는 함흥 평야를 중심으로 함경도의 동해안 지대에 존재하였던 고대의 종족 집단입니다. 일찍부터 고구려에 예속되어 정치적으로 발전하지 못하였고, 각 부족장이 자기 부족을 다스렸으며, 뒤에 고구려에 통합됩니다.

동예 東濊

〈東 동쪽 동 濊 종족 이름 예〉 나라 이름

동예는 함경도 남부에서 강원도 북부의 동해안에 위치했던 고대의 종족 집단입니다. 옥저와 마찬가지로 고구려에 예속되었다가 통합됩니다.

족외혼 族外婚

族 무리 족 外 바깥 외 婚 결혼하다 혼

같은 부족이[族] 아닌 다른 부족의[外] 사람과 결혼하는[婚] 풍습

족외혼은 당시 동예에서 행해진 풍속입니다. 같은 부족 내에서 결혼을 하면 한 여자를 두고 여러 남자 사이에 충돌이 생기는 등 부족의 결속을 깨트리는 여러 문제가 생기면서 족외혼 풍속이 만들어졌습니다. 반면에 족외

혼을 하면 결혼을 통해 이웃 부족과 동맹 관계를 맺는 좋은 점이 있습니다.

책화 責禍

責 책임지다 책　禍 재앙, 죄 화

지은 죄에[禍] 대하여 책임을 지게 함[責]

책화는 동예에서 행해진 정책으로, 동예는 산천山川을 중시하여 각 부족의 영역을 함부로 침범하지 못하게 하였는데, 만약 한 부족이 다른 부족의 생활권을 침범하면 그 죄를 물어 노비와 소, 말로 변상하게 하였습니다.

삼한 三韓

三 셋 삼　韓 나라 이름 한

이름 끝에 '한' 을[韓] 쓰는 세[三] 나라

한강 이남 지역에는 일찍부터 청동기 문화를 바탕으로 한 진국辰國, 상국象國이라는 정치 세력이 성장하고 있었습니다. B.C. 2세기경 고조선에서 남쪽으로 내려온 사람들에 의해 이 지역에 철기 문화가 보급되면서 마한馬韓, 진한辰韓, 변한弁韓의 연맹체가 성립되었으며, 이를 삼한이라 합니다.

소도 蘇塗

〈蘇 되살아나다 소　塗 (흙) 바르다 도〉 음역

소도라는 명칭의 유래는 설이 다양하지만, 소도 안에 세우는 **솟대**(입목立木)의 음역이라는 설이 일반적입니다.

삼한 사회는 제정 분리 사회로 정치적 군장 이외에 하늘에 제사 지내는 종교적 제사장인 천군天君이 있었습니다. 바로 천군이 하늘에 제사 지내는 지역을 소도라고 했는데, 이곳은 신성한 곳이어서 군장의 세력이 미치지 못하였고, 죄인이라도 도망하여 이곳에 숨으면 잡아가지 못했습니다. 이곳에는 신성한 표시로 제단을 만들고 그 앞에 방울과 북을 단 큰 나무를 세웠습니다.

○ **솟대** 옛날 성스러운 나무를 숭상하던 신앙에서 유래된 것으로, 풍년을 빌거나 과거에 급제한 사람이 자신을 과시하거나 가문의 행운을 빌기 위하여 세웠으며, 마을의 수호신으

로 성역을 상징하기도 함.

벽골제 碧骨堤

〈碧 푸르다 벽 骨 뼈 골〉 지명 堤 제방 제

이름이 벽골인[碧骨] 제방[堤]

전라북도 김제에 있는 둑의 이름이며, 이곳의 연못 이름은 벽골지碧骨池. 이곳을 중심으로 남쪽을 호남湖南이라 부르는 설이 있음.

벽골의 전설 [碧 푸르다 벽 骨 뼈 골]

수많은 인부들이 하루 종일 둑을 쌓고 나면 다음날 아침에는 매번 둑이 계속 무너졌습니다. 그러다가 어느 날 밤 꿈에 백발 노인이 나타나 "말의 뼈를 구해서 묻고 둑을 쌓으면 무너지지 않으리라"고 말했습니다. 이에 마을에서는 말의 뼈를 구해 묻고 둑을 쌓았는데 무너지지 않았습니다. 그래서 말뼈의 색이 푸른 데서 유래하여 벽골이라 부르게 되었습니다.

수산제 守山堤

〈守 지키다 수 山 산 산〉 지명 堤 제방 제

이름이 수산인[守山] 제방[堤]

경남 밀양에 있던 둑이나, 지금은 없어짐.

의림지 義林池

〈義 옳다 의 林 수풀 림〉 지명 池 연못 지

이름이 의림인[義林] 못[池]

충북 제천에 있는 저수지. 이곳을 중심으로 서쪽 방향을 호서湖西라 부르는 설이 있음.

I 선사 문화의 국가 형성 · 11
II 고대 사회의 발전
III 중세 사회의 발전 · 53
IV 근세 사회의 발달 · 119
V 근대 사회의 태동 · 195
VI 근대 사회의 전개 · 251
VII 민족의 독립 운동 · 291
VIII 현대 사회의 발전 · 309

찾아보기 · 321

1. 삼국의 성립과 발전

율령 律令

律 법률 률 令 명령하다 령

모든 국법[律·令]

율령은 율律(형법)·령令(행정 법규)·격格(율령을 변경할 수 있도록 만든 장치)·식式(시행 세칙)에서 따온 말로 '모든 국법'을 가리킵니다.

율·령·격·식은 원래 중국의 형법 및 행정에 관한 체제로 당나라 때 완성되었습니다. 이 체제는 이후 중국 역대 왕조의 기본적 법률 체계가 되었고, 우리나라도 삼국이 고대 국가로 성장하면서 왕권을 뒷받침해 줄 법이 필요해지자 이를 수용하였습니다. 고구려의 소수림왕, 신라의 법흥왕 때 율령을 반포했다는 기록이 있으며, 율령은 고대 사회 형성의 주요한 척도입니다.

가야 伽倻

〈伽 절 가 倻 나라 이름 야〉 나라 이름

가야는 낙동강 하류의 옛 변한 지역에서 성장한 6개 부족 국가가 연맹한 왕국입니다. 2·3세기경에는 김해의 금관가야金官伽倻가 주축이 되어 발전하였고, 5세기 이후에는 대가야大伽倻를 중심으로 발전하였습니다. 농경 문화를 바탕으로 철의 생산과 중계 무역을 통해 번영하였으나, 중앙 집권국가로 발전하지 못하고 6세기경 신라에 병합됩니다.

삼국 시대(7세기경) 각 나라의 인구수는 대략 얼마나 되었을까요?

고구려 - 150~300만
백제 - 100만
신라 - 100만
합 - 350~500만

생전의 업적을 짐작할 수 있는 고구려의 왕들

왕의 호칭은 죽은 후에 그 특성에 걸맞은 이름을 붙여줍니다. 그래서 왕의 이름으로 생전의 업적을 짐작할 수 있습니다.

소수림왕 小獸林王
小 작다 소 獸 짐승 수 林 수풀 림 王 임금 왕
소수림에[小獸林] 묻힌 왕[王]

소수림왕은 고구려 제17대(371~384) 왕으로, 소수림은 그가 죽은 뒤에 묻힌 숲의 이름에서 따왔습니다. 소수림왕은 불교를 받아들이고 태학을 설립하였으며 율령을 반포하여 고대 국가 체제를 정비하였습니다.

광개토 대왕 廣開土大王
廣 넓다 광 開 열다 개 土 흙 토 大 크다 대 王 임금 왕
영토를[土] 크게[廣] 넓힌[開] 훌륭한[大] 왕[王]

광개토 대왕은 고구려 제19대(391~413) 왕으로, 광개토는 불과 22년의 재위 기간 중에 64개 성을 점령하며 대제국을 건설했기 때문에 붙인 호칭입니다. 그는 애석하게 38세의 젊은 나이에 죽었지만, 이러한 위대한 업적 때문에 다른 왕과 달리 **국강상광개토경평안호태왕**國岡上廣開土境平安好太王이라는 호칭이 붙여졌습니다.

- 國岡上廣開土境平安好太王 '國岡上'은 '언덕 이름'입니다. 풀이는 국강상에 계시고 땅을[土境] 넓히셨으며[廣開] 백성을 평안하게 한[平安] 왕 중의 왕[好太王]이란 뜻입니다.

장수왕 長壽王
長 길다 장 壽 목숨 수 王 임금 왕
오래 산[長壽] 왕[王]

장수왕은 394년(광개토 대왕 4)에서 491년(장수왕 79)까지 97년이라는 오랜 세월을 살았기 때문에 붙인 호칭입니다.

왕이 일찍 죽는 이유

조선 시대 가장 오래 산 왕은 영조英祖 임금으로 82세까지 살았습니다. 대개 왕들은 오래 살지 못하고 일찍 죽었습니다. 그 가장 큰 이유는 운동 부족이고, 둘째는 보약 중독이라고

합니다. 왕들은 태어나서부터 사망할 때까지 손발을 쓸 일이 거의 없었습니다. 세수도 손수 할 필요가 없었습니다. 또한 심신이 피로하거나 몸에 조그만 이상이라도 있으면 보약을 먹었습니다. 그러다 보니 불순물이 제대로 걸러지지 않은 약재를 먹으면서 독성이 쌓여 오히려 보약 때문에 죽는 경우가 생기기도 했습니다.

백제 百濟

〈百 일백 백 濟 구제하다 제〉 나라 이름

백제는 고구려 시조인 주몽의 아들 온조가 마한 땅으로 가서 세운 나라입니다. 한강 유역을 중심으로 성장했으며, 3세기 이후 중앙 집권적 국가 체제를 갖추고, 4세기 이후에는 강력한 국가로 성장하여 중국의 요서를 점령하였습니다. 그러나 국력이 약해지면서 도읍을 두 번이나 옮겨야 했고, 결국 나당 연합군에 의해 멸망했습니다.

백제의 국명 유래는 《삼국사기三國史記》 권卷23 〈백제본기百濟本紀 시조始祖〉에 잘 나와 있습니다.

백제 시조는 온조왕溫祚王이다. 그 아버지는 추모鄒牟 또는 주몽朱蒙이라 한다. 주몽이 북부여北扶餘에서 난을 피해 도망하여 졸본 부여卒本扶餘에 왔다. 졸본 부여 왕이 아들 없이 딸만 셋이라 주몽을 보고 그 사람됨이 비상함을 알고 둘째 딸로 짝을 이루게 하였다. 얼마 후 부여 왕이 죽자 주몽이 그 뒤를 이어 왕위에 올랐다. 주몽은 두 아들을 두었는데, 큰아들이 비류沸流, 둘째 아들이 온조라 하였다. 주몽은 본래 북부여에도 아들이 있었는데, 그가 고구려로 찾아오자 그를 태자로 삼았다. 비류와 온조는 태자가 자기들을 받아들이지 않을 것이라 두려워 하여 오간烏干, 마려馬黎 등 열 명의 신하를 거느리고 남쪽으로 떠났다. 백성들 중에 따르는 자가 많았다. 이리하여 한산漢山에 이르러 부아악負兒嶽에 올라서 살 만한 곳을 살피다가 비류가 바닷가에서 살자고 하니 열 신하가 간하여 말하기를 "생각건대 이곳 강물 남쪽 땅은 북으로 한수를 띠었고 동으로 높은 산악에 의거하고 있으며 남으로 비옥한 들판이 바라다 보이고 서로 큰 바다가 막혔습니다. 이러한 천연 요새로 된 좋은 땅이야말로 얻기 어려운 것이니 여기에 도읍을 정하는 것이 좋지 않겠습니까?" 하였으나 비류가 듣지 않고 따라온 백성들을 나누어 가지고 미추홀彌鄒忽(인천)로 가서 살게 되었다. 온조는 하남 河南 위례성慰禮城(현 경기도 광주)에 도읍하고 열 신하의 보필을 받아 나라 이름을 십제十濟라 하였다. 이때는 전한前漢 성제成帝의 홍가鴻嘉 3년이었다. 비류는 미추홀의 땅이 습하고 물이 짜기 때문에 편히 살 수 없었다. 비류는 온조가 위례성에 도읍을 정하고 인민들이 태평하게 사는 것을 와서 보고 마침내 참회하고 죽었으니 그의 신하와 백성들은 모두 위례성에 귀의하였다. 그 후 백성들이 귀의할 때에 기뻐하였다고 해서 나라 이름을 백제百濟로 고쳤다.

천도 遷都

遷 옮기다 천 都 도읍 도

도읍(서울)을[都] 옮김[遷]

　도읍은 권력이 집중된 곳으로, 도읍을 옮긴다는 것은 국가 체제의 재정비, 지배층의 교체 등 상당한 정치적 의미가 있습니다. 특히 적의 침입으로 도읍이 함락되면 곧 나라가 망하는 것을 의미했기 때문에 도읍이 국경에서 가까울 경우 천도가 반드시 필요했습니다.
　삼국 시대에는 고구려가 한 차례, 백제가 두 차례나 도읍을 옮겼습니다. 고려 시대에는 국방적 이유보다는 정치적 이유로 묘청이 서경 천도를 주장했다가 실패하였고, 고려 후기에는 몽고의 침입으로 수도를 강화도로 잠시 옮겼다가 최씨 정권이 무너지면서 다시 개경으로 돌아오기도 했습니다. 조선 초기에도 태종이 도읍을 한양에서 개성으로 옮겼다 다시 한양으로 돌아온 적도 있습니다. 이런 경우 수도로 다시 돌아오는 것을 **환도**還都라고 합니다.

◐ 還都 [還 돌아오다 환 都 도읍 도]

신라 新羅

〈新 새롭다 신 羅 나열하다, 그물 라〉 나라 이름

　신라의 표기는 역사책에 따라 사로斯盧 · 서라벌徐羅伐 · 서벌徐伐 등 여러 가지로 나타나는데, 이는 모두 새로운 나라, 동방의 나라, 혹은 성스러운 장소라는 의미를 가진 '수풀'의 뜻이라고 합니다. 503년(지증왕 4)에 이르러 그 중 아름다운 뜻을 가장 많이 가진 '신라'로 확정하였습니다. 《삼국사기三國史記》에는 '덕업일신德業日新 망라사방網羅四方'(덕업이 날로 새로워지고, 그물이 사방으로 펼쳐지듯 하라)이라는 풀이가 있는데 후세에 붙여진 듯합니다.
　신라는 처음에 6개의 사로가 촌락을 이루며 살고 있던 부족들이 박혁거세 부족과 알영 부족을 중심으로 통합되어 건국되었습니다. 6세기경 법흥왕 대에 이르러 중앙 집권적인 국가로 체제를 갖추어 갔으며, 진흥왕 대에 한강 유역을 차지하면서 한반도에서 패권을 장악하였습니다. 이후 백제와 고구려를 차례로 멸망시키고 한반도에서 최초의 통일 국가를 건설하였습니다. 그러나 통일 과정에서 외세를 끌어들였으며, 통일 영토 또한 대동강 이남 지역으로 제한적이었습니다. 북쪽으로 고구려의 옛 땅에 발해가 건국되자, 남국이라 불리면서 남북국 시대를 열어 갔습니다. 신라는 후대로 가면서 중앙 진골 귀족들의 왕권 다툼으로 내부 집권층이 분열하고, 지방 호족 세력이 성장하면서 서서히 붕괴해 갔습니다.

나제 동맹 羅濟同盟

〈羅 나열하다 라 濟 구제하다 제〉 백제와 신라 同 같다, 함께 동 盟 맹세하다 맹

신라와[羅] 백제의[濟] 동맹[同盟]

광개토 대왕의 영토 확장에 이어 장수왕은 한강 유역으로 진출하는 남진 정책으로 백제와 신라를 압박하였습니다. 이러한 고구려의 남진 정책에 효율적으로 대처하기 위해 433년 백제의 비류왕과 신라의 눌지왕이 동맹을 맺게 되는데, 이를 나제 동맹이라고 합니다. 후에 이 동맹은 한강 하류를 기습 공격한 진흥왕의 배반으로 깨어졌습니다.

흔히 국가 간의 연합에는 그 나라 이름의 첫 글자를 쓰는 경우가 많지만, 여기서는 뒤 글자를 따왔습니다. 이와 같은 예로 신라가 삼국 통일을 위해 당나라와 연합했던 나羅·당唐 연합군과, 고구려와 백제가 연합했던 여麗·제濟 동맹이 있습니다.

제가 회의 諸加會議

諸 모두 제 加 더하다, 벼슬 이름 가 會 모이다 회 議 의논하다 의

모든[諸] '加'들이[加] 참가하는 회의[會議]

'加'는 부여와 고구려에서 불러 오던 부족장部族長의 명칭 및 고관高官의 칭호(마가馬加, 우가牛加, 저가猪加, 구가狗加)입니다. 그래서 제가 회의란 모든 加들이 모여서 회의한다는 뜻으로, 고구려의 부족장 회의입니다. 이는 중앙 집권적 고대 국가로 발전하면서 귀족 회의로 변화합니다.

○ 猪, 狗 [猪 돼지 저 狗 개 구]

윷놀이

마가馬加, 우가牛加, 저가猪加, 구가狗加는 본래 관직의 칭호였으나, 여기서 윷놀이가 유래하여 도(돼지)·개(개)·걸(양)·윷(소)·모(말)의 명칭으로 바뀌어 사용되었다는 설이 있음.

정사암 회의 政事巖會議

政 정치 정 事 일 사 巖 바위 암 會 모이다 회 議 의논하다 의

정사암에서[政事巖] 했던 회의[會議]

　정사암은 정사를 논의했던 바위란 뜻으로, 백제 후기의 수도인 사비泗의 호암사虎巖寺에 있었는데, 신성한 곳으로 여겨 이곳에서 정사를 논의하고 재상을 뽑았습니다.

◐ 政事巖 부여의 백마강 북쪽 10리쯤 되는 절벽 위에 있는 큰 바위로 그 뒤에는 호암사가 있음.

화백 회의 和白會議

和 화합하다 화 白 희다 백 會 모이다 회 議 의논하다 의

화합하여[和] 모두 하나가 되는[白] 회의[會議]

　화백 회의는 신라의 최고 회의 기구로, 한 사람의 반대자도 없이 모든 사람이 찬성을 해야 결정되는 만장일치滿場一致의 제도입니다. 이 제도는 상대등上大等을 의장으로 하는 귀족들의 회의 기구로, 국가의 중대사를 결정하였습니다. 또 중대한 국사를 논할 때는 **4영지**四靈地에서 회의를 했습니다.

◐ 四靈地 [四 넷 사 靈 영혼, 신령스럽다 령 地 땅 지]

합좌 제도 合座制度

合 합하다 합 座 자리 좌 制 만들다 제 度 (헤아린) 정도, 법도 도

여러 사람이 한자리에[座] 모여[合] 의논하는 제도[制度]

　합좌 제도는 한 사람이 독단으로 결정하는 것이 아니라, 여러 명의 대등大等(귀족 대표)이 한자리에 모여 대사를 의논하는 것으로써, 당시 삼국의 정치가 국왕 중심의 귀족 정치였음을 의미합니다.

2. 남북국의 성립

통일신라 統一新羅

統 거느리다, 합치다 통 — 하나 일 〈新 새롭다 신 羅 나열하다, 그물 라〉 나라 이름

삼국을 통일한[統一] 신라[新羅]

신라의 삼국 통일은 외세의 협조로 통일을 이루었다는 점과 통일 후 국경이 대동강 이남으로 축소되었다는 점에서 한계가 있습니다. 그래서 삼국을 통일한 신라를 이때부터 통일 신라 부르지만, 시대 구분은 통일 신라 시대라 하지 않고 통일 신라를 남南, 발해를 북北으로 지칭하여 남북국 시대南北國時代라 합니다.

도독부 都督府 · 도호부 都護府

都 도읍, 우두머리 도 督 감독하다 독 · 護 보호하다 호 府 관청 부

최고의[都] 감독[督] 기관[府] · 최고의[都] 보호[護] 기관[府]

도독부와 도호부는 당나라에서 자신들이 지배하는 영토를 감독하고 보호하기 위하여 각 지방에 설치한 최고 군사 행정 기관입니다. 당나라는 백제의 옛 땅에 웅진 도독부를 두고, 다시 고구려 점령 이후 평양에 안동 도호부를 설치하였으며, 심지어 신라 본토에 계림 도독부를 두어 한반도 전체에 대한 지배권을 확보하려 했습니다.

당나라는 평양에 도호부를 두면서 평양 도호부라 하지 않고, 왜 안동 도호부라 했을까요?

안동安東은 지금 경상도에 있는데 말입니다. 여기서 안동은 '동방을 안정시킨다' 는 뜻으로, '고구려 · 백제 · 신라 땅에 설치된 모든 도독부를 관리한다' 는 의미를 가진 말입니다. 즉 한반도 전체를 당나라의 지배하에 두겠다는 의도에서 붙여진 이름입니다. 그래서 후에 신라는 국내의 모든 힘을 동원해서 당을 몰아냅니다. 어제의 동지가 오늘의 적이 된 것입니다.

빈공과 賓貢科

賓 손님 빈 貢 바치다 공 科 과목, 과거 과

공물貢物(나라에 바치는 지방의 특산물)을[貢] 바치는 외국의 국민들을[賓] 대상으로 치르는 과거[科]

'賓貢'은 '그 나라 조정에 공물을 바치는 외국의 국민'이란 뜻으로 나중에는 중국에서 실시하는 과거 시험에 응시할 수 있는 외국인을 뜻하는 말로 바뀌었습니다. 빈공과는 중국의 당·송·원나라 때 외국인들에게 실시한 과거입니다. 우리나라에서는 남북국 시대에 당과의 교류가 빈번해지면서 당나라로 유학을 떠나 빈공과에 합격하는 사람이 많았습니다.

최치원, 최승우, 최언위 등과 같은 인물들이 당나라의 빈공과에 합격한 신라인들입니다. 이들이 당의 빈공과를 본 것은 신라에 과거 제도가 없었고, 엄격한 신분 제도의 제약을 많이 받았기 때문입니다.

상수리 제도 上守吏制度

上 위 상 守 지키다 수 吏 관리 리 制 만들다 제 度 (헤아린) 정도, 법도 도

수도에서[上] 근무하는[守] 관리를[吏] 두는 제도[制度]

일종의 볼모. 상수리 제도는 지방 세력을 견제하는 제도로, 통일 신라가 새로 차지한 지역에 대한 통치 기반을 확대하고, 지방 제도를 정비하면서 지방의 토호土豪인 향리를 수도에 가서 근무하게 하여, 그 세력을 통제하기 위한 방법으로 사용하였습니다. 고려 시대에는 기인其人 제도로 바뀝니다.

발해 渤海

〈渤 바다 이름 발 海 바다 해〉 나라 이름

발해는 고구려가 멸망한 뒤 698년에 대조영을 중심으로 한 고구려 유민들이 만주 지역에 세운 나라입니다. 8세기 초에는 당과 대립하면서 영토를 확장하였고, 8세기 후반에는 당과 친선하며 당의 문물을 받아들여 통치 체제를 정비하였으며, 9세기 선왕 때 크게 융성하였습니다. 그러나 926년 거란의 침입으로 멸망하였습니다.

발해는 고구려 유민에 의해 건국된 나라로 고구려 계승 의식이 강했으며, 고구려 멸망 이후에도 만주를 우리 민족의 활동 무대로 삼아, 남쪽의 통일 신라와 줄곧 대립하면서 남북국의 형세를 이루었습니다.

해동 성국 海東盛國

海 바다 해 東 동쪽 동 盛 성대하다 성 國 나라 국

바다[海] 동쪽의[東] 성대한[盛] 나라[國]

해동 성국은 발해의 전성 시기에 당나라로부터 들은 칭호입니다. 전성 시기는 제10대 선왕 때로, 당시에 발해는 북쪽에 있는 여러 부족을 병합하여 영토를 확장시켰으며, 통치 조직과 지방 제도(5경京 16부府 62주州)를 완전히 정비하였습니다.

우리나라를 가리키는 다른 용어

- 해동海東 [海 바다 해 東 동쪽 동] 중국에서 보았을 때, 우리나라가 발해 동쪽에 있다고 해서 생긴 명칭.
  예) 해동고승전海東高僧傳, 해동공자海東孔子
- 동국東國 [東 동쪽 동 國 나라 국] 중국에서 보았을 때, '동쪽 나라' 라는 뜻.
  예) 동국대학교東國大學校, 동국이상국집東國李相國集
- 삼한三韓 [三 셋 삼 韓 나라 한]
  예) 삼한중보三韓重寶, 삼한통보三韓通寶
- 대동大東 [大 크다 대 東 동쪽 동] 동방대국東方大國의 줄임말.
  예) 대동여지도大東輿地圖
- 동이東夷 [東 동쪽 동 夷 오랑캐 이] 중국인들은 중국 주변의 다른 나라를 모두 오랑캐 취급을 했고, 우리나라를 '동쪽 오랑캐' 라고 부름.
- 계림鷄林 [鷄 닭 계 林 수풀 림] 본래 신라의 중심지인 '경주' 를 상징하는 말로 쓰이다가, 후에 '신라' 를, 다시 '우리나라' 를 가리키는 말로 변함.
- 청구靑丘 [靑 푸르다 청 丘 언덕 구] '靑' 은 '동쪽에 있는 불로장생의 신선의 세계' 를 의미하고, '丘' 는 단순한 '장소' 의 의미로, 靑丘는 '신선이 잘고 있는 곳' 이라는 뜻.
  예) 청구영언靑丘永言
- 배달倍達 [〈倍 배로 늘다 배 達 도달하다 달〉 음역] 대종교에서 우리나라를 가리켜 부르던 이름. 배달은 '박달' 의 음차로, 배달 민족은 박달 민족, 즉 단군의 자손이 이룬 민족이라는 뜻.
- 단국檀國 [檀 박달나무 단 國 나라 국]
  예) 단국대학교檀國大學校
▷ 위에 열거한 예는 우리가 흔히 들어본 것들이고, 이외에도 많은 이름이 있음.

연호 年號

年 해 년 號 부르짖다 호

자신이 임금으로 있던 기간을[年] 따로 부르기 위하여 쓰는 호칭[號]

우리나라에서는 고구려 광개토 대왕 때의 **영락**永樂, 중국에서는 전한前漢 무제武帝 때의 **건원**建元이 연호의 시초입니다. 그런데 발해의 역사에서 주목되는 것은 **인안**仁安, **대흥**大興 등 독자적인 연호를 사용하였다는 점입니다. 이는 중국과 대등한 지위를 나타낸 것이며, 대내적으로는 왕권의 강대함을 표현하는 것이기도 했습니다.

- ◐ 永樂 [永 영원하다 영 樂 즐겁다 락]
- ◐ 建元 [建 세우다 건 元 으뜸, 연호 원]
- ◐ 仁安 [仁 어질다 인 安 편안하다 안]
- ◐ 大興 [大 크다 대 興 일으키다 흥]

서기 西紀, 단기 檀紀

[西 서쪽 서 · 檀 박달나무 단 紀 벼리, 실마리 기]

서기, 단기도 일종의 연호입니다.

서기는 서양[西] 사람이 예수가 탄생한 해를 원년元年으로 삼는 연도 호칭법이고, 단기는 단군이[檀] 나라를 만든 해를 원년으로 삼는 연도 호칭법입니다.

우리나라는 1948년 새 정부 수립과 함께 단기 연호를 사용키로 공포했습니다. 이때 단기 연호의 기준은 옛 역사에 기록된 단군檀君의 무진戊辰년 개국설에 따라 서기보다 2333년 앞선 것으로 했습니다. 따라서 단기 4281년(서기 1948) 이래 우리나라의 공식 문서는 단기로 표기했습니다. 그러던 것이 5 · 16 쿠데타로 군사 정부가 들어서면서 1962년부터 단기 연호가 폐지되고 지금까지 서기 연호가 공식적으로 사용되고 있습니다.

영어 연호로는 BC와 AD를 쓰는데, BC는 before Christ의 약자이고, AD는 Anno Domini의 약자입니다. Anno는 해(年) Domini는 임금(여기서는 Jesus를 뜻함)이란 뜻으로, AD는 Jesus가 태어난 해를 나타냅니다.

삼국 · 남북국 시대의 관청이나 기관의 명칭 가운데 한자 풀이로 설명할 수 있는 용어들

- ◎ 총관摠管 [摠 지배하다 총 管 관리하다 관] 각 주州에 파견되어 그곳을 지배하고[摠] 관리하던[管] 통일 신라의 벼슬. 후에 도독으로 바뀜.
- ◎ 도독都督 [都 도읍, 우두머리 도 督 감독하다 독] 통일 신라 시대 주州를 감독하는[督]

장관長官[都].
- ◎ 태수太守 [太 크다 태 守 지키다, 직책 수] 통일 신라 시대 군郡의 최고[太] 직책[守].
- ◎ 현령縣令 [縣 고을 현 令 명령하다, 우두머리 령] 통일 신라 시대 고을의[縣] 우두머리[令].
- ◎ 외사정外司正 [外 바깥 외 司 맡다 사 正 바르다 정] '外'는 지방을 가리키고, '司正'은 그릇된 일을 살펴서 바로잡는 일이란 뜻으로, 통일 신라 시대 지방관의 비행을 감찰하는 관직.
- ◎ 9서당九誓幢 [九 아홉 구 誓 맹세하다 서 幢 깃발, 군대 편성 단위 당] 국왕에게 충성을 맹세한[誓] 군대란[幢] 뜻. 왕의 직속 부대로 서울의 방어가 주된 임무. 병사 100명을 1幢이라 함.
- ◎ 선조성宣詔省 [宣 베풀다 선 詔 (윗사람이 아랫사람에게) 알리다 조 省 살피다, 관청 성] 발해 최고 통치기관인 3성의 하나로, 왕의 명령·지시를[詔] 선포하거나[宣] 그에 대한 의견을 왕에게 제기하는 기관[省].
- ◎ 중정대中正臺 [中 가운데 중 正 바르다, 바로잡다 정 臺 높고 평평한 곳, 관청 대] 치우치지 않고[中] 잘못된 일을 바로잡는[正] 기관이란[臺] 뜻으로, 형법 및 기타 다른 법을 관장하고 관리들의 **비위**非違를 **감찰**監察하던 발해의 기관.
  - ◆ 非違 [非 아니다, 거짓 비 違 어기다 위] 비리非理와 위법違法.
  - ◆ 監察 [監 살펴보다 감 察 살피다 찰] 감시하고 감독하다.
- ◎ 주자감冑子監 [冑 맏아들 주 子 아들 자 監 살펴보다, 관청 감] '冑子'는 '왕과 고위 관직에 있는 자식'을 뜻하는 말로, 주자감은 이들을 가르치는 발해 시대 최고의 교육 기관.

3. 고대의 사회와 경제

진대법 賑貸法

賑 굶주린 사람을 먹이다 진 貸 빌리다 대 法 법 법

백성에게 곡식을 빌려 주는[賑貸] 법[法]

 '賑'은 '흉년에 굶주린 백성을 구제하기 위해 곡식을 나누어 준다'는 뜻이고, '貸'는 '먹을 것이 가장 없을 봄에 곡식을 빌려 주었다가 가을에 추수를 하면 돌려받는다'라는 뜻입니다. 그래서 진대賑貸는 흉년이나 춘궁기에 농민에게 곡식을 빌려 주는 것을 말합니다.
 진대법은 고구려 고국천왕 때(194) 을파소乙巴素의 건의로 실시되었으며, 뒤에 고려에서는 의창, 조선에서는 환곡이란 이름으로 실시됩니다.

골품 제도 骨品制度

骨 뼈 골 品 물건, (물건을) 구분하다 품 制 만들다 제 度 (헤아린) 정도, 법도 도

출신 성분에 따라 골과[骨] 품으로[品] 등급을 나누는 제도[制度]

 '骨'은 왕족인 진골眞骨과 성골聖骨이고, '品'은 품계를 가진 귀족입니다. 대부족장 출신에게는 6두품六頭品, 중·소부족장 출신에게는 5·4두품 등으로 편제합니다. 3~1품도 있지만 평민이나 마찬가지였습니다.
 골품 제도는 신라가 연맹 왕국 단계에서 중앙 집권 국가로 발전하면서 각 지방의 부족장 세력을 중앙의 관리(귀족)로 통합·편제하기 위해 만들었으며, 또한 왕권의 독점적인 세습과 유지를 위해 이용되었습니다.
 골품은 개인의 신분뿐만 아니라 그 친족의 등급도 표시하는 것이 되어, 골품에 따라 거주하는 가옥은 물론 옷 색이나 수레까지 제한되는 등, 신라인들의 사회 활동과 정치 활동의 범위는 골품에 따라 결정되었습니다. 이는 신라 사회를 지탱시키는 지배 집단의 제도였으나, 후기로 갈수록 탄력을 상실하여 신라 사회의 발전을 막는 걸림돌이 되었습니다.

❍ **六頭品** [六 여섯 륙 頭 머리 두 品 물건, (물건을) 구분하다 품] 신라 골품제의 성골·진골 다음가는 등급

화랑도 花郎徒

花 꽃 화 郎 남자 랑 徒 무리 도

꽃처럼[花] 아름다운 남성의[郎] 무리[徒]

　화랑도(화랑+낭도)는 신라 시대의 청소년 수련 단체로, 화랑은 꽃처럼 아름다운 남성이라는 뜻으로, 화랑도의 우두머리입니다. 화랑도의 기원은 옛 씨족 사회의 청소년 집단에서 비롯되었습니다. 이 조직은 사회의 중견 인물을 양성하는 교육적인 기능을 가졌지만, 또 계급간의 대립과 갈등을 조절하고, 완화하는 기능도 가지고 있었습니다. 이들은 평소에 일상 생활의 규범, 전통, 각종 의식에 관해 교육을 받고, 군사 훈련까지 쌓아 후에 삼국 통일에 큰 기여를 합니다.

세속 5계 世俗五戒

世 세상 세 俗 속세 속 五 다섯 오 戒 경계하다 계

세속에서[世俗] 지켜야 할 5가지[五] 계율[戒]

　세속 5계는 신라의 원광 법사圓光法師가 중국 수나라에서 돌아와 운문산雲門山 가실사嘉瑟寺에 있을 때, 귀산貴山과 추항箒項이란 사람이 평생 동안 새겨 둘 말을 청하자 가르쳐 준 것이라고 합니다.
　세속 5계에는 事君以忠(임금을 충성으로 섬길 것), 事親以孝(부모를 효성으로 섬길 것), 交友以信(벗을 신의로써 사귈 것), 臨戰無退(전쟁에 나가서 물러서지 않을 것), 殺生有擇(생물을 죽일 때 가림이 있을 것)입니다.

왕토 사상 王土思想

王 임금 왕 土 흙 토 思 생각하다 사 想 생각하다 상

모든 땅은 왕의[王] 땅이라는[土] 사상[思想].

　왕토 사상은 삼국 시대에 왕권을 중심으로 한 중앙 집권적인 귀족 정치가 성립됨에 따라 나온 사상으로, 임금은 하늘로부터 이 세상을 통치할 권한을 부여받았기 때문에 하늘 아래의 모든 인민과 땅은 왕의 것이라는 사상입니다. 그러나 당시 평민인 자영 농민들은 자기의 토지를 갖고 있었습니다.

녹읍 祿邑

祿 봉급 록　邑 고을 읍

관리에게 보수로[祿] 주는 마을[邑]

　녹읍은 신라에서 귀족·관리들의 경제적 생활을 마련하기 위해 만든 제도로, 국가는 귀족·관리에게 고을 단위의 지역을 주고 그 지역에서 일정한 세금을 거둘 수 있도록 허용했습니다. 그 결과 귀족들이 사적으로 지배하는 토지와 노비가 증가하였고, 경제 생활이 귀족 중심으로 편제되면서 농민들은 국가나 귀족으로부터 수취의 대상이 되었습니다. 이와 비슷한 말로 **식읍**食邑이 있습니다.

○ **食邑** [食 먹다 식　邑 고을 읍] 삼국 시대부터 조선 초기까지 행해졌던 토지 제도로, 왕족이나 공신들이 자체적으로 세를 받아 먹고[食] 살 수 있도록 지급한 일정한 지역[邑].

관료전 官僚田

官 벼슬 관　僚 관료 료　田 밭 전

관료에게만[官僚] 주는 토지[田]

　관료전은 신라 중대 전제 왕권이 성립되면서 왕권을 강화하고 귀족 세력의 경제적 기반을 약화시키기 위해 신문왕이 실시한 토지 제도입니다. 녹읍은 그 마을을 다스리는 관리가 농민들로부터 토지세뿐만 아니라 노동력도 마음대로 차출할 수 있었기 때문에 폐단이 많았습니다. 그래서 관리에게 토지세만 거두도록 한 관료전을 만들었습니다.

정전 丁田

丁 젊은 남자 정　田 밭 전

장정들에게[丁] 나누어 준 토지[田]

　정전은 국가에서 조세 수입의 확대를 목적으로 평민 중 장정(대체로 16~60세)에게 나누어 준 토지로, 통일 신라 성덕왕 21년(722)에 실시한 토지 제도입니다.

당나라에 살던 신라인

신라방 新羅坊
坊 동네 방
신라인이[新羅] 사는 마을[坊]

신라소 新羅所
所 장소, 관청 소
신라방과 신라 상인을[新羅] 관할하는 관청[所]
당나라와의 무역을 중개하였음.

신라관 新羅館
館 집 관
신라의 유학승과 신라 사신들이[新羅] 이용한 집[館]
신라방 안에 있음.

신라원 新羅院
院 집 원
신라방에[新羅] 있는 절[院]
신라 무역선들의 안전을 기원하기 위해 만든 곳.

○ '院'은 보통 '담장을 두른 집'이라는 뜻으로 병원病院, 법원法院 등에 쓰이지만 여기서는 절이란 뜻. 우리나라에서는 사찰을 '절'이라 부르며 대부분 '~사寺'로 이름을 짓고, 중국에서는 사寺, 사원寺院, 사찰寺刹이라고 했고, 인도에서는 상가라마(여기서 '가람'이라는 말이 유래함), 비하라라고 하였습니다.

신라도 新羅道
道 길 도
발해에서 신라로[新羅] 가는 길[道]
신라도는 발해의 수도 상경上京을 출발하여 동경과 남경을 거쳐 신라로 가던 교통로로써 오늘날의 동해안을 따라 발해와 신라가 통교하였음을 보여줍니다.

교관선 交關船

交 사귀다 교 關 관문 관 船 배 선

관문을[關] 통해 교류하는[交] 배[船]

'交關'은 '오고 가다'라는 뜻입니다.

교관선은 신라 때 장보고張保皐(?~846)가 신라·당·일본의 중개 무역에 사용한 무역선입니다.

4. 고대의 문화

삼론종 三論宗

三 셋 삼 論 논의하다 론 宗 근원 종

삼론을[三論] 경전으로 삼는 종파[宗]

　삼론종은 인도 고승인 용수龍樹의 〈중론中論〉과 〈십이문론十二門論〉 그리고 제바提婆의 〈백론百論〉 등 삼론을 주요 경전으로 했기 때문에 붙인 이름입니다.

율종 律宗

律 법률 률 宗 근원 종

계율을[律] 중시하는 종파[宗]

　율종은 계율을 엄격히 지킴으로써 부처가 될 수 있다고 주장하는 종파입니다.

열반종 涅槃宗

〈涅 개펄 흙 녈 槃 쟁반 반 〉범어 宗 근원 종

열반경을[涅槃] 경전으로 삼는 종파[宗]

　열반종은 고구려 보장왕 때 연개소문은 불교 세력을 누르기 위해 도교를 장려했는데, 보덕 화상普德和尙이 이에 대항하기 위해 만든 종파입니다.

○ **涅槃** 범어 nirvana의 음역으로, 모든 번뇌煩惱의 속박에서 해탈解脫하고, 진리를 연구하여 불생 불멸不生不滅의 경지에 들어가는 것을 말함.

화엄종 華嚴宗

華 화려하다 화 嚴 엄하다 엄 宗 근원 종

화엄경華嚴經을[華嚴] 경전으로 삼는 종파[宗]

'華嚴'은 '부처의 덕이 갖가지 꽃으로[華] 엄숙하게[嚴] 꾸며진 진리의 세계'란 뜻으로, 화엄종은 신라 때 의상 대사義湘大師가 당나라에서 받아들였으며, 처음에 원융종圓融宗이라 했다가 화엄종으로 개칭하였습니다.

국통 國統

國 나라 국 統 거느리다 통

국가[國] 불교 정책의 총 책임자[統]

국통은 신라 때 승려의 벼슬로, 국왕의 고문으로서 국가 불교 정책의 총 책임을 맡았습니다. 신라에서는 진흥왕 때 고구려의 승려 혜량惠亮을 국통으로 맞이했습니다. 국통의 아래에는 **주통**州統, **군통**郡統 등의 **승관**僧官을 두어, 전국의 불교 교단을 관할하게 했습니다.

- ❍ **州統** [州 고을 주 統 거느리다 통] 주를 책임지는 승려.
- ❍ **郡統** [郡 고을 군 統 거느리다 통] 군을 책임지는 승려.
- ❍ **僧官** [僧 승려 승 官 벼슬 관] 승려의 벼슬.

대승 大乘 · 소승 小乘

大 크다 대 · 小 작다 소 乘 올라타다, 수레 승

대중을[大] 구원하는 가르침[乘], 개인을[小] 구원하는 가르침[乘]

'大'는 '모든 것을 포용한다'는 뜻이고, '小'는 '개인'을 가리키는 말이며, '乘'은 '수레'란 뜻으로 '부처가 중생을 수레에 태우고 가듯이 깨우침에 이르게 한다'라는 의미입니다. 그래서 흔히 소승은 자신의 해탈이 선행되어야 한다는 주장을 하는 갈래를 가리키고, 대승은 대중의 구원이 선행되어야 한다는 주장을 하는 갈래를 일컫습니다. 일부에서는 '나[我] 개인이 중생을 깨달음으로 인도'하는 것을 소승이라 하고, 나의 의지가 개입되지 않은 무아無我의 구원을 대승이라 하는 주장도 있습니다. 대승은 서역西域과 중국 · 조선 · 일본 등으로 퍼졌고, 소승은 버어마 · 태국 · 미얀마 · 라오스 등으로 전해졌습니다.

라마교

대승 불교에 티베트 고유의 토속 신앙과 풍속이 가미된 신앙입니다. 라마 교의 법왕을 '달라이라마'라고 부릅니다.

금강삼매경론 金剛三昧經論

金 쇠 금 剛 굳세다 강 三 셋 삼 昧 어둡다 매 經 날실, <u>경전 경</u> 論 논의하다 론

《금강삼매경》의[金剛三昧經] 주석[論]

'金剛'은 다이아몬드라는 뜻으로, '깨달음의 지혜는 무엇이든지 다 부수면서도 스스로는 깨어지지 않는다'는 말입니다. 쉽게 '깨달음의 지혜'로 생각하면 됩니다. '三昧'는 범어梵語 Samādhi의 소리를 빌린 한자로, '잡념이 없이 오직 한 가지 일에만 정신을 집중하여 흔들림 없는 경지'를 말합니다.

《금강삼매경론》은 신라의 승려 원효元曉가 불교 경전인 《금강삼매경金剛三昧經》에 주석을[論] 달아 놓은 것입니다.

대승기신론소 大乘起信論疏

大 크다 대 乘 올라타다, 수레 승 起 일어나다 기 信 믿다 신 論 논의하다 론 疏 트이다, <u>주석 소</u>

《대승기신론》의[大乘起信論] 주석[疏]

'大'는 '모든 것을 포용한다'는 뜻이고, '乘'은 '부처님의 가르침을 깨우치도록 이끈다'는 뜻이고, '기신론起信論'은 '대승의 논의를[論] 믿는 마음을[信] 일으킨다'는[起] 뜻입니다.

《대승기신론소》는 신라의 승려 원효元曉가 불교를 이해하는 기준을 확립시키기 위해, 불교 경전의 하나인 《대승기신론大乘起信論》에 주석을[疏] 넣은 것입니다. 《대승기신론》은 《금강경金剛經》, 《원각경圓覺經》, 《능엄경楞嚴經》과 함께 우리나라 불교의 '4교과'라고 일컬어집니다. 원효는 '사람은 누구나 세속에서 잘못을 저지르며 깨달음을 향해 계속 수행을 하고, 깨달음에 이른 뒤에는 중생을 인도해야 한다'는 이 책의 내용에 감명을 받아 연구를 하고 주석을 달았다고 합니다.

화쟁 사상 和諍思想

和 화합하다 화 諍 말다툼하다 쟁 思 생각하다 사 想 생각하다 상

모든 논쟁을[諍] 화합시키는[和] 사상[思想]

화쟁 사상은 신라의 승려 원효元曉(617~686)가 당시 여러 갈래로 나뉘어 있는 불교 종파를 융합하고, 분파를 막기 위해 내세운 주장으로, 여러 강물이 흘러서 바다로 들어가면 모두 짠물이 된다는 비유를 들어, 불교학의 다양한 사상들 역시 모두 부처의 진리를 담고 있다는 논리를 폈습니다.

화엄일승법계도 華嚴一乘法界圖

華 화려하다 화 嚴 엄하다 엄 一 하나 일 乘 올라타다, 수레 승 法 법 법
界 지역 계 圖 그림 도

화엄으로[華嚴] 해탈한[一乘] 법계의[法界] 그림[圖]

'華嚴'은 '모든 행실을 닦아 덕을 장엄하게 한다'는 뜻이고, '一乘'은 석가여래의 가르침을 수레에 비유하여 '중생을 태워서 생사에서 해탈하게 한다'는 뜻입니다. 그리고 '法界'는 '불법의 범위, 변화하지 않은 우주의 실체'를 뜻하고, '圖'는 '54개의 새긴 그림'을 뜻합니다.

화엄일승법계도는 신라 때의 고승 의상義湘이 화엄 사상을 210자의 간결한 시詩로 줄인 것으로, 간략하면서도 화엄 사상의 요체를 제시해 주었습니다.

유식 사상 唯識思想

〈唯 오직 유 識 알다 식〉 범어 思 생각하다 사 想 생각하다 상

모든 삼라만상이 오직[唯] 인식認識된[識] 정보에 지나지 않는다는 사상[思想]

'唯識'은 범어 'vijnaptimat-ra'tā의 의역意譯으로, 삼라만상森羅萬象은 오직 마음에 의해서 변화되며, 마음을 떠나서는 어떠한 존재도 있을 수 없다는 뜻입니다.

정토 신앙 淨土信仰

淨 깨끗하다 정 土 흙 토 信 믿다 신 仰 우러러보다 앙

극락 세계에[淨土] 가기를 바라는 신앙[信仰]

'淨土'는 '번뇌에서 해탈된 더럽혀지지 않은 나라'란 뜻입니다. 그래서 정토 신앙은 죽고 난 후, 아니면 산 몸으로 극락 세계에 가기를 바라는 신앙을 말하는 것으로, 통일 신라 때 서민들에게 크게 환영을 받아 불교를 대

중화하는 데 큰 역할을 하였습니다.

왕오천축국전 往五天竺國傳

| 往 가다 왕 | 五 다섯 오 | 天 하늘 천 | 竺 나라 이름 축 | 國 나라 국 | 傳 전하다 전 |

다섯[五] 천축국에[天竺國] 가서[往] 보고 들은 이야기[傳]

'天竺國'은 인도를 지칭한 옛 중국식 이름이고, '五'는 인도의 동·서·남·북 네 지역과 중부 지역을 합쳐 부른 것입니다.

《왕오천축국전》은 통일 신라 때 승려 혜초가 만 4년에 걸쳐 인도의 다섯 나라와 근처의 여러 나라에 가서 보고 들은 각 나라의 정세·생활·풍속 등을 실은 것으로, 인도와 중앙 아시아의 8세기 상황이 소개된 세계에서 유일한 책입니다.

교종 敎宗 · 선종 禪宗

| 敎 가르치다 교 · 禪 참선 선 宗 근원 종 |

석가의 가르침을[敎] 위주로 한 종파[宗] · 참선을[禪] 강조한 종파[宗]

교종은 석가의 설교와 후세에 내려오는 경전經典의 가르침을 통해 깨달음을 얻으려는 종파입니다. 이에 대해 선종은 참선에 의하여 마음으로 진리를 깨우치려는 불교의 종파로, 학문적 탐구보다는 부처의 마음을 바로 깨달을 수 있는 선禪의 수행을 강조하였습니다.

선종禪宗은 석가가 영산 설법회에서 아무 말 없이 꽃을 들어 올리자 제자 가섭迦葉만이 그 뜻을 알았다고 해서 나온 말입니다. 즉 말이나 책을 통해서 깨우치는 것이 아니라 마음으로 깨우쳤다는 데서 기원했으며, '이심전심以心傳心', '불립문자不立文字' 등을 **종지**宗旨로 삼습니다.

○ **宗旨** [宗 근원 종 旨 내용 지] 한 종교나 종파의 중심이 되는 가르침.

휴정休靜 스님이 구분한 교종과 선종

임진왜란 때 승병을 이끌었으며, 오랫동안 대립해 오던 선종과 교종을 통합하려 했던 휴정(1520~1604)의 《선가귀감禪家龜鑑》이라는 책에 선禪과 교敎에 대한 구분이 명확히 되어 있습니다. "마음을 전하고자 하는 것은 선이요, 말씀을 전하고자 하는 것은 교이다. 선은 부처의 마음이고, 교는 부처의 말씀이다. 선은 무언에서 무언으로 이르는 것이고, 교는 유언에서 유언으로 이르는 것이다. 마음은 곧 선이요, 말은 곧 교이다." 결국 선이나 교 어느 한 쪽이 절대적으로 우월하지 않음을 강조한 말입니다.

구산선문 九山禪門

九 아홉 구　山 산 산　禪 참선 선　門 문 문

선종의[禪] 9개[九] 절[山門]

'山門'은 원래 '절의 누각 문'을 뜻하는 것이지만, 여기서는 '절 전체'를 가리키는 말입니다. '禪'은 불교 종파인 '선종'을 가리킵니다. 그래서 구산선문은 '선종을 따르는 아홉 개의 절'이란 뜻으로 줄여서 '9산'이라고도 합니다.

구산선문이란 신라 말기부터 고려 초기까지 중국 당唐나라에 들어가 수행 정진하여 구법求法한 스님들이 귀국하여 장대한 뜻으로 세운 선종의 9개 절을 말합니다. 이는 신라 중대 교종의 모순과 한계를 자각하고, 그것을 극복하기 위한 움직임이라는 측면에서 한국 불교사에서 매우 중요한 사상 사적 의의로 평가되고 있습니다.

5경 박사 五經博士

五 다섯 오　經 날실, 경전 경　博 넓다 박　士 선비, 재능 있는 사람 사

5경에[五經] 능통한 사람에게 주는 관직[博士]

5경은 《역경易經》《시경詩經》《서경書經》《예기禮記》《춘추春秋》이고, 박사博士는 그 분야에 능통했던 사람에게 주는 관직입니다. 그래서 5경 박사는 백제 시대 5경에 능통한 사람에게 주었던 관직입니다.

 사서 四書

《대학大學》,《중용中庸》,《논어論語》,《맹자孟子》. 송나라의 주자朱子에 의해 성리학의 학통이 세워지면서 성립된 경전입니다.

의박사 醫博士

醫 병 고치다 의 博 넓다 박 士 선비, 재능 있는 사람 사

의약 업무에[醫] 능통했던 사람에게 주는 관직[博士]

역박사 曆博士

曆 달력 력 博 넓다 박 士 선비, 재능 있는 사람 사

역법曆法에[曆] 능통했던 사람에게 주는 관직[博士]

○ 曆法 [曆 달력 력 法 법 법] 달력을 만드는 데 기준이 되는 법.

삼국의 역사서

《유기留記》·《신집新集》은 고구려, 《서기書記》는 백제, 《국사國史》는 신라의 역사책으로 모두 편년체로 서술되었으며 지금은 전해 내려오지 않습니다

유기 留記

留 머무르다, 오래되다 류 記 기록하다 기

오래된[留] 기록[記]

고구려의 역사서. 고구려가 한문을 사용하면서 시작한 역사 기록으로 지금은 전하지 않음.

신집 新集

新 새롭다 신 集 모으다 집

새로[新] 모은[集] 책

고구려의 역사서. 600년 태학의 박사 이문진李文眞이 《유기留記》를 요약하여 5권으로 만든 책으로, 현존하지 않아 구체적인 내용은 알 수 없음.

서기 書記

書 책 서 記 기록하다 기

업적을 기록한 책[書記]

백제의 역사서. 근초고왕이 왕실의 권위와 자신의 업적을 높이기 위해, 375년 백제 최초의 박사 고흥高興에게 편찬하도록 한 책.

국사 國史

國 나라 국 史 역사 사
나라의[國] 역사[史]

신라의 역사서. 신라 왕실의 정통성을 강조하기 위해 545년 이찬伊湌 이사부異斯夫가 진흥왕에게 건의하여 거칠부居柒夫가 편찬한 책.

화왕계 花王戒

花 꽃 화 王 임금 왕 戒 경계하다 계
꽃나라 왕을[花王] 경계시키는[戒] 글

〈화왕계〉는 신라 시대 설총薛聰이 꽃을 의인화하여 신문왕을 풍자한 설화로, 여기서 꽃나라 왕(모란 꽃)을 당시 왕인 신문왕에게, 꽃나라 왕에게 충언을 올리는 백두옹白頭翁(할미꽃)을 자신으로 비유하였습니다. 《삼국사기三國史記》에 실려 있습니다.

독서 삼품과 讀書三品科

讀 읽다 독 書 책 서 三 셋 삼 品 물건, (물건을) 구분하다 품 科 과목, 과거 과
독서를[讀書] 통하여 세 품으로[三品] 나누는 과거[科]

독서 삼품과는 관리 선발 제도로, 합격 성적 순위에 따라 상上 · 중中 · 하下 3품으로 나누어 뽑는 제도입니다. 이 제도는 신라 하대에 능력에 관계없이 골품의 신분에 따라 관리가 등용되는 폐단이 생기자, 이를 없애려고 원성왕 때(788) 마련하였습니다. 그러나 골품 제도를 지키려는 귀족들의 반발과 당나라 유학생들을 더 선호하는 풍토 때문에 그 기능을 제대로 발휘하지 못했습니다. 다만 학문을 보다 널리 보급시키는 데 커다란 구실을 하였습니다.

화랑세기 花郞世記

花 꽃 화 郞 남자 랑 世 세상 세 記 기록하다 기
화랑들의[花郞] 세계에[世] 대해 기록한[記] 책

《화랑세기》는 신라 성덕왕聖德王 때(704) 김대문金大問이 화랑들의 계보系譜 · 풍습 등을 소개한 책입니다.

고승전 高僧傳

高 높다 고 僧 승려 승 傳 전하다, 전기傳記 전

고승들의[高僧] 전기[傳]

《고승전》은 김대문金大問이 지은 것으로, 신라 고승들의 전기가 수록되어 있을 것으로 추정할 뿐 지금은 전해지지 않습니다.

한산기 漢山記

漢 나라 이름 한 山 산 산 記 기록하다 기

한산[漢山] 지역에 대한 기록[記]

《한산기》는 김대문金大問이 한산의 도독都督으로 재임해 있는 동안 그곳의 풍물 등을 기록한 지리서로 지금은 전해지지 않습니다.

계원필경 桂苑筆耕

桂 계수나무 계 苑 동산 원 筆 붓 필 耕 경작하다 경

계수나무[桂] 동산같이[苑] 소중하며, 밭을 가는[耕] 가운데 씀[筆]

《계원필경》은 신라 말기 학자 최치원崔致遠(857~?)이 886년 당나라에 유학을 다녀와서 지은 후 왕에게 바친 문집입니다. 이 책의 이름을 붙인 유래를 최치원 자신은 이렇게 설명하고 있습니다.

> "모래를 헤쳐 금을 찾는 마음으로 계원집桂苑集을 이루었고, 난리를 만나 **융막**戎幕에서 **기식**寄食하며 생계를 유지했기 때문에 필경筆耕으로 제목을 삼았다."

이 말은 책의 내용이 금처럼 소중하기 때문에 매우 귀중한 나무인 '桂'를 써서 '桂苑'이라 했고, 고생하며 썼기 때문에 밭 갈며 글을 쓴다는 뜻의 '筆耕'이라고 한 것입니다.

◐ **戎幕** [戎 오랑캐, 싸움 융 幕 장막 막] 싸움터에 급히 만든 막사.
◐ **寄食** [寄 붙어살다 기 食 먹다 식] 남에게 빌어 먹음.

I 선사 문화의 국가 형성 · 11
II 고대 사회의 발전 · 25
III 중세 사회의 발전
IV 근세 사회의 발달 · 119
V 근대 사회의 태동 · 195
VI 근대 사회의 전개 · 251
VII 민족의 독립 운동 · 291
VIII 현대 사회의 발전 · 309

찾아보기 · 321

1. 중세 사회로의 전환

호족 豪族

豪 귀한 사람 호 族 무리 족

부유하고 신분이 높은[豪] 무리[族]

    호족은 한 지역에서 오래 전부터 촌락민을 통제하며 세력을 키워 온 지방의 토착 세력을 말합니다. 이들은 신라 말기에 정치가 부패하고 수탈이 심해지자 중앙 정부의 통제를 벗어나 지방에서 독립 세력을 만들었으며, 세력이 강해지자 신라를 붕괴시켰습니다. 고려를 세운 왕건도 대표적인 호족 출신입니다. 토호土豪라고 일컫기도 합니다.

후백제 後百濟

後 뒤 후 〈百 일백 백 濟 구제하다 제〉 나라 이름

뒤에[後] 새로 건국한 백제[百濟]

    후백제는 892년 농민 출신의 견훤甄萱(?~936)이 완산주完山州에 도읍을 정하고 전라도와 충청도의 대부분 지역을 점령하여 세운 나라입니다. 견훤 자식들의 왕위 계승 분쟁이 원인이 되어 936년 왕건에게 망했습니다.

후고구려 後高句麗

後 뒤 후 〈高 높다 고 句 글귀 구 麗 곱다 려〉 나라 이름

뒤에[後] 새로 건국한 고구려[高句麗]

    신라 왕족 출신인 궁예弓裔(?~918)가 송악을 도읍으로 정한 뒤 901년에 세운 나라로, 후에 국명을 '마진摩震'으로 고칩니다.

마진 摩震

〈摩 만지다 마 震 떨다 진〉 나라 이름

마진은 904년에 궁예가 국명을 후고구려後高句麗에서 바꾼 것으로, '마하진단摩訶震旦'의 줄인 말입니다. '摩訶'는 범어 'mahā'의 음역으로 '크다(大)'는 뜻이고, '震旦'은 범어 'Chinistan'의 음역으로 '중국 진秦나라 사람이 거주하는 땅'이라는 뜻이며, 이는 본래 인도인이 중국을 지칭하던 말이었으나 그 뜻이 확대되어 동방 전체를 의미하는 말로 사용되었습니다. 따라서 마진은 '대동방국大東方國'을 뜻한다고 할 수 있습니다. 후에 국명을 '태봉泰封'으로 고칩니다.

태봉 泰封

〈泰 크다 태 封 봉하다 봉〉 나라 이름

태봉은 911년 궁예가 국명을 마진摩震에서 바꾼 것으로, 918년 왕건에게 멸망할 때까지 사용한 나라 이름입니다.

고려 高麗

〈高 높다 고 麗 곱다 려〉 나라 이름

고구려高句麗에서 따온 말.

고려는 918년 태봉泰封의 왕 궁예를 쫓아내고 왕건王建(877~943)이 건국한 나라로, 왕건은 고구려의 후계자임을 자처하여 '고려'라고 지었습니다. 또한 고려 시대에는 대외 무역이 발달하였는데, 우리나라를 왕래하던 아라비아 상인들이 서양 세계에 고려를 알리면서 Corea, Korea라는 말을 쓰기 시작했습니다.

2. 중세의 정치

취민유도 取民有度

取 취하다, 다스리다 취 民 백성 민 有 있다 유 度 (헤아린) 정도, 법도 도

백성을[民] 다스릴 때는[取] 법도가[度] 있어야[有] 함

취민유도는 왕건이 고려를 건국한 이후 백성들의 생활을 안정시켜 생업에 힘쓸 수 있도록 하기 위한 정책으로, 이 정책이 시행되면서 세금을 지나치게 걷지 않게 되었고, 이 밖에 공신과 호족들에게는 횡포를 금하는 조서가 내려졌으며, 전쟁 때문에 억울하게 노비가 된 자는 풀어 주는 조치가 뒤따랐습니다.

사심관 제도 事審官制度

事 일 사 審 살피다 심 官 벼슬 관 制 만들다 제 度 (헤아린) 정도, 법도 도

각 지방에 사심관을[事審官] 두는 제도[制度]

사심관 제도는 고려 시대에 중앙의 고위 관리 중 지방에 연고가 있는 사람에게 자기 출신 지역을 다스리도록 임명하는 제도입니다. 왕건은 고려를 세운 뒤 지방에 호족 세력이 강하여 지방관을 파견하지 못했으므로, 자기 출신 지방에 전통적인 세력 기반을 가지고 있는 중앙의 공신들을 이용하여 그 지역의 호족 세력을 통제하고자 이 제도를 마련했습니다.

기인 제도 其人制度

其 그 기 人 사람 인 制 만들다 제 度 (헤아린) 정도, 법도 도

기인을[其人] 중앙에 볼모로 보내는 제도[制度]

'其人'이란 고려 초기에 향리의 자제 중 그 지역의 고문 격으로 서울에 볼모로 와 있던 사람을 가리키는 말입니다.

기인 제도는 왕건과 지방 호족의 상호 협조 속에 나온 제도입니다. 당시에 태조 왕건은 자신도 지방의 호족으로서 다른 여러 호족과 함께 나라를 세웠기 때문에 이들의 공을 무시할 수가 없었습니다. 그래서 호족의 아들을 중앙에 보내면, 왕은 이들을 볼모로 지방 호족을 견제할 수 있고, 볼모

인 기인其人도 중앙에서 높은 벼슬을 하여 자신의 출신 지역에 권력을 행사하여 서로 도움이 될 수 있었습니다. 이 제도는 신라의 '상수리 제도'와 매우 비슷합니다.

훈요 10조 訓要十條

| 訓 가르치다 훈 | 要 중요하다 요 | 十 열 십 | 條 조목 조 |

가르침이[訓] 되고 중요한[要] 10가지 조목[條]

훈요 10조는 고려 태조 왕건이 943년에 자손들을 훈계하기 위해 몸소 지은 10가지 유훈遺訓으로, 여기에는 불교 숭상, 풍속, 통치 방식, 세금 등 국가 통치의 주요 문제가 모두 다루어져 있습니다.

○ **遺訓** [遺 남다, 후세에 전하다 유 訓 가르치다 훈]

훈요 10조

훈요 10조의 제8조에는 지금의 전라도 지역의 사람들에게는 벼슬을 주지 말라는 내용이 실려 있으며, 그 근거를 산과 땅의 모양 때문이라는 풍수지리에 두고 있습니다. 지역 차별의 근원이 되는 이 내용을 왕건이 말한 이유는 당시 옛 백제 지역 사람들이 고려 왕실에 순응하지 않자 풍수지리 사상을 이용하여 이들을 소외시키고자 한 것이라 추정하고 있습니다.

정계 政誡

| 政 정치, 바로잡다 정 | 誡 훈계하다 계 |

바로 잡고[政] 훈계하는[誡] 책

《정계》는 고려 태조가 신하들의 예의범절을 바르게 하고 훈계할 목적으로 936년에 지은 책입니다.

계백료서 誡百寮書

| 誡 훈계하다 계 | 百 일백 백 | 寮 관료 료 | 書 책 서 |

모든[百] 관리들을[寮] 훈계하기[誡] 위해 지은 책[書]

《계백료서》는 고려 태조가 모든 관리들을 훈계하기 위해 936년에 지은 책으로 현재 전해지지 않습니다.

주현 공부법 州縣貢賦法

州 고을 주　縣 고을 현　貢 바치다 공　賦 세금 부　法 법 법

주현의[州縣] 공물貢物(나라에 바치는 지방의 특산물)에[貢] 관한 세법[賦法]

주현 공부법은 고려 4대 광종이 만든 제도로, 고려 이전에는 공물에 관한 일정한 제도가 없었기 때문에 국가 수입 증대를 위해 만들었습니다.

노비 안검법 奴婢按檢法

奴 노예 노　婢 여자 종 비　按 어루만지다, 조사하다 안　檢 검사하다 검　法 법 법

노비의[奴婢] 실태를 조사하는[按檢] 법[法]

노비 안검법은 노비의 실태를 조사하여, 원래 양민이었는데 전쟁이나 재난으로 노비가 된 자들을 다시 양민으로 풀어주는 법입니다. 이 법을 실시한 이유는 양민이 늘어나면 이들에게 세금을 걷을 수 있어 국가 재정에 도움이 되기도 하고, 공신이나 호족들이 거느리고 있던 노비를 줄여서 그들의 경제적·군사적 기반을 약화시켜 왕권을 강화할 수 있었기 때문입니다.

공복 제도 公服制度

公 여러 사람 공　服 옷 복　制 만들다 제　度 (헤아린) 정도, 법도 도

관리가[公] 입는 옷에[服] 관한 제도[制度]

공복은 관리가 입는 옷의 하나로 주로 임금을 배알할 때 입었습니다. 공복은 옷의 색깔을 다르게 하거나 장식을 다는 방법으로 관리의 등급 표시를 했는데, 그 이유는 관료들 사이에 상하 구분을 인식시켜 기강을 잡기 위해서입니다.

시무 28조 時務二十八條

時 때 시　務 일하다 무　二 둘 이　十 열 십　八 여덟 팔　條 조목 조

당시 정치에서 시급하게[時] 힘써야 할 일[務] 28가지 항목[條]

성종은 중앙의 5품 이상 관리들에게 당시 정치에 대하여 비판하고 새로운 정책을 내놓도록 하였습니다. 그러자 최승로崔承老가 28가지 정책을 제시했는데, 이것이 시무 28조입니다. 최승로는 여기에서 불교의 폐단을 주로 지적하고 유교 사상에 입각한 정치를 하도록 권유하였으며, 태조부터 경종에 이르는 5대조의 치적에 대한 잘잘못을 비판하여 교훈으로 삼도록 했습니다. 이 외에도 여러 의견을 제시하였는데, 성종은 대부분의 건의를 받아들여 정책에 반영하였습니다.

도병마사 都兵馬使

都 도읍, 우두머리 도 兵 군사 병 馬 말 마 使 시키다 사

군사를[兵馬] 담당하기[使] 위해 설치한 최고 기관[都]

도병마사는 주로 국방·군사를 담당한 회의 기관으로, 고려 현종 때 설치되었으며, 최고의 관료인 중서 문하성의 **재신**宰臣과 중추원의 **추밀**樞密로 구성되었습니다. 도병마사는 나중에 그 기능이 점점 확대되어 국정 전반에 걸친 문제를 관장하는 기구로 변화합니다. 결국 원나라 간섭기인 충렬왕 5년(1279)에 명칭과 성격이 어울리지 않는다 하여 명칭을 **도평의사사**都評議使司로 바꾸고 구성과 기능을 확대·강화하여 최고 회의 기구로 자리잡았습니다. 도평의사사를 **도당**都堂이라고도 합니다.

- ◐ 宰臣 [宰 재상 재 臣 신하 신] 중서 문하성을 재부宰府라고도 하며, 이곳의 고관을 재신宰臣이라고 함.
- ◐ 樞密 [樞 중심축 추 密 빽빽하다, 비밀 밀] 중추원을 추부樞府라고도 하며, 이곳의 2품 이상의 관리를 추밀樞密이라고 함.
- ◐ 都評議使司 [都 도읍, 우두머리 도 評 평가하다 평 議 의논하다 의 使 시키다 사 司 맡다, 관청 사] 국가의 모든 일을 여럿이 모여 의논하고[評議] 집행하는[使] 최고의[都] 관청[司].
- ◐ 都堂 [都 도읍, 우두머리 도 堂 집 당] 최고의[都] 기구[堂].

고려의 중앙 관제

고려의 중앙 관제는 중국의 당나라의 3성 6부를 본뜬 것입니다. 3성은 중서성, 문하성, 상서성으로 국가 정치의 핵심이 되는 기구입니다.

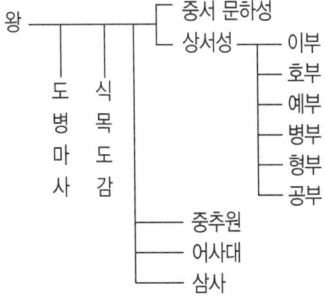

식목도감 式目都監

式 격식 식　目 눈, 조목 목　都 도읍, <u>임시</u> 도　監 살펴보다, <u>관청</u> 감

법과 격식에[式] 관한 여러 조목[目]을 만들거나 의논하기 위해 임시로[都] 설치한 기관[監]

　도병마사가 대외적인 국방 문제를 담당한다면, 식목도감은 대내적인 법제·격식 제정을 관장한 회의 기관이며, 도병마사와 마찬가지로 재신宰臣과 추밀樞密로 구성되었습니다.

 ~도감 都監

고려와 조선 시대에 국가의 중요한 일을 담당하기 위해 임시로 설치한 기관들을 도감이라고 함.

중서 문하성 中書門下省

中 가운데 중　書 책 서　門 문 문　下 아래 하　省 살피다, <u>관청</u> 성

중서성 + 문하성

　중서 문하성은 중서성과 문하성을 합친 것으로, 고려 시대 최고의 행정 기관입니다. 중서성은 국정을 총괄하고 여러 정책과 조칙의 초안을 작성하

여 임금에게 올리는 일을 하였고, 문하성은 왕명의 출납을 담당하였습니다. 그 인원 구성은 2품 이상의 고관인 **재신**宰臣과 3품 이하의 **낭사**郎舍로 구성되었습니다. 재신은 모든 신하를 통솔하고 국가의 중요 정책을 의논·결정하는 기능을 가졌고, 낭사는 **간쟁**諫諍 · **봉박**封駁 · **서경**署經의 기능을 맡았습니다.

- **宰臣** [宰 재상 재 臣 신하 신] 중서 문하성을 재부宰府라고도 하는데, 그래서 이곳의 고관을 재신宰臣이라고 함.
- **郎舍** [郎 남자 랑 舍 집, 관청 사] 중서 문하성에 소속되어 있는 정3품 이하의 관원에 대한 총칭.
- **諫諍** [諫 간하다 간 諍 다투다 쟁] '諫'은 '어떤 일을 바로잡기 위하여 곧은 말을 하는 것'이고, '諍'은 '다투어서라도 윗사람에게 충고하는 것'을 말함.
- **封駁** [封 봉하다, 입구를 막다 봉 駁 반박하다 박] 임금의 명령이 옳지 않다고 생각할 때, 이에 관한 글을 편지에 넣고 봉하여[封] 임금께 다시 올려 반박함[駁].
- **署經** [署 관청, 서명하다 서 經 날실, 지나가다 경] 임금이 관리를 임명하거나, 법률의 제정·개정 등의 일에 대하여 **대간**臺諫의 서명을[署] 거치는[經] 제도. 부당한 인사를 막고 왕권에 일정한 규제를 가하기 위해 만들어진 것.

  臺諫 [臺 높고 평평한 곳, 기관 대 諫 간하다 간] 감찰의 임무를 맡은 대관臺官과 국왕에 대한 간쟁諫諍의 임무를 맡은 간관諫官을 합하여 부르는 명칭. 어사대 등의 관원과 낭사로 구성됨. 조선 시대와는 구성 인원이 다름.

내사 문하성 內史門下省

內 안 내 史 역사, 문서 사 門 문 문 下 아래 하 省 살피다, 관청 성

내사성 + 문하성

내사 문하성은 내사성과 문하성을 합한 명칭으로, 중서 문하성을 부르기 전에 불리던 이름입니다. 내사성은 조칙詔勅에 관한 일을 담당했고, 문하성은 왕명의 출납을 담당했는데, 성종 때 두 기관을 합쳐 내사 문하성이라 했고, 문종 때 중서 문하성으로 개칭하였습니다.

상서성 尙書省

尙 숭상하다 상 書 책 서 省 살피다, 관청 성

중서 문하성의[書] 결정을 받들어[尙] 집행하는 실무 기관[省]

상서성은 모든 관리를 거느리는 기관으로, 아래에 6부를 두었습니다.

6부 六部

六 여섯 륙 部 부분, 부서 부

여섯[六] 부서[部]

6부는 중앙의 여러 관청을 통괄하고, 위로는 국왕에게 보고하는 중앙 행정의 중심 역할을 담당하였습니다. 각 부의 명칭과 담당 분야는 다음과 같습니다.
  이吏 [吏 관리 리] 문관文官의 인사人事 등의 행정 분야.
  호戶 [戶 집 호] 인구조사·세금 등의 경제 분야.
  예禮 [禮 예절 례] 예법·제사·학교·과거 등의 분야.
  병兵 [兵 군사 병] 군사 분야.
  형刑 [刑 형벌 형] 소송 등의 법률 분야.
  공工 [工 물건 만들다 공] 토목·건축 분야.

중추원 中樞院

中 가운데 중 樞 중심축 추 院 집 원

국가 주요[中樞] 업무를 담당하는 기관[院]

'中樞'는 '사물의 가장 중요한 부분이나 자리'를 뜻하는 말입니다.
중추원은 국가 기밀 업무와 왕명 출납을 담당한 기관으로, **추밀**樞密과 **승선**承宣으로 구성되어 있습니다.

- ○ **樞密** [樞 중심축 추 密 빽빽하다, 비밀 밀] 중추원을 추부樞府라고도 하는데, 이곳의 2품 이상의 관리를 추밀樞密이라고 함.
- ○ **承宣** [承 이어받다 승 宣 베풀다 선] 왕명의 출납을 맡은 중추원의 3품의 관리.

어사대 御史臺

御 임금 어 史 역사, 관직 이름 사 臺 높고 평평한 곳, 관청 대

임금의[御] 명령을 받은 관리들이[史] 일하는 기관[臺]

'御史'는 '임금의 특별한 명령을 받고 지방의 풍속과 그곳 관리들의 잘못을 살피는 일을 맡은 임시직 관리'란 뜻입니다.

어사대는 중서 문하성과 합하여 대성臺省이라고 불렸는데, 국왕을 보좌하면서 언관의 역할을 수행하였습니다.

대성 臺省

臺 높고 평평한 곳, 관청 대 省 살피다, 관청 성

어사대[臺] + 중서 문하성[省]

대성은 어사대와 중서 문하성을 합친 말로, 이곳엔 관리의 임명이나 법령의 개폐 시에 이를 인준하는 **서경**署經 제도를 두어 국왕의 독재를 견제하였습니다.

- ◐ **署經** [署 관청, 서명하다 서 經 날실, 지나가다 경] 임금이 관리를 임명하거나, 법률의 제정·개정 등의 일에 대하여 대간臺諫의 서명을[署] 거치는[經] 제도. 부당한 인사를 막고 왕권에 일정한 규제를 가하기 위해 만들어진 것.
- ◐ **臺諫** [臺 높고 평평한 곳, 관청 대 諫 간하다 간] 감찰의 임무를 맡은 대관臺官과 국왕에 대한 간쟁諫諍의 임무를 맡은 간관諫官을 합하여 부르는 명칭. 어사대 등의 관원과 낭사로 구성됨. 조선 시대와는 구성 인원이 다름.

삼사 三司

三 셋 삼 司 맡다, 관청 사

세[三] 관청[司]

삼사는 송宋나라에서 이름만 따온 관청 명칭으로, 국가의 재정·회계를 맡아 보았습니다. 조선 시대에는 사헌부·사간원·홍문관, 이 세[三] 언론·학술 관청을[司] 합쳐 삼사라고 했습니다.

안찰사 按察使

按 어루만지다 안 察 살피다 찰 使 시키다, 관리 사

각 도道에 파견되어 그 지역을 다스리는[按察] 관리[使]

병마사 兵馬使

兵 군사 병 馬 말 마 使 시키다, 관리 사

군사를[兵馬] 담당한 관리[使]

병마사는 군사를 담당한 관리로, **양계**兩界(국경 지대)에 임명되었습니다.

● **兩界** [兩 양쪽 량 界 지역 계] 고려·조선 시대의 특별 행정 구역으로, 여진족과 경계한 평안도平安道를 북계北界(후에 서계西界라고도 함), 함경도咸鏡道를 동계東界라 하고, 이 둘을 합하여 양계라고 함.

도호부 都護府

都 도읍, 우두머리 도 護 보호하다 호 府 관청 부

한 지역을 보호하고[護] 다스리는 최고[都] 기관[府]

도호부는 고려, 조선 시대의 지방 행정기관입니다.

지사 知事

知 알다, 관직 이름 지 事 일, 다스리다 사

각 주州와 군郡에 파견되어 그 지역의 일을 알고[知] 처리하는 관리[事]

현령 縣令

縣 고을 현 令 명령하다, 우두머리 령

각 현縣에[縣] 파견되어 그 지역을 다스리는 관리[令]

호장 戶長

戶 집 호 長 길다, 우두머리 장

지방 아전(향리)의[戶] 우두머리[長]

호장은 고려 때 지방에 세력을 둔 호족에게 호장戶長이라는 향직鄕職을 준 데서 비롯되었으며, 이 제도는 당시에 지방 자치를 이루는데 많은 기여

를 했습니다.

향리 제도 鄕吏制度

| 鄕 시골 향 | 吏 관리 리 | 制 만들다 제 | 度 (헤아린) 정도, 법도 도 |

지방[鄕] 사람을 그 지역의 관리로[吏] 채용하는 제도[制度]

향리 제도는 호족 등의 지방 세력을 향리로 임명하는 제도로, 이들을 행정 체계 속으로 편입시켜 중앙의 통제를 받게 하면서, 지방관을 보좌하여 지방 행정을 원활히 할 목적으로 실시하였습니다.

 鄕, 所, 부곡 部曲

향·소·부곡은 고려 시대의 특수 행정 구역으로, 모두 '마을'을 뜻하는 한자입니다. 부곡 部曲민은 주로 농업, 소所민은 주로 수공업에 종사했습니다. 조선 시대에 군·현 등으로 승격되면서 이곳 사람들은 양인이 되고 향·소·부곡이라는 명칭은 점차 사라집니다.

중방 重房

| 重 무겁다, 중요하다 중 | 房 방, 관청 방 |

중요한[重] 기관[房]

고려 시대의 군대 편제는 2군軍 6위衛인데, 중방은 그곳의 지휘관인 상장군上將軍, 대장군大將軍이 모여 군사 문제를 의논하는 기관입니다. 무신 정변 이후 권력의 중추 기구가 되었습니다.

○ 衛 [衛 호위하다 위]

 고려의 군사 조직

중앙군 – 2군軍 6위衛
지방군 – 주현군·주진군

주현군 州縣軍

州 고을 주 縣 고을 현 軍 군사 군

자기 마을을[州縣] 지키는 군인[軍]

주현군은 일반 농민으로 구성되었으며, 이들은 자기 토지를 경작하면서 그 지방의 방위와 노역에 동원된 일종의 예비군입니다.

주진군 州鎭軍

州 고을 주 鎭 진압하다, 부대 진 軍 군사 군

'진鎭'이라는 마을을[州鎭] 지키는 군인[軍]

북방의 외침을 막기 위한 양계兩界(국경 지대)의 요충지에는 '鎭'을 설치하고 이곳에 항상 군인을 주둔시켰는데, 이들을 주진군이라 했습니다. 주현군이 예비군이면 주진군은 **상비군**常備軍입니다.

◆ **常備軍** [常 항상 상 備 갖추다 비 軍 군사 군] 전쟁 등의 변란에 대비하기 위해 항상 있는 군인.

도령 都領

都 도읍, 우두머리 도 領 우두머리 령

최고[都] 지휘관[領]

도령은 주진군州鎭軍의 최고 지휘관, 즉 고려 시대 전투 부대의 최고 지휘관입니다.

이자겸의 난 李資謙의 亂

〈李 오얏나무, 성씨 리 資 자본 자 謙 겸손하다 겸〉 사람 이름 亂 어지럽다 란

이자겸이[李資謙] 일으킨 난[亂]

이자겸의 난은 고려 인종 때 외척 권세가인 이자겸(?~1126)이 1126년 왕권의 약화를 틈타 왕위를 찬탈하려던 반란입니다.
이자겸은 자신의 권세가 왕을 능가할 정도가 되자 척준경拓俊京과 함께 군사를 일으켜 인종仁宗을 죽이려 했습니다. 그러나 왕은 척준경을 달래어 이자겸을 제거하고, 얼마 후 척준경도 축출하여 난은 실패로 끝났습니다.

또한 이 난은 고려 전기의 문벌 귀족 사회가 붕괴하는 발단이 되었습니다.

묘청의 난 妙淸의 亂

〈妙 묘하다 묘 淸 맑다 청〉 사람 이름 亂 어지럽다 란

묘청이[妙淸] 일으킨 난[亂]

　묘청의 난은 1135년(인종 13)에 묘청(?~1135, 고려 중기의 승려)을 비롯한 서경파가 서경西京(지금의 평양)에서 일으킨 반란입니다.
　당시 이자겸의 난으로 민심이 불안해지면서 **서경 천도 운동**西京遷都運動이 일어났습니다. 이에 묘청 등은 개경 중심의 문벌 귀족 세력을 약화시키기 위해 천도를 추진하였습니다. 그래서 서경 최고의 명당에 대화궁大花宮이라는 궁궐을 짓고, **칭제 건원**稱帝建元과 **금국 정벌**金國征伐을 주장하였습니다. 그러나 천도가 불가능해지자 묘청을 비롯한 서경파는 서경에 **대위국**大爲國이란 나라를 세우고, 연호를 **천개**天開라 정하고 난을 일으켰다가 김부식金富軾(1075~1151 :《삼국사기三國史記》지은이)에게 진압되었습니다. 개경파인 김부식이 난을 진압하면서 국왕의 입지는 더욱 축소되고 문벌 귀족의 전횡 시대가 열리게 되었습니다.

- 西京遷都運動 [西 서쪽 서 京 서울 경 遷 옮기다 천 都 도읍 도 運 운전하다 운 動 움직이다 동] 묘청이 당시 서울인 개경에서 서경(지금의 평양)으로 수도를 옮겨야 한다는 주장을 하며 일으켰던 운동.
- 稱帝建元 [稱 칭하다 칭 帝 황제 제 建 세우다 건 元 으뜸, 연호 원] '稱帝'는 우리나라도 중국처럼 황제의 호칭을 붙이자는 것이고, '建元'은 '연호를 새로 만들다'는 뜻.
- 金國征伐 [金 쇠, 나라 이름 금 國 나라 국 征 싸우러 가다 정 伐 베다 벌] '金國'은 여진족의 누루하치가 부족 세력을 통합한 후 세운 나라 이름으로, 이들이 세력을 키워 고려에 압력을 가하자 묘청에 의해 만들어진 주장.
- 大爲國 [大 크다 대 爲 하다 위 國 나라 국] 1135년(고려 인종 13) 1월 묘청이 서경에 세운 나라.
- 天開 [天 하늘 천 開 열다 개] 묘청이 서경으로 서울을 옮기자는 주장이 실패로 끝나자, 대위국을 세우고 정한 연호.

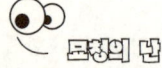

단재 신채호는 이들의 주장이 중국에 대한 사대事大를 극복하고 자주적이라는 점에 주목해 이를 '조선 역사 1천년 이래 최고의 사건'이라고 불렀습니다.

숭문 천무 崇文賤武

崇 숭상하다 숭　文 글 문　賤 천하다 천　武 무기 무

문신을[文] 우대하고[崇] 무신을[武] 천시함[賤]

　숭문 천무는 고려가 문벌 귀족 사회이기 때문에 나타난 현상으로, 이 때문에 오랫동안 차별을 받아 온 무신들은 1170년 정변政變을 일으킵니다.

무신 정변 武臣政變

武 무기 무　臣 신하 신　政 정치 정　變 변하다 변

무신들이[武臣] 일으킨 정변[政變]

　정변은 쿠데타와 같은 의미로, 무신 정변은 1170년 8월 정중부鄭仲夫(1106~1179), 이의방李義方(?~1174) 등 무신들이 집단 반란을 일으켜 많은 문신들을 살해하고 의종을 폐위시킨 사건입니다.
　문벌 정치 아래에서 소외되었던 무신들은 자신들의 몫을 확대하기 위해 무력 수단을 동원해 권력을 장악했습니다. 이 사건은 고려 정치사의 중요한 전환점이 되어, 이후 무신들이 정치의 거의 모든 요직을 독차지했습니다. 또한 이들은 권력 쟁취에만 혈안이 되어 사회의 위기 상태는 더욱 커져 갔으며, 이 때문에 전국적인 농민 항쟁이 일어납니다.

[참고] 사건 용어

교정도감 教定都監

教 가르치다, 명령하다 교　定 정하다 정　都 도읍, 임시 도　監 살펴보다, 관청 감

왕의 명령에 따라[教] 정치를 통괄하기[定] 위해 임시로[都] 설치한 기관[監]

　교정도감은 무신 정권 때 최충헌崔忠獻이 권력을 잡은 후, 국가의 모든 분야를 통괄하기 위해 임시로 설치한 권력 기관입니다.

교정별감 教定別監

教 가르치다, 명령하다 교　定 정하다 정　別 따로, 특별하다 별　監 살펴보다, 관청 감

교정도감의[教定~監] 우두머리[別]

　교정별감은 교정도감의 우두머리를 말합니다. 최충헌崔忠獻은 교정도

감을 설치하여 자신이 교정별감이 되었고, 이후 무신 권세가들이 이 관직에 임명되었습니다.

도방 都房

| 都 도읍, 우두머리 도 | 房 방 방 |

우두머리를[都] 지켜 주는 사람들의 숙소[房]

도방은 고려 무신 집권기의 사병 집단으로, 처음에는 경대승慶大升이 설치했다가 그가 죽자 해체된 뒤, 다시 최충헌崔忠獻이 만들어 자신의 신변 경호를 위해 만들었습니다. 이 기관은 삼별초와 함께 최씨 정권을 유지하는 군사적 기반이 되었습니다.

삼별초 三別抄

| 三 셋 삼 | 別 따로 별 | 抄 뽑다 초 |

특별히[別] 뽑은[抄] 세[三] 부대

고려 무신 집권기에 최우崔瑀가 개경의 밤도둑을 잡기 위해 **야별초**夜別抄라는 군대를 만들었다가, 나중에 군인의 숫자가 늘어나자 이들을 좌별초左別抄, 우별초右別抄로 나누었습니다. 그리고 몽고에 붙잡혔다가 도망쳐 온 사람들로 신의군神義軍이란 부대를 편성하면서, 좌별초, 우별초, 신의군을 합쳐 삼별초라 부르게 되었습니다. 삼별초는 처음 창설 목적과 달리 이후에는 최씨 정권을 유지하는 군사적 기반이 되었고, 몽고와의 싸움에서는 주력군으로 활동하였습니다.

○ **夜別抄** [夜 밤 야 別 따로 별 抄 뽑다 초]

정방 政房

| 政 정치 정 | 房 방, 관청 방 |

정치를[政] 하는 기관[房]

정방은 최충헌崔忠獻의 아들 최우崔瑀가 설치한 인사 행정 기관으로, 행정 실무에 어두운 무신 집권 세력과 벼슬길에 오르려는 선비들의 욕구가 서로 통하여 만들어졌습니다.

서방 書房

書 책 서 房 방, 관청 방

문인들로[書] 구성된 기관[房]

　서방은 학식이 높은 문인들에게 정치의 고문역할을 하도록 최우崔瑀가 설치한 기관입니다.

북방 민족 나라 이름의 변화

◎ **거란 契丹 → 요 遼 (916~1124)**

거란은 5세기 중엽부터 요하 상류인 시라무렌 유역에서 부족 단위로 유목 생활을 하다가 10세기 초 야율아보기耶律阿保機가 각 부족들을 통합하면서 세운 나라입니다. 이들 세력은 시간이 지날수록 점점 강성해져 926년 발해渤海를 멸망시켰고, 태종太宗은 중국 화북 지방의 16주州를 차지하면서 947년 나라 이름을 요遼로 바꾸었습니다. 그러나 1125년 여진[金]에게 망했습니다.

◎ **말갈 靺鞨 → 여진 女眞 → 금 金 → 청 淸**

말갈은 만주 동부에 살던 퉁그스 족의 일족을 말합니다. 이들은 처음에 고구려와 발해에 예속되어 살았지만, 발해가 거란에게 망한 뒤에는 이들의 통제를 벗어나 스스로 여진女眞이라 불렀습니다. 그 뒤 세력을 키워 1115년 나라 이름을 금金이라 하고 고려에게 압력을 가하였습니다. 그러나 1234년 몽고의 침략으로 망했으며, 여러 부족으로 분산되어 원元과 명明의 지배를 받았습니다. 다시 1616년에 추장 누르하치가 후금後金을 세워 세력을 확장하여 1636년에는 청淸이라 국호를 바꾼 뒤 중국 전역을 통일하였습니다.

◎ **몽고 蒙古 → 원 元**

몽고는 몽고 고원을 중심으로 거주하던 유목 민족으로, 처음에는 요遼와 금金의 지배를 받다가, 13세기 초 테무친이 부족을 통일하고 세력을 확장하여 1206년에 몽고를 세웠습니다. 이후 계속 세력을 키워 중앙 아시아·남 아시아·남 러시아에 이르는 대제국을 건설했고, 이때 고려에도 침입하여 큰 타격을 입혔습니다. 1260년 남송南宋을 점령한 뒤 1271년 원元으로 국호를 바꾸었습니다.

귀주 대첩 龜州大捷

〈龜 거북이 귀 州 고을 주〉 지명 大 크다 대 捷 이기다 첩

귀주에서[龜州] 크게[大] 이긴 싸움[捷]

중국 북부의 거란족은 세력이 강해지자 고려를 여러 차례 침범했는데, 3번째 침범한 소배압의 10만 대군은 개경 부근까지 이르렀습니다. 그러나 곧 고려군의 협공을 받아 후퇴하다가 귀주에서 강감찬이 지휘하는 고려군에게 섬멸되었는데, 이를 귀주 대첩이라 합니다. '捷'이 들어가는 말은 모두 크게 이긴 싸움을 뜻하는데, 을지문덕 장군의 살수 대첩薩水大捷, 이순신 장군의 한산 대첩閑山大捷 등이 그 예입니다.

별무반 別武班

別 따로 별 武 무기 무 班 나누다, 줄 서다 반

특별히[別] 편성한 군인[武班]

별무반은 11세기 후반 이후 세력이 강해진 여진족이 고려의 동북 지방을 자주 침략하자, 기병 위주의 여진족에 대항하기 위해 따로 설치한 특수 부대이며, **신기군**神騎軍, **신보군**神步軍, **항마군**降魔軍으로 편성되었습니다.

- ❍ **神騎軍** [神 귀신 신 騎 말 타다 기 軍 군사 군] 귀신같이[神] 말을 잘 타는[騎] 군인[軍].
- ❍ **神步軍** [神 귀신 신 步 걸어가다 보 軍 군사 군] 귀신같이[神] 잘 걷는[步] 군인[軍].
- ❍ **降魔軍** [降 내려오다 강, 항복하다 항 魔 마귀 마 軍 군사 군] 악마를[魔] 항복시키는[降] 승병僧兵[軍].

쌍성 총관부 雙城摠管府

雙 쌍 쌍 城 성곽 성 摠 지배하다 총 管 관리하다 관 府 관청 부

쌍성을[雙城] 통치하는[摠管] 기관[府]

쌍성 총관부는 원元나라가 고려의 화주和州(지금의 함경남도 영흥永興) 이북을 직접 통치하기 위해 화주에 설치했던 기관입니다.

동녕부 東寧府

東 동쪽 동 寧 편안하다 녕 府 관청 부

서경西京(지금의 평양)에[東寧] 설치한 기관[府]

동녕부는 원나라가 자비령 이북의 땅을 차지하고, 서경西京(지금의 평양)에 설치한 기관입니다.

탐라 총관부 耽羅摠管府

〈耽 즐기다 탐 羅 나열하다 라〉 지명 摠 지배하다 총 管 관리하다 관 府 관청 부

제주도를[耽羅] 통치하는[摠管] 기관[府]

'耽羅'는 제주도의 옛 이름입니다.
탐라 총관부는 원나라가 제주도를 직접 통치하기 위해 설치했던 기관입니다.

첨의부 僉議府

僉 여러, 여러 사람이 함께 말하다 첨 議 의논하다 의 府 관청 부

여러 사람이[僉] 의논하는[議] 기관[府]

첨의부는 고려 후기 중앙의 최고 행정 기관으로, 당시 원나라는 고려의 3성省 6부部라는 행정 체제가 자신들과 같기 때문에, 충렬왕忠烈王 때 중서 문하성과 상서성을 합쳐 격이 한 등급 낮은 기관을 만들게 하였는데, 이것이 바로 첨의부입니다.

정동행성 征東行省

征 싸우러가다 정 東 동쪽 동 行 다니다 행 省 살피다, 관청 성

일본을[東] 정벌하기[征] 위해 설치한 기관[行省]

'征東'은 '일본을 정벌한다'는 뜻이고, '行省'은 '행중서성行中書省'의 준말로 '중서성을 지방에 파견하다'라는 뜻입니다.
정동행성은 고려 후기 일본 정벌을 목적으로 원元나라의 강요에 의해 설치되었던 기관으로, 두 차례 일본 정벌을 시도했지만 모두 실패했으며, 원나라는 일본 정벌을 단념한 후에도 이를 존속시켜 고려의 내정을 간섭하였습니다.

순마소 巡馬所

巡 돌아다니다 순 馬 말 마 所 장소, 관청 소

말을 타고[馬] 돌아다니는[巡] 일을 하는 기관[所]

순마소는 원나라에 의해 설치된 감찰 기관으로, 도적을 막고 난이 일어나지 못하도록 감시하는 임무를 가졌습니다.

다루가치

다루가치는 'Darughachi'를 어원으로 하며, 'Daru'는 '속박하다'라는 동사이고, 'gha'는 명사 어미이고 'chi'는 '사람'이라는 뜻입니다. 그래서 다루가치는 진압에 종사하는 사람, 속박하는 사람이란 뜻입니다. 이 말은 여기서 유래되어 나중에 '감독자', '총독'의 뜻으로 바뀌었습니다. 한자로는 달로화적達魯花赤이라고 씁니다.

다루가치는 고려 후기에 원나라가 고려의 내정을 간섭하기 위해 설치한 민정民政 담당자로, 원래 원나라는 중앙의 하급 관부와 지방의 복속 국가에 다루가치를 파견하여 통치에 이용하였습니다.

이문소 理問所

理 이치, 다스리다 리 問 묻다 문 所 장소, 관청 소

죄를 다스리고[理] 묻는[問] 기관[所]

이문소는 정동행성征東行省의 부속 기관으로, 원나라와의 관계에서 생겨나는 범죄 행위를 다스리는 업무를 담당했습니다.

전민변정도감 田民辨正(整)都監

田 밭 전 民 백성 민 辨 분별하다 변 正(整) 바르다, 바로잡다 정 都 도읍, 임시 도 監 살펴보다, 관청 감

토지와[田] 농민의[民] 실태를 정확히 파악하고[辨] 바로잡기[正(整)] 위해 임시로[都] 설치한 기관[監]

고려 후기에 권문 세족들은 토지를 마음대로 빼앗고 양인을 노비로 삼는 등 여러 사회 문제를 일으키며 토지와 노비를 늘렸습니다. 이에 국가에서는 토지와 농민의 실태를 정확히 파악하기 위해 전민변정도감을 설치하였고, 권문 세족과 인연이 먼 신돈辛旽(?~1371)을 기용하여 토지와 노비를 본래의 소유주에게 넘겨 주거나 양민으로 해방시켜 주었습니다. 그러나 이 일은 귀족들의 반발을 받아 실패하였고, 신돈에게는 실각의 계기가 되었습니다.

3. 중세의 사회와 경제

🍎 중세의 신분제
귀족-왕족, 문무 고위 관료.
중류층-하급 관리, 서리, 향리, 남반, 하급 장교.
양인-농민(백정), 상인, 수공업자.
천민-공사노비, 향·소·부곡민, 화척, 진척, 재인.

서리 胥吏

胥 하급 관리 서 吏 관리 리

하급 관리[胥吏]

서리는 중앙 관청과 지방 관청에서 행정의 실무를 맡았던 하급 관리로, 아전衙前이라고도 불렸습니다.

남반 南班

南 남쪽 남 班 나누다, 줄서다 반

남쪽[南] 줄[班]

남반은 궁중 관리로, 고려 때, 주로 액정국掖庭局과 내시부內侍府에 속한 벼슬아치입니다. '동반東班'인 문관文官을 '서반西班'인 무관武官과 비교하여 남반이라고 하였으며, 궁중에서 임금의 명령을 받아 전달하거나 시중드는 일을 맡았습니다.

[상식] 양반

향리 鄕吏

鄕 시골 향 吏 관리 리

지방의[鄕] 관리[吏]

향리는 지방 행정의 실무자를 가리키며, 이들은 각 지역에 경제적 기반이 있었고 학문적 소양을 갖추었습니다.

양인 良人

良 선량하다 량 人 사람 인

선량한[良] 사람[人]

양인은 본래 '선량한 사람'이라는 뜻이지만, 노비 등 천민과 대비하여 일반 평민으로 농민 그리고 상인 수공업자를 가리키며 국가에 각종 세를 부담하였습니다.

백정 白丁

白 희다, 없다 백 丁 젊은 남자 정

역役의 의무가 없는[白] 장정[丁]

고려 시대에 역役의 부담자를 정호丁戶라고 한 것에 대하여, 정호를 제외한 일반 농민을 백정이라 불렀습니다.

이후 고려 말과 조선 초에 농민층을 평민·양민 등으로 부르면서, 백정은 주로 가축을 도살하는 계층을 지칭하게 되었습니다.

화척 禾尺

禾 벼 화 尺 (길이의 단위) 자, 천한 일에 종사하는 사람 척

벼와[禾] 관련된 일을 하는 사람[尺]

'尺'은 천한 전문 기술직에 종사하는 사람으로, 순 우리말은 '자이'인데 한자로는 '자'의 뜻을 가진 尺이라고 불렀습니다. 예를 들어 '물[水]+자이=물자리'이고, 이 말이 변하여 '무자리'가 되었으며 한자로는 수척水尺이라 표현합니다. (무자리 – 수초水草를 따라가 고리를 만드는 사람) 그래서 화척은 벼[禾]와 관련된 일을 했을 것이라고 추정할 수 있으며, 보통 버드나무로 물건 만드는 일을 하거나, 소 따위의 짐승 잡는 일을 하는 사람을 가리켜 말합니다. 이들은 후삼국 때부터 고려 시대에까지 떠돌아다니며 천한 일에 종사하던 무리로, 조선 시대에는 양민화 정책에 의해 이들을 백정白丁이라 불렀습니다. 이들을 무자리, 혹은 양수척楊水尺이라고도 불렀습니다.

진척 津尺

津 나루터 진 尺 (길이의 단위) 자, 천한 일에 종사하는 사람 척

나루에서[津] 일하는 사람[尺]

진척은 고려 및 조선 시대에 나룻배의 뱃사공을 말합니다. 신분은 양인이면서 천한 일에 종사하는 계층입니다.

[참고] 하척

재인 才人

才 재능 재 人 사람 인

재주 부리는[才] 사람[人]

재인은 곡예曲藝, 가무歌舞, 노래 등이 직업인 천민 광대로, 주로 남자는 노래와 광대업을 하고 여자는 무당이 되었습니다.

종모법 從母法

從 따라가다 종 母 어머니 모 法 법 법

태어나면서부터 어머니의[母] 신분을 따르는[從] 법[法]

종모법은 부모가 노비인 경우 그 자식의 소유는 어머니 쪽 소유주에 귀속되는 법입니다. 이 법에 따라 양인과 노비가 결혼하면 자녀는 무조건 노비가 되었는데, 대부분 남자 양인과 여자 노비가 결혼했기 때문에 노비의 수는 늘었지만, 조세를 부담하는 양인良人의 수가 줄었습니다. 이에 1414(태종 14)에 양인 남자와 천인賤人 여자 사이의 자녀는 아버지를 따라 양인이 되는 종부법從父法을 시행했습니다.

외거 노비 外居奴婢

外 바깥 외 居 거주하다 거 奴 노예 노 婢 여자 종 비

주인 집 밖에[外] 거처하면서[居] 독립 가정을 이루는 노비[奴婢]

외거 노비는 솔거 노비率居奴婢와 대비되는 사노비로, 집 밖에 거처하는 대신 주인에게 몸값(신공身貢)을 내는 노비입니다. 가정 생활과 재산 소유가 가능했을 뿐만 아니라 주인의 호적에 기재되는 것 외에 현 거주지에서 별도의 호적을 작성하였습니다.

○ 身貢 [身 몸 신 貢 바치다 공]

솔거 노비 率居奴婢

率 비율 률, 거느리다 솔 居 거주하다 거 奴 노예 노 婢 여자 종 비

주인의 집에 함께[率] 살면서[居] 직접 노동력을 제공하는 노비[奴婢]

　솔거 노비는 외거 노비外居奴婢와 대비되는 사노비로, 주인에게 의식주를 제공받으면서 무제한·무기한 노동을 제공하는 노비입니다. 잡무를 담당하는 노비와 토지를 경작하는 노비로 구분되었으며, 온전한 가정 생활과 재산 소유는 불가능하였습니다.

문벌 門閥

門 문, 가문 문 閥 가문 벌

특혜를 통해 권력을 유지하는 가문[門閥]

　문벌의 본래 뜻은 '가문의 지체' 즉, '가문의 사회적 지위나 등급'이란 뜻입니다. 그러나 여기서는 집안 대대로 주요 관직을 차지하여 권력을 장악하고, 공음전功蔭田과 음서蔭敍 등의 특혜를 받아 권력을 유지한 가문을 말합니다.

 閥閱

'벌閥'은 본래 중국에서 공이 있는 집의 왼쪽에 세우는 기둥을 가리키는 말이었으며, 오른쪽 기둥은 '열閱'이라고 했습니다. [閥 가문, 기둥 벌 閱 기둥 열]

사전 賜田

賜 주다 사 田 밭 전

국가나 왕실에 공을 세운 신하에게 특별히 주는[賜] 토지[田]

　사전은 고려 시대에 국가에 공을 세운 왕족과 관리에게 **수조권**收租權을 부여하면서 지급된 토지를 말합니다. 공신전功臣田이 주로 개국開國·반정反正 등의 공功이 있는 사람에게 주는 것이라면, 사전은 대체로 외교·국방의 업적과 모반謀反·반역의 탐지, 진압 등의 공이 있는 자에게 주었

습니다.

○ **收租權** [收 거두다 수 租 세금 조 權 권세 권] 토지에서 나오는 세를[租] 받을 수 있는 [收] 권리[權].

공음전 功蔭田

功 공로 공 蔭 그늘, <u>조상의 덕택</u> 음 田 밭 전

공이 있는[功蔭] 관리에게 주는 토지[田]

공음전은 5품 이상 관리에게 지급했으며 세습이 가능했던 토지로, 음서제와 더불어 귀족의 신분 세습을 뒷받침했던 제도입니다.

음서 蔭敍

蔭 그늘, <u>조상의 덕택</u> 음 敍 차례, <u>관직을 주다</u> 서

조상의 덕택으로[蔭] 자손에게 주는 벼슬[敍]

음서는 공신 또는 5품 이상 관리의 자손은 과거 시험을 거치지 않고 관리로 등용하던 제도로, 공음전과 함께 귀족의 신분 세습을 뒷받침했습니다. 그러나 고려 후기부터는 음서로 관직에 나갔더라도 과거를 치러 당당히 실력을 과시하는 풍토가 흔해졌습니다.

권문 세족 權門勢族

權 권세 권 門 문 문 勢 세력 세 族 무리 족

권세 있는[權·勢] 집안[門·族]

권문 세족은 고려 전기부터 문벌로서 그 세력을 이어 오거나, 무신 정권 시대에 대두한 가문인 경우도 있지만, 주로 원의 세력을 배경으로 등장한 고려 후기 정치 지배 세력을 말합니다. 이들은 고려 말 원의 세력이 약해지면서 그 주도적인 지위를 신흥 사대부들에게 서서히 빼앗기다가, 조선이 건국되면서 지배 세력의 위치를 완전히 잃게 됩니다.

신진 사대부 新進士大夫

新 새롭다 신 進 나아가다 진 士 선비 사 大 크다 대 夫 남편, 사나이 부

새롭게[新] 진출한[進] 사대부[士大夫]

사대부는 '士'와 '大夫'의 복합어로, 연암 박지원의 《양반전兩班傳》에서 그 유래를 알 수 있습니다. "독서하는 사람을 '士'라 하고 행정에 종사하는 사람을 '大夫'라 한다."

다시 말하면 士는 신분적으로는 양인 출신으로 학문을 하는 사람이란 뜻이고, 大夫는 벼슬에 종사하는 사람이란 뜻으로, 이 두 말을 합친 사대부는 학자 관료라는 뜻입니다.

신진 사대부는 고려 무신 집권기 때 유교적 소양을 갖추고 행정 실무에도 밝은 학자 출신들이 필요했는데, 이때 새롭게 진출한 사대부들을 가리킵니다. 이들은 후에 고려 왕조를 무너뜨리고 조선을 건국하는 주체 세력이 됩니다.

사직 社稷

社 모이다, 토지 신 사 稷 기장, 곡식 신 직

땅 신과[社] 곡식 신[稷]

사직은 본래 '사람은 흙이 아니면 설 수 없고, 곡식이 아니면 먹을 것이 없다'고 생각한 옛날 사람들이 땅 신과 곡식 신에게 감사의 제사를 드리기 위해 만든 단壇을 말합니다. 여기서 유래된 사직은 인간 생활의 근본이라는 의미를 담고 있기 때문에 '중요하다' 혹은 '국가'를 상징하는 말로 쓰이게 되었습니다.

적전 籍田

籍 공문서, 밭 갈다 적 田 밭 전

왕이 직접 밭을 가는[籍] 토지[田]

적전은 왕이 농사의 모범을 보이기 위해 만든 토지로, 실제 경작은 농민이 하고, 그 수확물은 종묘와 사직에 제사를 드리는 데 사용했습니다.

의창 義倉

義 옳다, 대중과 일을 함께하다 의 倉 창고 창

일반 대중과 일을 함께하는[義] 창고[倉]

의창은 평시엔 곡물을 비축하였다가 흉년에 빈민을 구제하는 창고로, 이 제도는 중국 수隋나라에서 유래하였고, 고구려 시대에도 시행된 적이 있으며, 고려 시대에는 태조가 흑창黑倉을 두어 농민에게 곡식을 대여였다가 이를 회수하는 진대법賑貸法을 마련하였습니다. 그 뒤 성종 때(986년) 흑창의 진대賑貸 곡식을 1만 석 더 보충하여 이를 의창이라 불렀습니다.

상평창 常平倉

常 항상 상 平 평평하다 평 倉 창고 창

항상[常] 곡식의 가격을 고르게[平] 조정하는 창고[倉]

'常平'은 '상시평준常時平準'의 줄임 표현으로, 중국 한나라 때 물가를 조절하여 어려운 사람을 도와 주던 제도를 일컫던 말이고, 상평창은 그 일을 담당하는 창고입니다.

고려·조선 시대의 상평창 역시 풍년에 곡식 가격이 내리면 조금 비싼 가격으로 사 두었다가, 흉년에 곡식이 모자라 값이 오르면 창고에 저장해 둔 쌀을 싼 가격으로 팔아 물가를 조절하는 역할을 수행했습니다.

대비원 大悲院

大 크다 대 悲 슬프다, 가엾게 여겨 은혜를 베풀다 비 院 집 원

크게[大] 은혜를 베푸는[悲] 기관[院]

'大悲'는 불교의 '대자대비大慈大悲'란 말에서 따왔습니다.

대비원은 약과 식량을 준비해 두었다가 환자를 치료하고, 빈민을 구휼救恤하는 기관입니다. 개경에는 동쪽과 서쪽에 각각 하나씩 있었으며 이를 동東·서西 대비원이라고 했습니다.

○ **救恤** [救 구원하다 구 恤 어려운 사람에게 금품을 주다 휼]

혜민국 惠民局

惠 은혜 혜 民 백성 민 局 관청 국

백성들에게[民] 의료의 혜택을[惠] 베푸는 관청[局]

혜민국은 백성들의 치료를 위해 약을 지급하는 일을 하는 관청입니다.

구제도감 救濟都監

救 구원하다 구 濟 구제하다 제 都 도읍, 임시 도 監 살펴보다, 관청 감

백성을 구제하기[救濟] 위해 임시로[都] 설치한 관청[監]

구제도감은 고려 예종 때(1109) 설치되었으며, 질병 치료와 병들어 죽은 사람의 매장을 담당하는 관청입니다.

구급도감 救急都監

救 구원하다 구 急 급하다 급 都 도읍, 임시 도 監 살펴보다, 관청 감

위급한[急] 백성을 구제하기[救] 위해 임시로[都] 설치한 관청[監]

구급도감은 고려 시대에 백성의 재난을 구하는 데 목적을 둔 관청으로, 이에 대해 남아 있는 기록이 없어 자세한 내용을 알 수 없습니다.

제위보 濟危寶

濟 구제하다 제 危 위태하다 위 寶 보배, 돈 보

위태로움을[危] 구제하는[濟] 재단[寶]

제위보는 빈민을 구제하기 위한 관청으로, 처음엔 기금의 이자로 운영 경비를 충당했으나, 나중에는 본래 기능을 상실하고 고리대에만 치중하였습니다.

연등회 燃燈會

燃 불태우다 연 燈 등불 등 會 모이다 회

등불을[燈] 밝히는[燃] 행사[會]

연등회는 정월 보름날 등불을 밝히고 임금과 신하가 먹고 춤추며 즐기는

가운데 부처님을 즐겁게 하여 국가의 평안을 바라는 행사입니다. 지금도 부처님 오신날에는 연등 행사를 펼치는데 여기서 유래된 것입니다. 불교에서 '燈'은 '법' 즉 '진리', 진리 중에서도 '부처의 지혜'를 상징한다고 합니다. 신라 때에도 행해졌으며, 고려 시대에 더욱 성했고, 조선 초까지도 소회小會와 대회大會로 나누어 의식을 거행한 일종의 민속이었고 국가적 축제였습니다.

팔관회 八關會

八 여덟 팔　關 관문, 잠그다 관　會 모이다 회

8가지를[八] 금하는[關] 모임[會]

'關'은 '금禁한다'는 뜻입니다.
원래 팔관회는 속세 사람들이 하루 동안 살인, 놀음 등 8가지를 금하는 불교 행사의 하나였다가, 토착 신앙(시조始祖의 사당에 제사 지냄)과 결합하여 국가의 평화와 번영을 기원하는 고려 시대 대표적인 국가 행사로 발전하였습니다. 이 행사의 목적은 불법으로 나라가 발전하기를 바라는 것인데, 보통 왕이 사찰에 가서 관리들에게 축하를 받으며 놀고 즐기는 식으로 진행되었습니다.

고려 시대의 명절

고려 시대에는 팔관회나 연등회가 추석보다 더 큰 명절이었습니다. 설날, 한식, 단오, 추석이 4대 명절이 된 것은 조선 후기입니다.

역분전 役分田

役 일 하다 역　分 나누다 분　田 밭 전

공로가[役] 있는 사람에게 나누어 준[分] 토지[田]

역분전은 고려 태조가 후삼국 통일 과정에서 공로를 세운 관료와 일부 군사들에게 준 토지입니다. 경종 때 이를 모체로 전시과 제도가 마련되었습니다.

전시과 田柴科

田 밭 전 柴 땔나무 시 科 과목, 등급 과

전지와[田] 시지를[柴] 관리들의 등급에[科] 따라 나누어 주는 제도

'田柴'는 '전지田地와 시지柴地를 합한 말'로, 밭 가는 토지를 전지라 하고, 땔감을 얻을 수 있는 땅을 시지라고 합니다.

전시과는 문무 관리들을 18등급으로 나누어 차등 있게 나눠 주는 제도로 고려 경종 때(976) 처음 만들었습니다.(**시정**始定 전시과) 그러나 이는 토지 자체를 주는 것이 아니라 그 토지에 대한 **수조권**收租權만 준 것입니다. 이 후 목종 때 **개정**改定 전시과로(998) 문종 때는 **경정**更定 전시과로(1076) 보완해 나갔습니다.

- **始定** [始 처음 시 定 정하다 정]
- **收租權** [收 거두다 수 租 세금 조 權 권세 권] 토지에서 나오는 세를[租] 받을 수 있는 [收] 권리[權].
- **改定** [改 고치다 개 定 정하다 정]
- **更定** [更 다시 갱, 고치다 경 定 정하다 정]

과전 科田

科 과목, 등급 과 田 밭 전

등급에[科] 따라 지급한 토지[田]

과전은 고려 시대에 국정 운영에 참여한 대가로 국가가 문무 양반 등 벼슬아치에게 그 직책의 품품을 기준으로 한 과科에 따라 일정한 특권을 갖도록 지정한 토지를 말합니다. **직전**職田이라고도 합니다.

- **職田** [職 직업, 관직 직 田 밭 전]

한인전 閑人田

閑 한가하다 한 人 사람 인 田 밭 전

한인에게[閑人] 나누어 준 토지[田]

'閑人'은 원래 '하는 일 없이 놀고 있는 사람'이라는 뜻인데, 고려 시대에는 '하급 관리의 자제로 관직에 오르지 못한 사람'을 가리켰습니다.

한인전은 하급 양반 출신으로 아직 벼슬하지 못한 한인에게 나누어 준

토지로, 이 토지는 신분의 세습을 위해 마련되었습니다.

군인전 軍人田

軍 군사 군 人 사람 인 田 밭 전

군인에게[軍人] 나누어 준 토지[田]

군인전은 군역을 치르는 백성에게 그 대가로 주는 토지로, 군역이 세습됨에 따라 자손에게 세습되었습니다.

구분전 口分田

口 입 구 分 나누다 분 田 밭 전

입만 있고[口] 생활 능력이 없는 사람에게 나누어 준[分] 토지[田]

구분전은 하급 관리의 유자녀, 전쟁 미망인, 늙은 군인 등 생활 능력이 없는 사람에게 생활 대책을 마련해 주기 위해 지급된 토지입니다.

내장전 內莊田

內 안, 궁궐 내 莊 별장 장 田 밭 전

왕실의[內莊] 운영을 위해 지급된 토지[田]

내장전은 고려 왕실의 직할 토지로, 왕실 재산의 기본이 되었으며 전국적으로는 약 360개소에 이르렀다고 합니다.

공해전 公廨田

公 여러 사람의 공 廨 관청 해 田 밭 전

중앙 혹은 지방 관청의[公廨] 운영을 위해 지급된 토지[田]

공해전은 고려 이후 관청 혹은 왕실이나 궁궐의 경비를 충당하기 위해 지급된 토지입니다.

사원전 寺院田

寺 절 사 院 집 원 田 밭 전

사원을[寺院] 운영하기 위한 토지[田]

사원전은 사원의 운영을 위해 국가에서 지급한 토지로, 불교는 고려의 국가 이념이기도 했고 국민 대부분이 신도였기 때문에 국가는 사원에 토지를 지급하여 그 운영을 도왔습니다.

민전 民田

民 백성 민 田 밭 전

일반 백성의[民] 토지[田]

민전은 일반 농민들이 조상 대대로 물려받는 토지로, 수확의 1/10을 국가에 세금으로 내야 했습니다. 이 토지는 농민들이 생계를 유지하는 근간이 되었고 마음대로 매매할 수도 있었습니다.

고려의 토지 제도

◎ **사전私田과 공전公田의 구분**

- 고려 시대에는 왕토 사상에 입각하여 수조권에 따라 공사전을 구분했음.

1. 수조권에 따라
- ◆ 국가가 세금을 거두는 토지 – 공전
- ◆ 귀족·관리·관청에서 세금을 거두는 토지 – 사전

2. 소유권에 따라
- ◆ 개인 소유의 토지 – 사전
- ◆ 국가 소유의 토지 – 공전

조세 租稅

租 세금 조 稅 세금 세

곡물을 거두는 세[租稅]

조세는 토지에서 생산되는 곡물의 일부를 국가에서 거두는 일입니다. 당시 민전의 조세율은 수확의 1/10이 원칙이지만, 민전을 소유하지 못한 영세 농민은 국가와 왕실의 소유지나 귀족들의 사전을 빌려 경작해야 했습니

다. 이런 경우 국가 소유의 토지에 대해서는 생산량의 1/4을, 귀족이나 양반 관리의 토지에 대해서는 생산량의 1/2을 **지대**地代로 바쳐야 했습니다.

○ **地代** [地 땅 지 代 대신하다 대] 땅을[地] 빌려 쓴 대신[代] 국가와 땅 주인에게 내야 하는 곡물이나 돈.

공납 貢納

貢 바치다 공 納 바치다 납

공물貢物(나라에 바치는 지방의 특산물)을[貢] 바침[納]

　공납은 조세와 함께 국가 수입의 근간으로, 농민이 포布나 토산물을 현물로 납부하는 제도입니다. 국가는 필요한 공물의 종류와 액수를 각 고을에 할당하여 거두었는데, 이는 크게 **상공**常貢과 **별공**別貢으로 구분됩니다.

○ **常貢** [常 항상 상 貢 바치다 공] 해마다 정기적으로 항상[常] 바치는 공물[貢].
○ **別貢** [別 따로 별 貢 바치다 공] 상공과는 따로[別] 필요에 따라 거두는 공물[貢].

역 役

役 일하다, <u>부리다</u> 역

국가를 위해 의무적으로 해야 하는 일[役]

　역은 국가가 필요에 따라 백성들의 노동력을 이용하는 제도로, 고려 시대에는 16세부터 60세까지의 남자를 **정남**丁男이라 하여 의무적으로 지게 하였습니다. 복무 기간은 원칙적으로 16세에서 60세까지이지만 항상 군대에 매여 있지는 않았고, 1년은 군복무를 하고 2년은 고향으로 가 생업에 종사하는 방식이었습니다. 역에는 **군역**軍役과 **요역**徭役이 있습니다.

○ **丁男** [丁 젊은 남자 정 男 남자 남] 16세~60세까지 역의 의무를 지닌 장정인[丁] 남자[男].
○ **軍役** [軍 군사 군 役 일하다, <u>부리다</u> 역] 일정 기간 군대에[軍] 복무하는 것[役].
○ **徭役** [徭 (대가 없이) 일하다 요 役 일하다, <u>부리다</u> 역] 국가가 백성을 징발하여 아무 대가를 주지 않고 시키는 일. 정기적으로 특정한 사람에게 일 시키는 것을 신역身役이라하며, 불특정한 민가民家에서 사람을 뽑게 하여 수시로 일 시키는 것을 요역이라 함.

어염세 魚鹽稅

魚 물고기 어 鹽 소금 염 稅 세금 세

생선과[魚] 소금에[鹽] 부과한 세금[稅]

어염세는 어민들이 부담하는 세금입니다.

상세 商稅

商 장사하다 상 稅 세금 세

장사에[商] 부과한 세금[稅]

상세는 상인들이 부담하는 세금입니다.

심경법 深耕法

深 깊다 심 耕 경작하다 경 法 법 법

땅을 깊이[深] 가는[耕] 방법[法]

심경법은 소를 이용하여 땅을 깊이 갈아 땅속 깊은 곳의 영양분을 이용하는 농사 방법입니다.

윤작법 輪作法

輪 바퀴, 돌다 륜 作 만들다, 경작하다 작 法 법 법

여러 가지 작물을 돌려 가면서[輪] 재배하는[作] 방법[法]

윤작법은 같은 경작지에 일정한 순서에 따라 해마다 여러 가지 작물을 돌려 가면서 재배하는 방법으로, 예를 들어 같은 경작지에 2년 주기로 수박, 배추, 오이 등을 돌아 가면서 심는 방법을 말합니다.

농상집요 農桑輯要

農 농사 농 桑 뽕나무 상 輯 편집하다 집 要 중요하다 요

여러 농사[農] 기술과 양잠[桑] 방법에 관한 중요한 사항을[要] 모아 엮은[輯] 책

농상집요는 이암李嵒(1297~1364)이 원元나라에서 수입하여 농가에 보

급한 책으로, 이 책을 통해 고려 후기 농업 기술의 학문적 연구가 상당한 수준으로 이루어졌음을 알 수 있습니다.

공장 工匠

工 물건 만들다, 장인(물건 만드는 일을 직업으로 하는 사람) 공　匠 장인 장

물건 만드는 일을 직업으로 하는 사람[工匠]

공장은 각종 수공업에 종사하는 사람입니다. 고려 시대에는 크게 무기 등을 만드는 관공장官工匠(관청 소속)과 자기磁器 등을 만들어 국가에 공물을 바치는 소所에 소속된 공장이 있습니다. 이 외에 사원寺院에 소속된 공장도 있습니다.

시전 市廛

市 시장 시　廛 가게 전

시장의[市] 가게[廛]

시전은 관청의 수요품과 왕실 및 귀족층의 생활 용품을 공급하기 위하여 국가가 설치한 시장으로, 시전의 상인은 장사를 하는 대가로 관청 수요품을 조달해야 했습니다.

경시서 京市署

京 서울 경　市 시장 시　署 관청 서

수도의[京] 시장을[市] 감독하는 기관[署]

경시서는 고려의 수도인 개경에 시전이 발달하고, 이곳에 생산물이 집중되면서 물건 가격을 마음대로 하여 부당한 이익을 취하는 일이 생겨 나자, 이를 감독하고 물가를 조절하기 위해 설치한 기관입니다.

보 寶

寶 보배, 돈 보

기금을 운용하는 재단[寶]

'寶'는 어떤 목적을 위해 기금을 모은 뒤, 여기에서 생기는 이자를 이용

해 불교 행사나 사회의 구제 사업에 쓰는 일을 맡아 하는 재단입니다. 보에는 **학보**學寶, **경보**經寶, **팔관보**八關寶, **제위보**濟危寶가 있는데, 이들 보는 본래의 목적에서 벗어나 이자 취득에만 급급하여 농민들의 생활에 막대한 폐해를 끼치기도 하였습니다.

- **學寶** [學 배우다 학 寶 보배, 돈 보] 학교를[學] 운영하기 위한 재단[寶].
- **經寶** [經 날실, 경전 경 寶 보배, 돈 보] 불경[經] 간행을 위한 재단[寶].
- **八關寶** [八 여덟 팔 關 관문, 잠그다 관 寶 보배, 돈 보] 팔관회[八關] 경비를 마련하기 위한 재단[寶].
- **濟危寶** [濟 구제하다 제 危 위태하다 위 寶 보배, 돈 보] 빈민을[危] 구제하는[濟] 재단[寶].

대식국인 大食國人

〈大 크다 대 食 먹다 식〉 음역 國 나라 국 人 사람 인

사라센[大食] 제국[國] 사람[人]

'大食'은 'Tazi의 음역'으로 중동 지방中東地方에 있었던 사라센 제국(Sarasen)을 당나라에서 부르던 이름입니다. 이들은 송을 거쳐 고려에 들어와서 무역을 하였으며, 이들의 왕래로 고려(Corea)라는 이름이 서방에 알려지게 되었습니다.

4. 중세 문화의 발달

유학 儒學

儒 유교 유 學 배우다, 학문 학

선비의[儒] 학문[學]. 공자의 가르침을 근본으로 삼는 학문

儒는 '학자'라는 뜻으로, 여기에는 '사상가'라는 의미도 포함되어 있습니다. 儒는 본래 士의 일종으로, 지식과 학문이 있는 예악禮樂의 전문가로 민간에 흩어져 글을 가르치고 예법을 도와주는 것을 생업으로 삼았던 사람들입니다. 그런데 이 儒 중 하나인 공자孔子가 통념적인 儒의 학문과 구분되는 독창적인 견해의 신학파를 창시하면서 공자의 학문을 유학이라 부르게 되었습니다.

그래서 유학은 공자와 그 제자들의 가르침인 경전經典 그리고 이 경전에 근거한 후세 학자들의 체계적인 학문적 연구의 성과를 의미합니다. 그래서 성리학性理學, 양명학陽明學, 실학實學 등의 학문을 모두 유학의 범주에 넣으면 됩니다.

중국 유학의 시대별 특징

◎ 원시유학原始儒學(공자, 맹자) - 진秦 이전.
◎ 훈고학訓詁學 - 한漢, 당唐.
◎ 성리학性理學 - 송宋, 명明.
◎ 양명학陽明學 - 명明.
◎ 고증학考證學 - 청淸.

해동 공자 海東孔子

〈海 바다 해 東 동쪽 동〉 우리나라의 별칭 〈孔 구멍 공 子 아들 자〉 사람 이름

고려의[海東] 공자[孔子]

'海東'은 '우리나라'를 가리키는 다른 이름이고, '孔子'는 유학의 시조인 '공자'를 가리킵니다. 그래서 해동 공자는 '우리나라의 공자'란 뜻으로, 이는 고려 문종 때의 학자인 최충崔冲(984~1068)을 말합니다. 그가 이렇

게 불려지는 이유는 그가 고려 시대의 유학을 한 차원 높게 발전시켰기 때문입니다.

9재 九齋

九 아홉 구 齋 (마음과 몸을) 깨끗이 하다, 공부하는 곳 재

9개의[九] 공부하는 곳[齋]

9재는 최충崔沖이 만든 사학私學으로, 반을 9개로 나누어 실시하였기 때문에 9재라고 했고, 9재 학당이라고 부르기도 합니다. 이곳의 교육 수준은 당시 국학國學 교육 기관인 국자감國子監과 비슷했다고 합니다.

성리학 性理學

性 성품 성 理 이치 리 學 배우다, 학문 학

성과[性] 이에[理] 관한 학문[學]

성리학은 성명 의리학性命義理學의 준말로, 하늘로부터 받은 만물의 성질과[性命] 우주 자연이 돌아가는 올바른 이치를[義理] 즐겨 캐 내는 학문을 말합니다.

성리학은 중국 송宋의 주희朱熹가 완성한 것으로, 종래 자구字句의 해석에 주력하던 한漢·당唐의 훈고학풍에서 벗어나 인간의 심성과 우주의 원리 문제를 철학적으로 규명하려는 신유학이었습니다.

성리학은 고려 충렬왕 때(13세기 후반) 안향安珦에 의해 처음 소개되었고, 백이정白頤正이 원나라에 직접 가서 배워 오면서 우리나라에 전해졌습니다. 고려 말에는 이제현李齊賢·이색李穡·정몽주鄭夢周에 의해 전문적으로 연구되는 수준에 이르렀으며, 그중에서도 정몽주는 **'동방 이학의 조**東方理學의 祖'라는 칭호를 들을 만큼 뛰어났습니다.

○ 東方理學의 祖 [東 동쪽 동 方 방향 방 理 이치 리 學 배우다, 학문 학 祖 할아버지, 시조 조] 우리나라[東方] 성리학의[理學] 시조[祖].

조선 성리학의 발전 과정

원시 유학原始儒學(공자孔子, 맹자孟子) → 정주학程朱學(정자程子, 주자朱子) → 조선 성리학朝鮮性理學(이이李珥, 이황李滉 등에 의해 철학으로 발전)

훈고학 訓詁學

訓 가르치다, 풀다 훈　詁 옛말의 뜻을 풀다 고　學 배우다, 학문 학

옛말을[詁] 현재의 말로 풀어 주는[訓] 학문[學]

훈고학은 경전經典의 내용을 바르게 해석할 목적으로 붙이는 **주석**註釋과 그 방법에 관한 학문으로, 한漢나라 때 학문으로 발전하였습니다.

○ **註釋** [註 뜻을 풀어 밝히다 주　釋 풀다 석] 낱말이나 문장의 뜻을 알기 쉽게 풀이함.

소학 小學

小 작다 소　學 학문 학

어린이들이[小] 배워야 할 학문[學]

《소학》은 송宋나라의 주희朱熹(1130~1200)가 제자 유자징劉子澄에게 지시하여 편찬한 책으로, 8살 전후의 어린이들에게 행할 바와 마음가짐 등을 기록한 유학의 입문서입니다. 이에 대비하여 더 성장한 후 배우는 책이 **사서 삼경**四書三經의 하나인 대학大學입니다.

○ **四書三經** [四 넷 사　書 책 서　三 셋 삼　經 날실, 경전 경] '書'는 '經에 비해 격이 조금 떨어지는 책'이란 뜻으로, 사서는 대학大學·논어論語·맹자孟子·중용中庸이고, 삼경은 시경詩經·서경書經·역경易經입니다.

주자가례 朱子家禮

〈朱 붉다 주　子 아들 자〉 존칭　家 집 가　禮 예절 례

주자가[朱子] 정한 집안의[家] 예의범절[禮]

'朱子'는 중국 송나라 때 '주희朱熹'라는 사람의 존칭이고, '家禮'는 궁궐에서 행해지는 국가적 의례가 아닌 '일반 가정의 예절의 세칙'을 가리킵니다.
《주자가례》는 주자의 학설이 반영되어 남송 때 제작된 예법 제도 관한 책으로, 중국과 우리나라의 관혼상제의 지침서로 사용되었습니다.

왕조실록 王朝實錄

王 임금 왕 朝 아침, 조정 조 實 실제 실 錄 기록하다 록

왕과[王] 조정에[朝] 있었던 사건을 사실[實] 그대로 기록한[錄] 책

'王朝'는 '왕과 조정'이고 '實錄'은 '사실을 있는 그대로 적은 역사'란 뜻으로, 《왕조실록》은 한 임금의 재위 기간에 일어났던 역사적인 사건들을 기록한 것을 말합니다.

고려 시대에도 고려 초 '7대 실록'이 만들어졌으나 지금은 전해지지 않는다. 그러나 조선 왕조실록은 5부를 작성하여 원본은 서울, 나머지는 오대산 등 다섯 곳에 보관했기 때문에 지금까지 전해올 수 있었습니다.

 조정 朝廷의 유래 [朝 아침, 조정 조 廷 뜰 정]

옛날 왕이 국사國事를 논론할 때, 먼저 문무 백관文武百官을 모아 의견을 들었는데 그것을 조회朝會라고 합니다. 조회는 많은 신하가 모였으므로 궁중의 넓은 마당에서[庭] 거행하곤 했는데, 그곳을 조정이라 했습니다. 후에는 궁중 마당의 개념에서 확대되어 임금이 나라의 정치를 집행하던 곳이란 뜻으로 쓰입니다

삼국사기 三國史記

三 셋 삼 國 나라 국 史 역사 사 記 기록하다 기

고구려 · 백제 · 신라의[三國] 역사를[史] 기술한[記] 책

《삼국사기》는 1145년 김부식金富軾(1075~1151) 등이 인종의 명을 받아 고구려 · 백제 · 신라의 역사를 기술한 책으로, 고려 초에 쓰여진 구삼국사를 기본으로 유교적 관점에서 기전체로 서술한 고려 중기의 대표적인 사서입니다.

해동고승전 海東高僧傳

〈海 바다 해 東 동쪽 동〉 우리나라의 별칭 高 높다 고 僧 승려 승 傳 전하다, 전기 傳記 전

우리나라[海東] 고승들의[高僧] 전기傳記[傳]

'海東'은 '우리나라'를 가리키는 다른 이름입니다.
《해동고승전》은 고려의 승려 각훈覺訓이 쓴 고승들의 전기傳記를 정리

하여 1215년에 편찬한 책입니다. 이 책은 한국 최고最古의 승전僧傳으로 각훈이 왕명을 받아 저술한 책이며, 전체에서 첫머리의 2권 1책(필사본)만 전해지고 있습니다.

동명왕편 東明王篇

東 동쪽 동 明 밝다 명 王 임금 왕 篇 책, 글을 세는 단위 편

고구려의 시조에[東明王] 관한 이야기[篇]

〈동명왕편〉은 이규보李奎報(1168~1241)가 썼으며, 고구려의 시조 주몽朱蒙의 업적을 칭송한 일종의 영웅 서사시로, 그의 문집인 **《동국이상국집 東國李相國集》**에 수록되어 있습니다.

○ **東國李相國集** [東 동쪽 동 國 나라 국 李 오얏나무, 성씨 리 相 서로, 재상 상 國 나라 국 集 모으다 집] 우리나라의[東國] 정승[相國] 이규보의[李] 문집[集].

삼국유사 三國遺事

三 셋 삼 國 나라 국 遺 남기다, 잃어 버리다 유 事 일 사

《삼국사기三國史記》[三國]에 빠진[遺] 사건을[事] 기록한 책

《삼국유사》는 승려 일연一然(1206~1289)이 1281년 전후에 지은 책으로, 제목을 '《삼국사기三國史記》에 빠진 사건을 기록한 것'이란 뜻의 《삼국유사》라고 했지만, 단순히 《삼국사기》에서 빠진 부분만 모아 만든 책이 아닙니다. 이 책은 《삼국사기》의 유교적 시각과는 달리 불교사佛敎史를 중심으로 한 고대의 설화說話나 야사野史를 수록하였으며, 우리의 고유 문화와 전통을 중시하고 단군을 우리 민족의 시조로 보는 자주 의식을 보여 주고 있습니다.

제왕운기 帝王韻紀

帝 황제 제 王 임금 왕 韻 운율 운 紀 벼리(그물을 버티게 하는 테두리의 굵은 줄), 기록하다 기

왕이[帝王] 갖추어야 할 것을 시詩로[韻] 기록한[紀] 책

'韻'은 '시詩의 운율'을 말합니다.
《제왕운기》는 이승휴李承休(1224~1300)가 1287년에 쓴 중국과 우리나

라의 역사시歷史詩로, 왕과 신하가 갖추어야 할 유교적 정치 이념을 오언시五言詩와 칠언시七言詩로 기록하였습니다. 또한 우리나라의 역사를 단군으로부터 서술하여 중국사와 대등하게 파악하는 자주성을 보여 주었습니다.

고금록 古今錄

古 옛 고 今 지금 금 錄 기록하다 록

옛날부터[古] 지금까지의[今] 기록[錄]

《고금록》은 고려 시대 박인량朴寅亮(?~1096)이 지은 편년체의 역사책으로, 지금은 전해지지 않습니다.

동양의 역사 서술 방법

- 편년체編年體 [編 엮다 편 年 해 년 體 몸, 문체 체] 년年·월月·일日[年] 순서로 엮어[編] 역사를 서술하는 방식[體]. 가장 일반적인 방식.
- 기전체紀傳體 [紀 벼리(그물을 버티게 하는 테두리의 굵은 줄), 기록하다 기 傳 전하다, 전기傳記 전 體 몸, 문체 체] 본기와[紀] 열전[傳] 등으로 나누는 방식[體].
  기전체는 왕의 정치와 관련된 사건인 **본기本紀**, 신하의 역사인 세가世家, 당대 인물들에 대한 개인 전기인 **열전列傳**, 통치 제도, 문물, 경제, 자연 현상 등을 내용 별로 서술한 지志, 연대별로 표를 만든 연표年表 등으로 구성된 역사 편찬 방식으로, 본기와 열전만 따서 기전체라고 합니다. 사마천의 《사기史記》가 기원이 되어 중국 정사正史의 체제로 자리잡았고, 우리나라에서는 《삼국사기三國史記》가 대표적입니다.
  ◆ 本紀 [本 근본, 임금 본 紀 벼리, 기록하다 기] 임금의 일생을 기록한 전기傳記.
  ◆ 列傳 [列 나열하다 렬 傳 전하다, 전기傳記 전] 당대 인물의 전기傳記를 나열함.

- 기사본말체紀事本末體 [紀 벼리, 기록하다 기 事 일 사 本 근본 본 末 끝 말 體 몸, 문체 체] 연대의 순서에 의하지 않고 중요한 사건의[事] 처음부터[本] 끝까지를[末] 종합하여 기록한[紀] 문체[體].
  이전의 기전체와 편년체가 인물·분야·연대순으로 서술되어 같은 사건이 여러 곳에 흩어지고 중복되는 것에 비해, 기사본말체는 사건의 원인부터 결과까지를 일관되게 서술합니다.

국자감 國子監

國 나라 국 子 아들 자 監 살펴보다, 관청 감

국자들의[國子] 교육 기관[監]

'國子'는 옛날 중국에서 공경대부公卿大夫의 자식을 가리키는 말이었습니다.

국자감은 고려 시대 최고의 교육 기관으로, 성종이 문물 제도를 정비하면서 만들었습니다. 신라의 국학國學에서 이름을 따왔을 것으로 추정되며, 나중에 성균관成均館으로 이름이 바뀝니다.

學部는 크게 유학儒學 학부와 기술技術 학부로 나뉘어졌는데, 유학 학부는 다시 국자학國子學·태학太學·사문학四門學, 기술 학부는 율학律學·서학書學·산학算學으로 나뉘어집니다.

경사 6학 京師六學

京 서울 경 師 스승 사 六 여섯 륙 學 배우다, 학문 학

서울에[京師] 있는 6개 학부[學]

'京師'는 '서울'이란 뜻입니다. 그래서 경사 6학은 서울에 있는 국자감의 6개 학부, 즉 **국자학**國子學·**태학**太學·**사문학**四門學·**율학**律學·**서학**書學·**산학**算學을 가리킵니다.

- **國子學** [國 나라 국 子 아들 자] 상류 계급의 자제 중, 특히 문무관 3품 이상의 자손에[國子] 한하여 입학할 수 있는 학부[學].
- **太學** [太 크다 태] 상류 계급의 자제 중, 특히 문무관 5품 이상의 자손에[太] 한하여 입학할 수 있는 학부[學]. 일명 대학大學이라고도 함.
- **四門學** [四 넷 사 門 문 문] '四門學'은 중국 후위後魏 시대에 일반 서민을 가르치기 위해서 국자학國子學의 사방의[四] 문[門] 곁에 세운 학교란[學] 말에서 유래한 것으로, 7품 이상의 자제와 서민 가운데 우수한 자가 입학하는 곳이기 때문에 사문학이라고 했으며, 교과 과정은 국자학國子學·태학太學과 같음.
- **律學** [律 법 률] 형법·법률을[律] 배우는 학부[學].
- **書學** [書 책, 글씨 서] 서예를[書] 배우는 학부[學].
- **算學** [算 계산하다 산] 셈을[算] 배우는 학부[學].

향교 鄕校

鄕 시골 향 校 학교 교

지방의[鄕] 학교[校]

　향교는 고려와 조선 시대에 국가에서 지방의 각 행정 단위인 주州, 부府, 목牧, 군郡, 현縣에 성균관을 축소하여 설치한 교육기관입니다.

사학 12도 私學十二徒

私 개인 사 學 배우다 학 十 열 십 二 둘 이 徒 무리 도

12개의 유명 사학[私學] 집단[徒]

　국자감國子監·향교鄕校는 국가 주도의 교육 기관이지만, 성종 이후 거란 침입 등 국가의 여러 변란이 생기면서 쇠퇴하기 시작했습니다. 이에 최충崔沖은 사학인 9재齋 학당學堂을 육성하였고, 이에 영향을 받아 12개의 유명 사학이 생겨났습니다.

서적포 書籍鋪

書 책 서 籍 공문서, 책 적 鋪 가게 포

서적의[書籍] 간행을 담당한 부서[鋪]

　서적포는 국자감國子監에 설치한 출판 부서로, 1101년(숙종6)에 관학官學을 진흥시키기 위해 설치되었습니다.

7재 七齋

七 일곱 칠 齋 (마음과 몸을) 깨끗이 하다, 공부하는 곳 재

7개의 강좌가 열리는 곳[齋]

　7재는 1109년 국학 교육의 강화를 위해 국자감에 설치한 전문 교육 강좌로, 6齋는 유학에 관한 강의를 했고, 나머지 하나인 무학재武學齋에서는 무예에 관한 강의를 했습니다.

무학재 武學齋

武 무기 무 學 배우다, 학문 학 齋 (마음과 몸을) 깨끗이 하다, 공부하는 곳 재

무예에[武] 관한 학문을[學] 강의하는 곳[齋]

　무학재는 국자감國子監 7재七齋의 하나이며, 1109년 무신을 기르기 위해 무예의 이론과 실기를 교육하기 위해 설치했으나 곧 폐지되었습니다. 원래 이름은 **강예재**講藝齋입니다.

◐ **講藝齋** [講 강의하다 강 藝 예술, 무예 예 齋 (마음과 몸을) 깨끗이 하다, 공부하는 곳 재] 무예를 강의하는 곳.

양현고 養賢庫

養 기르다 양 賢 어질다 현 庫 창고 고

현명한[賢] 인재를 기르는[養] 재단[庫]

　양현고는 국학國學의 경제 기반을 강화하기 위한 일종의 장학 재단으로, 1119년 고려 예종 때 처음 설치되었습니다.

청연각 淸讌閣

淸 맑다, 맑은 소리 청 讌 모여 이야기하다 연 閣 큰 집 각

맑은 소리로[淸] 모여 이야기하는[讌] 건물[閣]

　청연각은 1116년 고려 예종 때 유학을 진흥시키기 위해 설치했던 궁중 도서관입니다.

보문각 寶文閣

寶 보배 보 文 글 문 閣 큰 집 각

중요[寶] 문서[文] 따위를 깊이 간직해 두던 궁중의 서고書庫[閣]

　보문각은 유학의 발달을 촉진하기 위해 1116년 고려 예종 때 설치한 학문 연구소입니다.

섬학전 贍學錢

贍 넉넉하다, 돕다 섬 學 배우다 학 錢 돈 전

국학생들을[學] 돕기[贍] 위해 마련한 장학 기금[錢]

섬학전은 고려 충렬왕 때 국학國學이 쇠퇴하자, 국학생들에게 장학금을 주기 위해 관리들이 마련한 기금으로, 1304년 안향安珦(1243~1306)의 건의에 따라 만들어졌습니다.

제술과 製述科

製 만들다 제 述 글 짓다 술 科 과목, 과거 과

문장을 잘 지으면[製述] 합격하는 과목[科]

제술과는 고려 시대의 과거 시험 중 가장 중요하게 여긴 과목으로, 한문학을 활성화하기 위해 치러진 시험입니다. 당시 호족 세력엔 무인들이 많았기 때문에 광종은 문인을 등용시켜 이를 약화시키려 했고, 또한 외교에 능통한 사람이 필요해지면서 이 시험을 실시했습니다.

명경과 明經科

明 밝다 명 經 날실, 경전 경 科 과목, 과거 과

유교 경전에[經] 밝은[明] 사람을 뽑는 과목[科]

명경과는 고려 시대 과거 시험의 한 과목으로, 유교 경전으로 치르는 시험입니다. 제술과보다 비중은 낮았지만 잡과보다는 높았습니다.

잡과 雜科

雜 섞이다 잡 科 과목, 과거 과

그 밖의 여러[雜] 과목[科]

잡과는 기술관을 등용하기 위한 시험으로, 의학·천문학·음양지리로 시험을 보았습니다.

武科

무과武科는 문신들의 반대로 계속 실시되지 않다가 고려 공양왕 2년(1390)에 설치되고 조선 시대에(1390) 이르러서야 정식으로 실시되었습니다.

보현십원가 普賢十願歌

〈普 널리 보 賢 어질다 현〉 보살 이름 十 열 십 願 원하다 원 歌 노래 가

보현 보살의[普賢] 10가지[十] 소원에[願] 대한 노래[歌]

〈보현십원가〉는 고려 초에 균여 대사均如大師(923~973)가 지은 향가로, 보현 보살의 10가지 소원을 노래하는 내용이 실려 있습니다. 이 작품은 불교의 교리를 일반인들에게 쉽게 이해시키기 위해 향가의 형태를 빌려 표현한 것으로, 부처님의 가르침을 보현 보살의 자비 실천을 통해 표현하여 불교의 대중화에 공헌한 작품입니다. 〈보현십종원생가普賢十種願生歌〉라고도 합니다.

경기체가 景幾體歌

〈景 경치 경 幾 몇 기〉 후렴구의 한 부분 體 몸, 문체 체 歌 노래 가

노래의 끝에 '景幾 엇더ᄒ니잇고' 라는[景幾] 구句가[體] 붙은 노래[歌]

경기체가는 고려 때의 학자들이 부른 노래의 한 형식으로, 끝에는 으레 '景幾 엇더ᄒ니잇고' 라는 후렴구가 붙어 경기체가라고 합니다. 내용은 대부분 사대부 계층의 화려함이나 자연의 아름다움을 노래하였고, 도덕적인 뜻을 강조하는 내용들도 실려 있습니다.

한림별곡 翰林別曲

翰 붓 한 林 수풀 림 〈別 따로 별 曲 휘다, 노래 곡〉 노래 종류

학자들의[翰林] 노래[別曲]

'翰林' 은 '붓을 잡은 사람의 무리' 란 뜻으로 학자·문인의 동아리를 가리킵니다. '別曲' 은 '한문 시가漢文詩歌와 다른[別] 경기체가' 를[曲] 가리킵니다.

〈한림별곡〉은 고려 시대 한림의 여러 선비들이 지은 경기체가를 가리키는 것으로, 제작 연대는 1215년~1216년경으로 추정하고 있습니다.

관동별곡 關東別曲

〈關 관문 관 東 동쪽 동〉 지방 이름 〈別 따로 별 曲 휘다, 노래 곡〉 노래 종류

관동 지역의[關東] 노래[別曲]

'關東'은 '대관령 동쪽의 강원도 지방'을 가리키는 말이고, '別曲'은 '한문 시가漢文詩歌와 다른[別] 경기체가'를[曲] 가리킵니다.

〈관동별곡〉은 1330년 안축安軸(1287~1348)이 관동 지방의 뛰어난 경치와 유적 및 명산물을 보고 감동하여 지은 경기체가입니다.

조선 시대에 정철鄭澈(1536~1593) 역시 관동의 팔경八景을 읊은 〈관동별곡〉을 지었는데, 안축의 〈관동별곡〉과 제목은 같으나 내용과 형식은 다릅니다.

죽계별곡 竹溪別曲

〈竹 대나무 죽 溪 시냇물 계〉 지명 〈別 따로 별 曲 휘다, 노래 곡〉 노래 종류

죽계 지역의[竹溪] 노래[別曲]

'竹溪'는 지금의 경상북도 풍기에 있는 '시냇물 이름'으로, 풍기는 안축의 고향입니다. '別曲'은 '한문시가漢文詩歌와 다른[別] 경기체가'를[曲] 가리킵니다.

〈죽계별곡〉은 안축이 지은 경기체가로 정확한 창작 연대는 알 수 없으며, 여기에는 고려 신흥 사대부의 의욕에 넘치는 생활 감정이 잘 표현되어 있습니다.

어부가 漁父歌

漁 고기 잡다 어 父 아버지, 남자 부 歌 노래 가

어부의[漁父] 노래[歌]

〈어부가〉는 작자 미상이며, 어부의 생활을 읊은 노래입니다. 모두 12장으로 '어어라, 어어라' '지국총, 어사와' '닫드러라, 닫드러라' 등의 후렴이 곁들여져 있습니다.

장가 長歌

長 길다 장 歌 노래 가

긴[長] 형식의 노래[歌]

장가는 단가短歌인 시조時調에 상대되는 말로, 고려 가요를 일컫기도 하며 잡가雜歌·경기체가景幾體歌 등 형식이 긴 것을 의미하기도 합니다.

청산별곡 靑山別曲

靑 푸르다 청 山 산 산 〈別 따로 별 曲 휘다, 노래 곡〉 노래 종류

청산으로[靑山] 시작하는 노래[別曲]

〈청산별곡〉은 작자·제작 연대 모두 알 수 없는 고려 시대의 속요로, 처음에 청산靑山으로 시작하기 때문에 〈청산별곡〉이라 부릅니다. '別曲'은 '한문 시가漢文詩歌와 달리[別] 운韻이나 조調가 없는 우리나라의 독특한 시가'를[曲] 이르던 말입니다.

쌍화점 雙花店

〈雙 쌍 쌍 花 꽃 화〉 음차 店 가게 점

만두[雙花] 가게[店]

'雙花'는 '만두'의 소리를 한자에서 빌려 쓴 것입니다.
〈쌍화점〉은 '만두 가게'라는 뜻으로, 만두 가게에 만두 사러 갔던 여자가 만두 가게 주인에게 손목을 잡혀 관계를 맺고 그 소문이 퍼져 나간다는 내용이 실려 있는 고려 속요입니다.

파한집 破閑集

破 깨뜨리다 파 閑 한가하다 한 集 모으다 집

한가로움을[閑] 없애 줄[破] 여러 시화詩話의 모음집[集]

《파한집》은 고려 중기 이인로李仁老(1152~1220)가 사망하기 직전에 지은 시화집詩話集입니다. 제목은 단순히 '한가로움을 없애 줄 여러 시화를 모아 놓았다'는 뜻이지만, 실제는 우리나라 고전 시학古典詩學을 볼 수 있는 귀중한 자료들이 실려 있습니다. 시화 외에 수필이나 기행문도 실려 있습니다.

보한집 補閑集

補 보충하다 보 閑 한가하다 한 集 모으다 집

《파한집破閑集》을[閑] 보충하여[補] 만든 시화집[集]

《보한집》은 고려 시대 최자崔滋(1188~1260)의 시화집詩話集으로, 이인로가 엮은 《파한집破閑集》을 보충하여 만들었기 때문에 《보한집》이라고 했습니다.

역옹패설 櫟翁稗說

〈櫟 상수리나무 력 翁 늙은이 옹〉 호 稗 피(풀 종류), 잘다 패 說 말하다 설

역옹이[櫟翁] 모은 항간에 떠도는[稗] 이야기[說]

'櫟翁'은 이제현李齊賢(1287~1367)의 호號입니다. '稗說'은 '패관소설稗官小說'의 준말로 항간에 떠도는 모든 이야기를 말합니다. 그러나 여기서의 '稗說'이란 스스로를 낮추려는 겸양의 뜻으로 쓴 것이지, 내용이 그렇다는 뜻은 아니며, 이 책엔 사대부들의 진지한 기록 정신에 의해 남은 여러 기록들이 실려 있습니다.

《역옹패설》은 이제현이 1342년에 지은 것으로, 역사·인물 이야기, 우스갯소리, 시화詩話 등이 실려있습니다.

이제현이 말한 역옹패설의 의미

이제현은 《역옹패설欜翁稗說》을 겸손하게 **(낙옹비설樂翁卑說)**로 바꾸어 읽겠다고 했습니다. 그 이유를 다음과 같이 말했습니다.

'欜'은 본래 '상수리나무'로 나무꾼에게는 그다지 쓸모 없는 나무라 베이지 않고 오래 살 수 있다. 나 역시 쓸모 없는 재목이라 오래 살 수 있기를 바라는 마음에 '樂'으로 고친다.

'稗'는 본래 '피(벼와 비슷하게 생겼으나, 알곡을 맺지 못함)'로 '벼'보다 낮고 비천한 존재이다. 내가 쓴 글 역시 이와 같이 비천해서 '卑'로 고친다.

그래서 낙옹비설樂翁卑說은 '쓸모는 없지만 오래 살고 싶어 하는 한 늙은이가 쓴 비천한 이야기'란 뜻입니다.

○ 樂翁卑說 [樂 즐겁다 락 翁 늙은이 옹 卑 낮다 비 說 말하다 설]

국순전 麴醇傳

麴 누룩, 술 국 醇 진한 술 순 傳 전하다, 전기傳記 전

술을[麴醇] 의인화한 가전[傳]

〈국순전〉은 고려 무신 정권 때 임춘林椿이 술을 의인화하여 쓴 가전假傳으로, 술의 제조 과정과 사람이 술을 마시고 취함으로 생기는 폐해를 묘사하였습니다.

국선생전 麴先生傳

麴 누룩, 술 국 〈先 먼저 선 生 살다 생〉 호칭 傳 전하다, 전기傳記 전

술을[麴] 선생으로[先生] 의인화한 가전[傳]

〈국선생전〉은 고려 무신 정권 때 이규보李奎報(1168~1241)가 술을 빚을 때 사용하는 청주를 선생으로 의인화하여 쓴 가전으로, 청주의 제조와 술의 폐해를 지적한 글입니다.

죽부인전 竹夫人傳

竹 대나무 죽 夫 남편 부 人 사람 인 傳 전하다, 전기傳記 전

대나무를[竹] 부인으로[夫人] 의인화한 가전[傳]

〈죽부인전〉은 고려 시대 이곡李穀(1298~1351)이 대나무를 부인으로 의인화하여 쓴 가전으로, 대나무를 '절개'의 상징물로 파악해서 쓴 작품입니다. 한편 여름에 시원하도록 안고 자는 죽부인을 의인화하였다고 하나 이는 잘못 안 것입니다.

 夫人과 婦人

夫人은 남의 아내를 높여 부르는 말이고, 婦人은 결혼한 여자를 말합니다.

승과 僧科

僧 승려 승 科 과목, 과거 과

승려를[僧] 대상으로 한 과거[科]

승과는 고려와 조선 시대에 승려를 대상으로 실시하였던 과거로, **교종선** 教宗選과 **선종선**禪宗選의 두 종류를 두고, 급제자에게는 **법계**法階를 주어 승려의 권위를 높였습니다. 두 종류로 치른 이유는 불교가 당시에 교종과 선종의 두 갈래로 이미 나뉘어 있었기 때문에 종파별로 과거를 치를 수밖에 없었습니다. 또, **국사**國師와 **왕사**王師를 두어 왕실의 고문 역할을 담당하게 하였습니다.

- **教宗選** [教 가르치다 교 宗 근원 종 選 가려 뽑다 선]
- **禪宗選** [禪 참선 선 宗 근원 종 選 가려 뽑다 선]
- **法階** [法 법, 부처의 가르침 법 階 층계 계] 승과의 급제자에게 교종·선종의 구분 없이 대선大選이라는 계급을 주어 승려의 권위를 높이는 직위. 대선을 시작으로 그 위에 계속 품계를 두어 승진을 시킴.
- **國師 · 王師** [國 나라 국 王 임금 왕 師 스승 사] 국사와 왕사는 교종·선종의 구분이 없었으며, 국가로부터 받는 최고의 직책으로 왕실의 고문 역할을 담당함.

천태종 天台宗

天 하늘 천 台 별 이름 태 宗 근원 종

천태종은 고려 시대와 조선 초에 일어났던 불교 종파의 하나입니다. 그 유래는 중국 수나라의 지의智顗가 《법화경法華經》을 중심으로 '천태교학 天台敎學'이라는 것을 완성하면서 천태종이라 불렀습니다. 우리나라엔 삼국 시대에 전래된 후 대각 국사大覺國師 의천義天이 1097년 국청사國淸寺의 주지住持로 취임해 천태교학을 강의하면서 종파로 자리잡았습니다.

천태 사교의 天台四敎儀

天 하늘 천 台 별 이름 태 四 넷 사 敎 가르치다 교 儀 예의 의

천태종[天台] 사교에[四敎] 관한 의법[儀]

천태종의 사교四敎는 돈頓·점漸·비밀祕密·부정不定이고, 의법儀法은 그 예의와 규범입니다.

천대 사교의는 고려 초기의 승려 제관諦觀이 천태종의 가르침을 집약하여 정리한 것으로 천태종의 기본 교리입니다.

법상종 法相宗

法 법 법 相 서로, 모양 상 宗 근원 종

'法相'은 '천지 만물의 모양'을 가리키는 불교 용어입니다.
법상종은 중국에서 유래한 것으로 유식론을 근거로 하였으며, 11세기 전후에 화엄종과 더불어 발달한 보수적이고 귀족적인 종파입니다. 이 종파는 천지 만물은 오직 마음의 변화이며 마음 이외에는 아무것도 존재하지 않는다고 주장합니다. 유식종唯識宗, 자은종慈恩宗이라고도 합니다.

교관겸수 敎觀兼修

敎 가르치다 교 觀 보다 관 兼 아우르다 겸 修 닦다 수

이론과[敎] 실천을[觀] 모두[兼] 닦아야[修] 한다는 주장

'敎'는 '석가의 가르침', 즉 '이론'을 가리키고, '觀'은 '마음을 보려는 노력', 즉 '실천'을 가리키며 선종의 참선과 같은 말입니다.
교관겸수는 고려 시대 대각 국사 의천이 제창한 주장으로, 부처의 가르침을 중시하는 교종에 선종의 수양법인 관법觀法을 합친 말입니다.

조계종 曹溪宗

曹 관청 조 溪 시냇물 계 宗 근원 종

조계종은 고려 후기 보조 국사普照國師 지눌知訥(1158~1210)이 세운 후 지금까지 전해오는 불교 종파의 하나로, 신라 시대 융성했던 선종 9산문이 하나의 종파로 묶이면서 만들어진 것입니다. 조계종이라 부른 이유는 중국 선종의 제 6조祖인 조계曹溪 혜능慧能의 도道를 근본으로 삼았기 때문입니다.

정혜쌍수 定慧雙修

定 정하다 정 慧 지혜 혜 雙 쌍 쌍 修 닦다 수

참선과[定] 지혜를[慧] 모두[雙] 닦아야[修] 한다는 주장

'定'은 '선정禪定'의 줄임말로 '마음을 한곳에 정하여(정신 집중) 깨달음의 경지에 이르는 참선參禪'을 말합니다.

선종을 바탕으로 교종의 장점을 취하여 수행에 정진하자는 주장이 담겨 있습니다.

돈오 점수 頓悟漸修

頓 조아리다, 갑자기 돈 悟 깨닫다 오 漸 점점 점 修 닦다 수

깨달은[頓悟] 뒤에도 꾸준히[漸] 수행해야[修] 한다는 주장

'頓悟'는 '문득 깨닫는다'는 말로, 수행修行의 단계를 거치지 않고 갑자기 교리[부처의 마음]를 깨닫는 일입니다. 漸修는 '꾸준히 수행해야 한다'는 뜻입니다. 즉 돈오가 참된 자신을 자각하는 행위라면, 점수는 이렇게 자각된 참된 자아와 현실적 자아 사이의 간극을 메워 나가는 수련 과정이라고 할 수 있습니다. 돈오 점수는 정혜쌍수定慧雙修의 바탕이 되는 이론입니다.

대장경 大藏經

大 크다 대 藏 감추다, 광주리 장 經 날실, 경전 경

광주리에[藏] 보관했던 큰[大] 경전[經]

불교 경전에는 경장經藏·율장律藏·논장論藏 세 가지 종류가 있는데, 경장과 율장은 부처가 직접 설법한 것으로 알려졌고, 논장은 그에 대한 주석입니다. 인도에서는 이 세 책을 나뭇잎에 새기고 광주리에 보관했었는데, 이 때문에 광주리의 뜻을 가진 '藏'을 써서 삼장三藏이라고 불렀습니다. 그리고 삼장三藏을 총칭하여 대장경이라고 했습니다.

초조 대장경 初雕大藏經

初 처음 초 雕 새기다 조 大 크다 대 藏 감추다, 광주리 장 經 날실, 경전 경

초판에[初] 새긴[雕] 대장경[大藏經]

초조 대장경은 고려에서 처음으로 판각한 대장경이란 뜻에서 '초조'라 이름지어졌습니다. 이 대장경은 고려 현종顯宗 때 거란의 침입을 물리치기 위하여 만든 것으로, 이 제작을 통해 부처님의 뜻을 받드는 온 백성의 의지를 모으고자 했으며, 이 외에 불교의 교리를 정리할 목적도 있었습니다. 조판을 시작한지 70여 년 만에 완성하였지만, 1232년 몽고 침입 때 불타 없어져 지금은 전해지지 않습니다.

교장도감 教藏都監

敎 가르치다 교 藏 감추다, 광주리 장 都 도읍, 임시 도 監 살펴보다, 관청 감

속장경續藏經의[藏] 판각을 담당하기[敎] 위해 임시로[都] 설치한 기관[監]

교장도감은 초조 대장경이 완성된 얼마 후에, 승려 의천義天의 건의로 속장경의 판각을 담당하기 위해 1086년 흥왕사興王寺에 설치한 기관입니다.

속장경 續藏經

續 계속하다 속 藏 감추다, 광주리 장 經 날실, 경전 경

초조 대장경에[藏經] 이어[續] 만든 것

속장경은 고려 문종 때 승려 의천義天이 송宋·요遼·일본日本 등에서 불경을 모아 경장經藏·율장律藏·논장論藏이 아닌, 그 주석서 장章·소疏를 모아 간행한 대장경입니다. 이 역시 1232년 몽고 침입 때 불타 없어져 지금은 전해지지 않습니다. 그래서 4년 후인 1236년에 대장도감大藏都監을 설치하여 다시 만들었는데, 이것이 바로 해인사海印寺 팔만 대장경八萬大藏經입니다.

신편제종교장총록 新編諸宗教藏總錄

新 새롭다 신 編 엮다 편 諸 모두 제 宗 근원 종 敎 가르치다 교 藏 감추다, 광주리 장 總 총괄하다 총 錄 기록하다 록

모든[諸] 불교[宗教] 경전을[藏] 수집하여 새롭게[新] 엮어[編] 간행하기에 전에 만든 총 목록집[總錄]

승려 의천義天은 1090년경, 중국中國·요遼 그리고 우리나라의 모든 불교 경전을 수집하여 10년에 걸쳐 4,760여 권을 간행했는데, 《신편제종교장총록》은 이 책을 간행하기에 앞서 만든 목록집입니다.

대장도감 大藏都監

大 크다 대 藏 감추다, 광주리 장 都 도읍, 임시 도 監 살펴보다, 관청 감

대장경을[大藏] 완성하기 위해 임시로[都] 설치한 기관[監]

대장도감은 몽고의 침입으로 초조 대장경이 불타 없어지자, 1236년 고

종 때 강화도에 설치한 기관으로, 이곳에서 15년 만에 팔만 대장경을 완성합니다.

팔만 대장경 八萬大藏經 = 고려 대장경高麗大藏經

八 여덟 팔 萬 일만 만 大 크다 대 藏 감추다, 광주리 장 經 날실, 경전 경

팔만[八萬] 경판의 대장경[大藏經]

팔만 대장경은 몽고의 침입으로 초조 대장경이 불타 없어지자, 1236년 고종 때 강화도에 대장도감을 설치한 후 15년 만에 완성한 대장경입니다. 팔만 대장경이라고 하는 이유는 경판의 매수가 8만 1,258매에 달하고, 8만 4천 **법문**法門을 수록했기 때문입니다. 팔만 대장경은 그 내용이 방대하면서도 조판이 정교한데다가 오자나 탈자가 거의 없어, 동양 제일의 대장경으로 꼽히고 있으며 국보 32호입니다. 지금은 해인사에 보관하고 있기 때문에 해인사 대장경이라고도 하며, 1998년에는 유네스코의 세계 문화 유산에 등록되었습니다.

◐ **法門** [法 법 법 門 문 문] 불법에 들어가는 길.

도가 道家

道 길, 올바른 길 도 家 집, 학파 가

도를[道] 주장하는 학파[家]

도가는 노자老子·장자莊子의 무위자연無爲自然 설을 믿는 학자들의 총칭으로, 유가儒家와 더불어 이대 학파二大學派를 이룹니다. 이들은 인간의 현실적 타락과 무지의 근거를 찾아서 그것을 척결해 내고, 자연의 실상을 깨달은 참 지혜를 통하여 무위의 삶을 추구하는 사상 경향을 갖고 있습니다.

도교 道敎

道 길, 올바른 길 도 敎 가르치다, 종교 교

노자老子[道] 등을 숭배하는 종교[敎]

도교는 중국의 대표적인 민족 종교로 황제黃帝와 노자老子를 교조敎祖로 삼으며, 신선 사상을 기초로 하여 도가 사상·불교·유교 등을 수용하

여 성립된 중국의 민간 종교입니다. 후한後漢 시대에 장도릉張道陵이 세웠다고 전하며, 그의 문하門下에 들어가는 사람들이 모두 5두斗의 쌀을 바쳤기 때문에 오두미도五斗米道 또는 미적米賊이라고도 부릅니다. 도교가 3~4세기 무렵 위백양魏伯陽과 갈홍葛洪이 학술적인 기초를 제공하면서부터 종교로서 이론 체계를 갖추기 시작하였습니다.

도교는 제사 지내는 신들이 많다는 것과 모든 사람들이 소망하는 불로불사不老不死에 도달하기 위한 각종 **방술**方術이 이루어지는 특징을 갖고 있습니다.

◐ **方術** 도교에서 주술을 잘하는 방사方士가 하는 술수.

도관 道觀

道 길, 도교 도　觀 보다, 도사의 수도하는 곳 관

도교의[道] 사원[觀]

도관은 도교의 사원으로, 단을 만들어 신에게 기도하는 곳입니다.

도참 圖讖

圖 그림 도　讖 예언 참

사건의 암시와[圖] 예언[讖]

도참은 '圖'와 '讖'을 합친 개념입니다. '圖'는 그림이라는 뜻에서 알 수 있듯이 앞으로 일어날 사건의 상징·표징·신호·징후·암시를 뜻하는 것으로, 일정한 문자나 기호 또는 구체적 대상물이 앞으로 일어날 미래의 어떤 일과 깊이 연관되어 있다고 생각하는 것입니다. '讖'은 은밀한 상징적 언어로 역시 장래에 일어날 일을 예언하는 것입니다. 이와 같이 도참은 천문·지리·음양 오행·주술뿐 아니라 도교나 불교까지 수용하고 있으며, 우리나라에서는 풍수 지리에 의한 도참이 큰 비중을 차지했습니다.

풍수 지리설 風水地理說

風 바람 풍　水 물 수　地 땅 지　理 이치 리　說 말하다 설

풍수로[風水] 땅의[地] 이치를[理] 알아 내는 학설[說]

'風'은 '기후와 풍토'를 가리키고, '水'는 '물과 관계된 것'을 가리킵니

다. '風水'라는 말을 쓰게 된 유래는 중국 동진東晋의 곽박郭璞이 쓴 《장서 葬書》에 "죽은 사람의 기氣는 바람을 타면 흩어져 버리고 물에 닿으면 머문다. 그래서 바람과 물을 이용하여 기를 얻는 법술을 풍수라 일컫게 되었다"에서입니다. 그래서 풍수 지리는 음양 오행설陰陽五行說을 이용하여 땅의 이치를 알아 내는 학설로, 여기서 땅의 이치는 곧 風과 水의 이치입니다. 또는 **장풍 득수**藏風得水라하여 '좋은 땅은 바람을 막아 주고 물을 얻을 만한 곳이다'에서 생겨났다는 설도 있습니다.

풍수 지리는 나라의 도읍, 주택, 무덤, 즉 인간의 주거 환경 및 그 구조나 배치에 따라 인간의 길흉 화복이 정해진다는 것으로, 이 풍조는 사람들에게 심리적으로 안정과 만족을 주었기 때문에 고려 시대에 크게 성행하였습니다.

◐ 藏風得水 [藏 감추다 장 風 바람 풍 得 얻다 득 水 물 수]

음양 오행 陰陽五行

◎ **음양陰陽**

음-여성적인 것, 수동성 · 추위 · 어둠 · 습기 · 부드러움
양-남성적인 것, 능동성 · 더위 · 밝음 · 건조 · 굳음
이와 같은 음 · 양 두 개의 기운이 서로 작용하여 우주의 삼라만상을 발생시키고 변화, 소멸시킨다고 봄.

◎ **오행五行(水 · 火 · 木 · 金 · 土)과 그 성질**

水-물체를 젖게 하고 아래로 스며듦.
火-위로 타올라 감.
木-휘어지기도 하고 곧게 나가기도 함.
金-주형鑄型에 따르는 성질이 있음
土-씨앗을 뿌려 추수를 할 수 있게 함.
이와 같은 五行은 사계절의 순서나 방위方位, 신체의 기관, 색깔 · 냄새 · 맛 등에 모두 적용되었음.
예) 東-木, 西-金, 南-火, 北-水, 중앙은 土
　　春-木, 夏-火, 秋-金, 冬-水
　　靑-木, 赤-火, 土-黃, 金-白, 水-黑
사신도四神圖 → 玄武(北) · 朱雀(南) · 靑龍(東) · 白虎(西)

◎ **상생相生과 상극相剋**

흔히 사주나 궁합을 볼 때 사용되기도 하는 원리. 相生은 둘의 관계가[相] 돕거나 생기를 북돋아 주는[生] 관계. 相剋은 둘의 관계가[相] 상대를 죽이거나 이기는[剋] 관계.

예를 들어 물은 나무에, 나무는 불에 도움을 주는 것이 상생 관계, 쇠는 나무를, 나무는 흙을 이기는 것이 상극 관계임.

서경 길지설 西京吉地說

西 서쪽 서 京 서울 경 吉 운이 좋다 길 地 땅 지 說 말하다 설

서경西京이[西京] 좋은[吉] 땅이라는[地] 주장[說]

서경 길지설은 당시 수도인 개성開城보다 서경西京(지금의 평양)이 풍수 지리적으로 좋은 땅이기 때문에 수도를 옮겨야 한다는 주장으로, 이 주장은 서경 천도와 북진 정책 추진의 이론적 근거가 되었으며, 개경 세력과 서경 세력의 정치 싸움에 이용되기도 하였습니다.

 고려 시대 4경

- 중경中京 – 지금의 개성開城.
- 동경東京 – 지금의 경주慶州.
- 서경西京 – 지금의 평양平壤.
- 남경南京 – 지금의 서울.

남경 길지설 南京吉地說

南 남쪽 남 京 서울 경 吉 운이 좋다 길 地 땅 지 說 말하다 설

남경南京이[南京] 좋은[吉] 땅이라는[地] 주장[說]

남경 길지설은 수도인 개성開城보다 남경南京(지금의 서울)이 풍수 지리적으로 좋은 땅이기 때문에 수도를 옮겨야 한다는 주장으로, 이 주장은 고려 중기에 북진 정책의 퇴색과 아울러 등장하였고 고려 말까지 정치적으로 영향을 끼쳤습니다.

 풍수 지리설에서의 명당 明堂

풍수 지리설에서 길지吉地, 즉 명당이란 쉽게 산과 물이 만나 사람이 살기 좋은 곳을 가리킵니다. 자세히 설명하면, 뒤쪽에 주산主山이 병풍처럼 서 있는 가운데 왼쪽 산은 청룡처럼 쭉 뻗고 오른쪽 산은 백호처럼 웅크리고 있으며 앞에는 조그마한 산들이 엎드려 있는 곳을

가리킵니다.

사천대 司天臺

司 맡다 사 天 하늘 천 臺 높고 평평한 곳, 관청 대

천문 관측과 역법 계산을[天] 맡은[司] 기관[臺]

사천대는 고려 시대 천문 관측 기관으로, 당시 천문학과 역법을 농사에 이용할 필요성이 제기되면서 만들어졌습니다. 사천대는 뒤에 **서운관**書雲觀으로 명칭이 바뀝니다(1308).

◐ **書雲觀** [書 책, 쓰다 서 雲 구름 운 觀 보다, 누각 관] 구름 등[雲] 하늘의 운행을 기록하는[書] 관청[觀]으로, 개성에 첨성대를 만들어 일식日蝕과 월식月蝕, 5행성行星의 운행, 혜성彗星과 유성流星의 출현 등을 관찰함.

상정고금예문 詳定古今禮文

詳 자세하다 상 定 정하다 정 古 옛 고 今 지금 금 禮 예절 례 文 글 문

고금의[古今] 예에[禮] 관한 문건을[文] 상세하게[詳] 정리한[定] 책

《상정고금예문》은 고려 인종仁宗이(1122~1146) 최윤의崔允儀 등에게 명하여 법이나 도덕 규범을 모아 정리한 책입니다. 이 책은 금속 활자로 인쇄하였는데, 당시 쇠붙이에 붙기 어려운 먹물을 발명한 것으로 보아 인쇄술이 매우 발달했던 것을 알 수 있으며, 이는 서양보다 200여 년이나 앞선 것이지만, 현재 전해지지 않습니다.

직지심체요절 直指心體要節

直 곧다, 직접 직 指 손가락, 가리키다 지 心 마음 심 體 몸 체 要 중요하다 요 節 절도에 맞다 절

직지심체의[直指心體] 중요한[要] 부분만[節] 모은 책

'直指心體'는 '교리나 수련을 통하지 아니하고, 직접[直] 사람의 마음과[心] 몸을[體] 지도하여[指] 깨달음에 이루게 하는 일'이고, '要節'은 '글의 중요한 부분만 모았다'는 뜻입니다.

《직지심체요질》은 간단히 직지심경直指心經이라고 하는데, 송나라 때 《전등록傳燈錄》에 있는 승려들의 설법을 요약한 것으로, 1377년 충북 충주

흥덕사興德寺에서 인쇄한 하권이 프랑스 파리에서 발견되어 현존하는 세계 최고最古의 금속 활자본으로 인정받고 있습니다.

서적원 書籍院

書 책 서 籍 공문서, 책 적 院 집, 관청 원

책의[書籍] 인쇄를 맡은 기관[院]

서적원은 고려 후기 금속 활자의 사용이 활발해지자 공양왕 때 설치한 전문 인쇄 기관으로, **주자**鑄字와 인쇄를 맡아 보게 하였습니다. 고려 초기에는 서적점書籍店이란 이름으로 설치되었던 것인데, 1393년 서적원書籍院이란 이름으로 바뀌었습니다. 서적원은 이후 조선 초 융성한 인쇄 문화를 형성하는 데 일익을 담당하였습니다.

○ 鑄字 [鑄 쇠를 부어 만들다 주 字 글자 자]

태의감 太醫監

太 크다 태 醫 병 고치다 의 監 살펴보다, 관청 감

의료 업무를[太醫] 맡아 보던 기관[監]

'太醫'는 벼슬 이름으로, 궁중의 의사를 가리킵니다. 태의감은 중앙에 설치하여 의학생을 교육하였으며, 이들을 대상으로 의과를 시행하였습니다.

향약구급방 鄉藥救急方

鄉 시골 향 藥 약 약 救 구원하다 구 急 급하다 급 方 방향, 병 고치다 방

우리나라의[鄉] 약재로[藥] 당장의 위급함을[急] 치료하는[救] 처방[方]

'鄉藥'은 '우리나라의 약재'란 뜻이고, '救急方'은 '당장의 위급함을 치료하는 처방'이란 뜻입니다.

《향약구급방》은 중국에서 전해지는 방식과 우리나라의 전통 의술을 엮은 것으로, 1417년에 간행되었습니다. 고려 시대에 간행된 초간본은 전해지지 않고, 엮은 사람이 누구인지 알 수 없습니다. 고려 중기에 당唐·송宋 의학의 수준을 뛰어 넘어 우리 실정에 맞는 자주적인 의학으로 발달시킨 우리나라 최고最古의 의학 서적입니다.

화통도감 火㷁都監

火 불 화　㷁 불통 통　都 도읍, 임시 도　監 살펴보다, 관청 감

화약火藥과 화기火器의[火㷁] 제조를 맡은 임시[都] 관청[監]

화통도감은 고려 우왕禑王 때 화약의 제조법을 배운 최무선崔茂宣(?~1395)이 건의하여 설치된 관청으로, 이곳에서는 화약과 화포를 제작하였습니다. 최무선은 진포鎭浦(금강 하구) 싸움에서 이 화포를 이용하여 왜구를 격퇴함으로써 그 위력을 과시하였습니다.

신품 4현 神品四賢

神 귀신 신　品 물건, (물건을) 구분하다 품　四 넷 사　賢 어질다 현

신의[神] 경지에 이른 작품을[品] 만드는 네 현인[賢]

우리 선조들은 붓글씨의 품격을 두고 신품神品 · 묘품妙品 · 절품絶品으로 나누었다고 합니다. 이중 가장 뛰어난 것은 신품으로, 신품 중에 또 가장 뛰어난 사람을 가리켜 신품 4현이라 했습니다.

신품 4현은 신라의 김생金生(711~791)과 고려 시대의 유신柳伸(?~1104), 탄연坦然(1070~1159), 최우崔瑀(?~1249)입니다.

도화원 圖畵院

圖 그림 도　畵 그림 화　院 집 원

그림을[圖畵] 담당하는 관청[院]

도화원은 고려 시대와 조선 시대 초기에 그림 그리는 일을 담당하던 관청으로, 나중에 도화서圖畵署로 이름이 바뀝니다.

사경화 寫經畵

寫 베끼다 사　經 날실, 경전 경　畵 그림 화

경전을[經] 베껴 쓰는 곳에[寫] 집어 넣는 그림[畵]

사경화는 불교 경전을 널리 보급하기 위해 경전을 베껴 쓰거나 인쇄할 때, 맨 앞장에 그 경전의 내용을 알기 쉽게 미리 설명하는 그림입니다.

우리 민족의 음악

고대의 제천 의식을 통해서 알 수 있듯이, 우리 민족은 음악을 좋아했으며, 이것이 국악 생성의 유래가 되었을 것입니다. 국악의 구분은 보통 우리 고유의 음악인 속악俗樂 혹은 향악鄕樂, 당나라에서 들어온 당악唐樂, 그리고 송나라에서 들어온 대성악大晟樂이 궁중 음악으로 발전한 아악雅樂, 이렇게 세 가지로 분류합니다.

- 俗樂 [俗 속세 속 樂 즐겁다 락, 음악 악]
- 唐樂 [唐 나라 이름 당 樂 즐겁다 락, 음악 악] 원래 중국 당나라 때의 음악이란 뜻으로, 넓게는 우리나라 고유의 음악인 향악鄕樂에 대하여 부른 중국 음악을 가리키고, 좁게는 송나라 때의 속악을 말하기도 합니다.
- 大晟樂 [大 크다 대 晟 밝다 성 樂 즐겁다 락, 음악 악]
- 雅樂 [雅 우아하다 아 樂 즐겁다 락, 음악 악]

I 선사 문화의 국가 형성 · 11
II 고대 사회의 발전 · 25
III 중세 사회의 발전 · 53
IV 근세 사회의 발달
V 근대 사회의 태동 · 195
VI 근대 사회의 전개 · 251
VII 민족의 독립 운동 · 291
VIII 현대 사회의 발전 · 309

찾아보기 · 321

1. 근세 사회로의 전환

홍건적 紅巾賊

紅 붉다 홍 巾 수건 건 賊 도적 적

붉은[紅] 두건을[巾] 두른 도적[賊]

홍건적은 중국 원대元代 말기에 크게 일어난 백련교·미륵교를 중심으로 형성된 반원反元 세력으로, 머리에 붉은 두건을 둘렀으므로 이런 이름을 붙였습니다. 이들 세력 중 일부는 하북성河北省에서 크게 일어나 요동을 점령했다가, 원의 반격에 쫓겨 고려에 여러 차례 침입하여 고려 말 고려 사회에 타격을 주었습니다. 1355년 세력이 커지자 국호를 명明이라 하였습니다.

위화도 회군 威化島回軍

〈威 위엄 위 化 되다 화 島 섬 도〉지명 回 돌다 회 軍 군사 군

위화도에서[威化島] 군사를[軍] 돌림[回]

위화도 회군은 위화도에서 군사를 돌렸다는 말로, 이 사건의 대략적인 상황은 다음과 같습니다. 위화도는 압록강 하류에 있는 섬으로 이성계李成桂(1335~1408)는 요동 정벌을 위해 위화도에 군대를 주둔시켰습니다. 그러나 도망가는 병사와 기상 여건이 공격에 여의치 않자 이성계는 회군을 왕에게 요구했고, 왕은 이를 들어 주지 않았습니다. 그래서 그는 군사를 돌린 후 개경에서 최영崔瑩(1316~1388)과 싸워 이긴 뒤 우왕禑王(1364~1389)을 폐하고 정권을 장악하였습니다.

 이성계가 우왕에게 요동 정벌의 부당성을 주장하는 사불가론四不可論

1. 작은 나라가 큰 나라를 거스르는 일은 옳지 않다(以小逆大).
2. 여름철에 군사를 동원하는 것은 부적당하다(夏月發兵).
3. 요동을 공격하는 틈을 타서 남쪽에서 왜구가 침범할 염려가 있어 안 된다(倭乘其虛).
4. 무덥고 비가 많이 오는 시기라 활의 아교가 녹아 무기로 쓸 수 없고, 병사들도 전염병에 걸릴 염려가 있어 안 된다(時方署雨).

조선 朝鮮

〈朝 아침 조 鮮 신선하다 선〉 나라 이름

'朝鮮'의 풀이에 대해서는 여러 가지 설이 있지만, 《동국여지승람》의 '동쪽의 해 뜨는 광경을 형용한 것'이라는 풀이가 가장 설득력 있습니다.

조선이라는 이름을 국호로 정하게 된 유래는 다음과 같습니다.

이성계李成桂는 나라 이름을 정하는데 원로들과 백관을 한자리에 모아놓고 의논하도록 하였습니다. 그 결과 단군 조선檀君朝鮮, 기자 조선箕子朝鮮의 맥을 잇는 차원에서 '조선朝鮮'과 이성계의 출생지인 '화령和寧'으로 정하고 최종 결정을 명나라에 요청하였습니다. 이때 명나라는 기자 조선의 기자가 중국 사람이었던 점을 감안하여 조선으로 결정하였습니다. 즉 명나라는 조선이 중국의 제후국임을 나타내려고 했습니다. 그러나 우리나라의 입장은 조선이 단군 조선과 기자 조선의 문화와 전통을 동시에 계승하였다는 데에 의의를 두었습니다. 조선은 이렇게 양측의 의도가 서로 맞아떨어지면서 결정된 이름입니다.

역성 혁명 易姓革命

易 바꾸다 역 姓 성씨 성 革 가죽, 바꾸다 혁 命 목숨, 하늘의 뜻 명

성을[姓] 바꾸고[易] 천명天命을[命] 새롭게[革] 함

역성 혁명은 성을 바꾸고 천명天命을 새롭게 한다는 뜻으로, 왕은 하늘의 배려로 주어지는 것인데 왕이 통치를 잘못하면 하늘은 새로운 성姓을 가진 덕이 있는 사람으로 바꾼다는 고대 중국의 정치 사상입니다. 즉 姓이 다른 사람으로 왕이 교체되는 것을 말합니다. 우리나라에서는 고려 왕조(왕씨王氏)에서 조선 왕조(이씨李氏)로의 교체를 말합니다.

왕의 호칭

남북국 시대 이전에는 장수왕, 광개토대왕처럼 '~왕'이라고 하다가 고려와 조선 시대에는 '~조祖', '~종宗'을 썼습니다. 고려 시대의 몽고 간섭기에는 충렬왕忠烈王 등 '忠'자를 앞에 붙였는데, 이는 몽고에 충성을 다했다는 표시로 부끄러운 역사의 일면입니다.

祖宗의 원칙은 다음과 같습니다.

왕의 신주를 종묘에 모실 때 그 묘실廟室을 가리키기 위하여 조정에서 왕의 죽고 3년 상喪이 끝난 후 그 왕의 치적에 걸맞게 숭신 회의에서 묘호廟號라는 것을 징하였습니다. 조정에서 묘호를 정할 때는 "조공 종덕祖功宗德"이라는 《예기禮記》의 원칙에 입각하여 왕이 재

위 기간에 국가에 공이 많으면 '조祖'를, 국가에 덕을 많이 쌓았으면 '종宗'을 붙이도록 하였습니다. 그러나 이는 당시의 역사적 상황에 따라 정해졌기 때문에 지금의 기준에 맞추어 본다면 역사적 사실과 꼭 일치하지 않는 주관적인 면도 있습니다.

구체적으로 보면, 먼저 '祖'는 새로 나라를 세우거나, 나쁜 임금을 폐하고 즉위한 왕, 위기에 처한 나라를 되살려 낸 경우에 사용합니다. 태조太祖(조선을 세움), 세조世祖(조카 단종을 물리침), 선조宣祖(임진왜란 극복), 인조仁祖(반정反正에 성공), 영조英祖·정조正祖·순조純祖 (처음에는 宗이었다가 격을 높이기 위해 祖로 바꿈)

다음 '宗'은 祖 외의 일반적인 경우입니다.

이 외에 '君'이라는 호칭이 있는데, 이는 왕위에서 쫓겨나 시호가 없는 경우입니다. 조선 시대에 모두 세 왕이 있었는데, 연산군燕山君, 광해군光海君, 노산군魯山君입니다. 노산군은 약 250년이 지난 숙종 때(1698) '단종'으로 복위되었습니다. 광해군은 이후에 복위되지 못했지만, 복위되어야 마땅하다는 평가를 받고 있습니다.

◎ 王, 祖, 宗
본래 祖와 宗은 황제에게만 사용하였고, 王은 황제 밑의 제후에게 사용했던 호칭입니다.

◎ 연산군을 몰아내고 반정에 성공한 중종中宗은 왜 祖가 아닐까요?
성종成宗의 직계 왕통을 이었기 때문입니다.

◎ 왕이 아니면서도 祖가 붙은 사람들
이성계의 직계 4대조인 환조桓祖(아버지), 도(탁)조度祖(할아버지), 익조翼祖(증조부), 목조穆祖(고조부) 그리고 정조正祖의 아버지 사도 세자思悼世子인 장조莊祖.

◎ 祖나 宗 앞에 붙이는 한자의 원칙
백제의 성왕成王, 고려나 조선의 성종成宗은 문물 제도를 완성한[成] 경우에 사용하였고, 이외에 문종文宗은 글을[文] 잘할 경우, 인종仁宗은 성품이 어진[仁] 경우에 붙여 주었습니다. 이렇게 祖나 宗에 붙이는 한자는 생전의 왕의 업적이나 성품 등의 특징에 맞게 적용했습니다.

◎ 조선시대 왕들의 순서
태 정 태 세 문 단 세 예 성 연 중 인 명 선 광 인 효 현 숙 경 영 정 순 헌 철 고 순
조 종 종 종 종 종 조 종 종 산 종 종 종 조 해 조 종 종 종 종 조 조 조 종 종 종 종
　 　 　 　 　 　 　 　 　 군 　 　 　 　 군

◎ 임금을 부르는 높임말
상감上監 - 위에서 본다는 뜻. 마마媽媽(현대 중국어에서 엄마라는 뜻)는 왕과 그 가족들의 칭호 밑에 붙여 존대의 뜻을 나타내는 말. 아바 마마, 어마 마마, 왕비 마마, 대비 마마, 공주 마마,

폐하陛下 – '뜰 아래 (엎드린다)'라는 뜻으로 황제에게 쓰는 말(고종 황제 때 사용).
전하殿下 – '전각 아래'라는 뜻으로 왕에게 씀.

이 외에 궤하机下는 '책상(탁자) 아래'란 뜻으로 '스승'에게 쓰고, 슬하膝下는 '무릎 아래'라는 뜻으로 '부모'와 관련된 말이며, 귀하貴下는 '귀한 분 아래'란 뜻으로 '외부 어른'에게 씀.

2. 근세의 정치적 변화

덕치주의 德治主義

德 공정하고 포용성 있는 마음 덕 治 다스리다 치 主 주인, 주장하다 주 義 옳다 의

덕으로[德] 다스리는[治] 주의[主義]

 덕치주의는 덕망德望이 있는 자가 도덕적으로 눈뜨지 못한 대중大衆을 올바른 길로 인도하는 것을 정치의 근본으로 삼는 정치이념을 말합니다.

민본사상 民本思想

民 백성 민 本 근본 본 思 생각하다 사 想 생각하다 상

백성이[民] 나라의 근본이라는[本] 사상[思想]

 민주주의는 백성이 나라의 주인이므로 권력도 백성에게 있지만, 민본주의는 권력이 백성이 아닌 통치자에게 있고, 그 사람이 백성을 위한다는 말입니다.

왕도정치 王道政治

王 임금 왕 道 길, 올바른 길 도 政 정치 정 治 다스리다 치

왕의[王] 올바른 도로[道] 이끄는 정치[政治]

 '王道'란 '왕의 공평하고 치우침 없는 도리'란 뜻입니다.
 왕도정치란 왕이 도덕적 교화로 나라를 다스리는 정치 사상입니다. 이와 반대로 왕이 무력과 강압으로 나라를 다스리는 정치 사상을 패도정치覇道政治라고 합니다.

조선의 중앙 정치 조직

京職 [京 서울 경 職 직업, 관직 직] 서울에 설치된 관직.
外職 [外 바깥 외 職 직업, 관직 직] 지방에 설치된 관직.

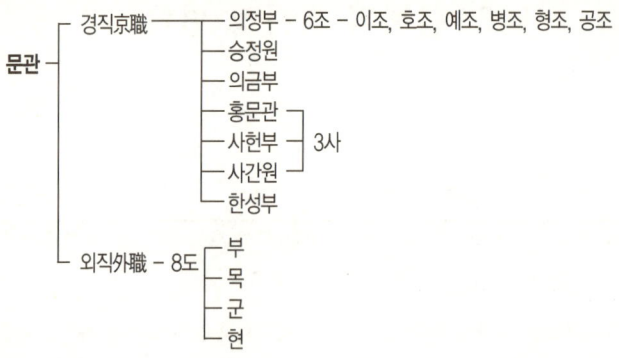

의정부 議政府

議 의논하다 의 政 정치 정 府 관청 부

국정 전반에 관한 정책을[政] 의논하는[議] 기관[府]

　고려의 도평의사사都評議使司를 이은 조직.
　의정부는 국정 전반에 관한 정책을 재상들의 합의를 통하여 결정하는 조선 시대 최고의 부서입니다. 조선의 정치사를 보면, 재상 중심의 신권臣權 정치가 이루어질 경우에는 의정부의 기능이 강화되었고, 왕이 왕권을 강화할 경우에는 의정부 기능을 약화시키고, 6조를 직접 관할하는 정책을 썼습니다.

6조 六曹

六 여섯 륙 曹 관청 조

여섯 개의[六] 행정 조직[曹]

이吏 [吏 관리 리] 관리의 인사人事 등의 행정 분야(내무).
호戶 [戶 집 호] 인구 조사 · 세금 등의 경제 분야(재무 및 호구).
예禮 [禮 예절 례] 예법 · 제사 · 학교 · 과거 등의 분야(학문 및 교화).
병兵 [兵 군사 병] 군사 및 우편 분야.
형刑 [刑 형벌 형] 소송 · 노예 등의 법률 분야(법률, 소송, 형벌).
공工 [工 물건 만들다 공] 토목 · 건축 분야(공작 및 재료).

한자를 알면 수능이 보인다 <2>

지금의 행정 조직과 가장 가까운 부서

- ◎ 의정부 – 국무총리실
- ◎ 호조 – 재정경제부
- ◎ 병조 – 국방부
- ◎ 공조 – 건설교통부
- ◎ 사헌부 – 검찰
- ◎ 이조 – 행정자치부
- ◎ 예조 – 교육인적자원부
- ◎ 형조 – 법무부
- ◎ 한성부 – 서울 시청

승정원 承政院

承 이어받다 승 政 정치 정 院 집, 관청 원

왕의 명령을[政] 받드는[承] 기관[院]

 승정원은 왕명의 출납出納, 즉 왕의 명령을 신하에게 전하고, 신하들의 의견을 왕에게 올리는 중간 역할을 맡은 기관으로, 왕의 비서 기관이라 할 수 있습니다.

 承旨 [承 이어받다 승 旨 내용, <u>상관의 명령</u> 지]

비서 일을 맡아 보는 사람을 승지承旨라고 하는데, 승지는 육승지六承旨라 하여 도승지都承旨, 좌승지左承旨, 우승지右承旨, 좌부승지左副承旨, 우부승지右副承旨, 동부승지東副承旨가 있습니다.

이 중에서 도승지는 왕의 비서실장 격으로 왕의 곁을 떠나지 않았습니다. 따라서 임금이 각 관서에 명령을 내릴 때는 그 관서의 장에게 하명하는 것이 아니라 승지를 통하여 이를 전달하였고, 각 관서에서도 담당 승지를 통해 이를 전달하였습니다.

의금부 義禁府

義 옳다 의 禁 금지하다 금 府 관청 부

의로써[義] 죄를 짓지 못하게 하는[禁] 기관[府]

 의금부는 태종 때 **의용순금사**義勇巡禁司에서 바뀐 말로 왕의 특명에 의하여 죄인을 다스리는 기관입니다. 주로 반역 행위를 다루는 사법司法 기관입니다. 보통 범죄는 형조에서 처리했습니다.

❖ 義勇巡禁司 [義 옳다 의 勇 용기 용 巡 돌아다니다 순 禁 금지하다 금 司 맡다, <u>관청 사</u>]

형벌의 종류(5종刑)

◉ 고려

- 태笞 [笞 볼기를 치다 태] 작은 가시나무 회초리로 죄인의 볼기를 치는 형벌. 가벼운 죄를 범했을 경우 (10대, 20대, 30대, 40대, 50대-5종류).
- 장杖 [杖 몽둥이 장] 큰 가시나무로 만든 회초리로 볼기를 치는 형벌. 태형보다 무거운 형벌 (60대, 70대, 80대, 90대, 100대-5종류).
- 도徒 [徒 무리, 고된 노동을 시키는 형벌 도] 고된 일을 시키는 벌. 징역형(1년형, 1년 반형, 2년형, 2년 반형, 3년형-5종류).
- 유流 [流 흐르다, 귀양 보내다 류] 옛날 죄인을 먼 섬 또는 먼 땅으로 내쫓던 형벌. 유배流配(2000리, 2500리, 3000리-3종류).
- 사死 [死 죽다 사] 교수형絞首刑과 참수형斬首刑. 교수형은 목을 죄어 죽이는 벌, 참수형은 목을 베어죽이는 벌.

◉ 중국 (주周나라)

- 묵墨 [墨 먹 묵] 살갗에 먹물로 글자 새긴 뒤, 성문 지키기.
- 의劓 [劓 코 베다 의] 코를 벤 뒤 국경 지키기.
- 비剕 혹은 월刖 [剕 발 베다 비, 刖 발꿈치를 자르다 월] 발 뒤꿈치나 두 다리를 자른 뒤 새나 짐승 우리를 지키기(《손자병법》으로 유명한 손빈孫臏이 당했던 형벌).
- 궁宮 [宮 궁궐, 생식 기능을 거세하는 형벌 궁] 생식기를 자른 뒤 궁중에서 일 시키기 (《사기史記》의 저자 사마천司馬遷이 당했던 형벌).
- 대벽大辟 혹은 살殺[大 크다 대 辟 죄 벽 · 殺 죽이다 살] 사형.

◉ 이 외에 중국에서 행해졌던 형벌

- 압슬형壓膝刑 [壓 누르다 압 膝 무릎 슬 刑 형벌 형] 죄인을 기둥에 묶어 무릎을 꿇게 한 뒤, 무릎 아래엔 사금파리(사기 그릇의 깨어진 작은 조각) 등을 깔고 무릎 위에 압슬기를 놓고 누르거나 무거운 돌을 얹어 놓는 형벌.
- 포락지형炮烙之刑 [炮 통째로 굽다 포 烙 지지다 락 之 ~의 지 刑 형벌 형] 불에 달군 쇠기둥을 맨발로 건너게 하던 형벌.
- 거열형車裂刑 [車 수레 거 裂 찢다 렬 刑 형벌 형] 다섯 마리의 말에게 각각 수레를 메워서 죄인의 몸과 팔다리를 한 수레에 하나씩 묶어서 끌게 하여 찢어 죽이는 형벌.
- 팽형烹刑 [烹 삶다 팽 刑 형벌 형] 삶아 죽이는 형벌.

삼사 三司

三 셋 삼 司 맡다, 관청 사

세[三] 관청[司]

삼사는 조선 시대 사간원司諫院, 사헌부司憲府, 홍문관弘文館을 가리키는 말로, 의정부나 6조의 행정 분야와는 다르게 **간쟁**諫諍**권**을 가졌습니다.

● **諫諍** [諫 간하다 간 諍 다투다 쟁] '諫'은 '어떤 일을 바로잡기 위하여 곧은 말을 하는 것'이고, '諍'은 '다투어서라도 윗사람에게 충고하는 것'을 말합니다.

조선 시대 관청 이름의 차이

조선 시대 관청 이름은 업무의 차이 및 서열상의 차이를 반영하고 있습니다. 관청 이름의 앞부분에는 그 관청에서 담당하는 업무를 상징하고, 뒤의 글자는 그 관청의 격을 나타냅니다. 예를 들어 의정부議政府는 국정을[政] 의논하는[議] 부[府]라는 의미입니다. 그래서 격에 따라 구분을 하면 부府는 최고의 관청을 의미합니다.
의정부 아래에는 6조曹가 있는데, 이吏·호戶·예禮·병兵·형刑·공工은 업무에 따라 분류되며, '조曹'라는 의미는 여러 사람이 모여 업무를 보는 곳이란 의미입니다.
6조 아래에는 수많은 하위 관청이 있었습니다. 이 중에 '감監'은 '감독 기관'이란 의미이며, '서署'는 '일반적인 하위 부서'란 의미입니다.
이 외에 건물 용도에 따라 '고庫'는 '창고', '관館'은 '서책을 보관하고 공부하는 건물', '청廳'은 '건물 내의 청사廳舍' 등인데, 이들 건물에 담당 관청이 들어가면서 그 자체가 관청의 명칭으로 사용됩니다.

홍문관 弘文館

弘 넓히다 홍 文 글 문 館 집, 관청 관

학문을[文] 넓히는[弘] 기관[館]

홍문관은 궁중의 서적을 관리하며 문서를 처리하는 기관으로, 이곳에서는 유교의 학문을 토론했을 뿐만 아니라, 정책 결정에 왕의 고문 역할을 했습니다.
왕에게 주로 간하는 곳은 사헌부와 사간원이지만 이들의 간언에도 왕이 듣지 않으면 마지막으로 홍문관이 합세하여 간언을 하였다고 합니다.

사간원 司諫院

司 맡다 사 諫 간하다 간 院 집, 관청 원

간쟁諫諍을[諫] 맡은[司] 기관[院]

사간원은 간쟁諫諍과 **논박**論駁의 임무를 맡은 기관으로, 간쟁은 왕의 행실이나 정치에 잘못이 있으면 이를 지적하는 것을 말하고, 논박은 일반 정치나 인사에 문제가 있으면 바로잡도록 하는 것입니다.

◐ **論駁** [論 논의하다 론 駁 반박하다 박]

사헌부 司憲府

司 맡다 사 憲 법 헌 府 관청 부

감찰監察을[憲] 맡은[司] 기관[府]

사헌부는 관리들의 기강을 바로잡고 풍속의 문란을 감시해, 백성이 억울하게 피해 보는 일이 없도록 하는 일을 맡았던 사정 기관으로, 지금의 검찰에 해당합니다.

◐ **監察** [監 살펴보다 감 察 살피다 찰]

양사 兩司

兩 양쪽 량 司 맡다, 관청 사

사간원+사헌부

양사는 사간원司諫院과 사헌부司憲府를 가리키는 말로, 두 기관에 공통으로 '司'가 들어가기 때문에 양사兩司라고 합니다.

대간 臺諫

臺 높고 평평한 곳, 관청 대 諫 간하다 간

대관+간관

대간은 감찰의 임무를 맡은 '대관臺官'과 국왕에 대한 간쟁諫諍의 임무를 맡은 '간관諫官'을 합하여 부르는 명칭으로, 사헌부司憲府와 사간원司諫院의 관리를 아울러 가리키는 말입니다. 이들에게는 간쟁·감찰·**서경**

권서경權 있었습니다.

○ 署經 [署 관청, 서명하다 서 經 날실, 지나가다 경] 임금이 관리를 임명하거나, 법률의 제정·개정 등의 일에 대하여 대간臺諫의 서명을[署] 거치는[經] 제도, 서명은 부당한 인사를 막고 왕권에 일정한 규제를 가하기 위해 만들어졌습니다. 조선은 전제 군주 시대이지만 왕이 못하는 일이 있었습니다. 왕이 어떤 일을 도리에 어긋나게 처결할 때, 사헌부와 사간원, 즉 대간의 관리들은 일제히 들고일어나 왕의 잘못을 지적하고 바로잡도록 하였습니다. 이는 왕권과 신권의 적절한 권력 분산으로 국정 운영을 조정하는 것입니다.

한성부 漢城府

〈漢 나라 이름 한 城 성곽 성〉 지명 府 관청 부

서울의[漢城] 행정·사법 등 일반 사무를 맡아보던 관청[府]

한성부는 지금의 서울 시청에 해당합니다. 서울 시장에 해당하는 당시 벼슬은 한성 판윤漢城判尹이라고 합니다.

경연 經筵

經 날실, 경서 경 筵 대나무로 만든 자리, 장소 연

경서를[經] 강의하고 토론하던 자리[筵]

경연은 홍문관의 관리가 왕에게 경서를 강의하고 토론하는 자리를 마련하여 훌륭한 정치를 할 수 있도록 하는 것이 본래 목적이며, 왕권의 행사를 규제하는 역할도 수행하였습니다. 고려 시대에 도입되었다가 조선 시대에 활발히 실시되었습니다.

◆ **서연書筵** [書 글, 책 서 筵 대나무로 만든 자리, 장소 연]
경연이 임금에게 하는 것이라면 서연은 다음에 왕위를 이을 세자에게 역시 경서를 강의하고 토론하던 자리 혹은 그 일입니다.
'經'과 '書'는 모두 '책'을 뜻하는 한자이지만 경이 더 큰 의미를 갖고 있습니다. 예) 사서삼경四書三經

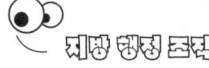

◆ 부府의 우두머리는 부사府使 종2품 [府 관청, 행정 구획 부 使 시키다, 관리 사]

- ◆ 목牧의 우두머리는 목사牧使. 정3품 [牧 기르다, 행정 구획 목 使 시키다, 관리 사]
- ◆ 군郡의 우두머리는 군수郡守. 종4품 [郡 고을, 행정 구획 군 守 지키다 수]
- ◆ 현縣의 우두머리는 현령縣令. 종6품 [縣 고을 현 令 명령하다, 우두머리 령]

흔히 수령守令이라 하면 군을 다스리는 군수와 현을 다스리는 현령을 주로 가리킴.

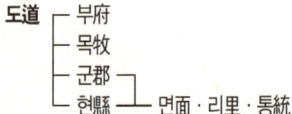

관찰사 觀察使

觀 보다 관 察 살피다 찰 使 시키다, 관리 사

그 지역의 정세를 살펴 보는[觀察] 관리[使]

 조선 시대 각 도에 파견된 우두머리로, 그 도의 모든 것을 총괄하며 지금의 도지사道知事와 같습니다.

6방 六房

六 여섯 륙 房 방, 관청 방

여섯[六] 관청[房]

 6방은 지방관이 그 직무를 수행하기 위해 지방 행정 단위에 설치한 조직으로, 중앙의 6조와 성격이 같습니다. 이방吏房 · 호방戶房 · 예방禮房 · 병방兵房 · 형방刑房 · 공방工房.

[참고] 6조

유향소 留鄕所

留 머무르다 류 鄕 시골 향 所 장소, 관청 소

각 마을에[鄕] 설치한[留] 자치 기구[所]

 유향소는 조선 초기 각 지역의 지배권을 갖고 있던 향촌의 덕망 있는 인사들이 수령을 보좌하고 향리를 살피기 위해 그 지역에 만든 자치 기구입니다.

경재소 京在所

京 서울 경 在 존재하다 재 所 장소, 관청 소

서울에[京] 설치한[在] 기관[所]

경재소는 조선 시대 지방의 유향소留鄕所를 통제하기 위해 서울에 둔 연락 기관입니다. 이곳에 고위 관리는 자기 출신 지역의 유향소를 관리하고 정부와 중간 역할을 하여, 유향소를 정부에서 직접 통제할 수 있게 해 주었습니다.

[참고] 사심관

군역 軍役

軍 군사 군 役 일 하다, 부리다 역

일정 기간 군대에[軍] 복무하는 것[役]

군역은 16세 이상 60세에 이르는 양인 장정들이 일정 기간 군대에 근무하는 것을 말합니다. 당시 군역은 **양인 개병**良人皆兵과 **농병 일치**農兵一致를 원칙으로 하였습니다. 즉 양인 장정들은 누구나 군역을 졌으며, 그들은 현역 군인인 **정군**正軍이 되거나 군대 운영의 비용을 부담하는 **보인**保人이 되어야 했습니다.

- **良人皆兵** [良 선량하다 량 人 사람 인 皆 모두 개 兵 군사 병] 평민은[良人] 모두[皆] 군인의[兵] 의무를 져야함.
- **農兵一致** [農 농사 농 兵 군사 병 一 하나 일 致 (~에) 이르다 치] 군대의 편성은 농민으로 함.
- **正軍** [正 바르다, 주되다 정 軍 군사 군] 정규군正規軍의 줄임말. 조선 시대 현역 군인으로, 군인에는 실제 군 업무를 담당하는 사람과 보조하는 사람이 있는데, 이를 구분하기 위해 전자를 정군이라고 하며, 양인·농민 출신으로 이루어짐.
- **保人** [保 보호하다 보 人 사람 인] 조선 초기 군역을 직접 담당하여 군인이 되는 사람을 정군正軍이라고 한다면, 정군의 유지를 위해 비용을 부담하는[保] 사람을[人] 보인이라고 함.

진관 체제 鎭管體制

鎭 진압하다, 부대 진 管 관리하다 관 體 몸, 격식 체 制 만들다, 제도 제

작은 진을 큰 진이[鎭] 관리하는[管] 체제[體制]

진관 체제는 15세기 조선의 지방 군사 조직으로, 먼저 각 도道에 큰 진鎭을 설치한 다음, 이 진을 중심으로 주변의 작은 진을 속하게 하여 큰 진이 작은 진을 맡아 다스리는 체제입니다. 이 제도로 전국적인 방어 체제를 갖추기는 하지만, 너무 광범위하여 실제 전쟁에는 비효율적이었습니다. 이런 문제점 때문에 나중에 제승방략 체제制勝方略體制로 바뀝니다.

제승방략 체제 制勝方略體制

制 만들다, 제압하다 제 勝 이기다 승 方 방향, 방법 방 略 간략하다, 계략 략 體 몸, 격식 체 制 만들다 제

적을 제압하여[制] 승리할 수 있는[勝] 방법에[方略] 관한 체제[體制]

　'제승방략制勝方略'은 '적을 제압하여 승리할 수 있는 방법'이란 뜻의 책 이름입니다. 이 책에는 조선 태종 때 김종서金宗瑞가 안案을 내고 선조 때 이일李鎰이 보완한, 함경도 8진鎭의 땅 모양과 공수 방법이 기록되어 있습니다.

　제승방략 체제는 16세기 조선의 지방 군사 조직 체제로, 전쟁이 발생하면 각 고을 수령이 정해진 작전 지역으로 나뉘어 이동하도록 하는 것인데, 후방에 군사가 비는 문제가 생겨 왜란 때 효과를 보지 못했습니다. 그래서 왜란 중에 속오법束伍法에 의한 속오군束伍軍을 만들었습니다.

속오군 束伍軍

束 묶다 속 伍 다섯 사람 오 軍 군사 군

다섯 사람을[伍] 한 조로 묶은[束] 군대[軍]

　속오군은 군사의 편성을 다섯 명 단위로 한 조선 후기 지방군으로, 조선 선조 27년(1594) 임진왜란 때 군인을 충당하기 위해, 양인과 노비를 골라 뽑아서 조직하였습니다. 이들은 평상시에는 군포를 바치고, 농한기에는 훈련을 했으며, 전쟁 때는 참가하도록 하였습니다.

잡색군 雜色軍

雜 섞이다 잡 色 색깔 색 軍 군사 군

여러 계층의[雜色] 사람으로 만든 군대[軍]

　'雜色'은 '여러 가지 신분의 옷 색깔이 섞여 있다'는 뜻입니다.

잡색군은 조선 시대 전직 관료, 서리, 향리, 교생, 노비 등 각계 각층의 장정들로 편성된 군대로, 대부분의 군사가 변경에 배치되면 내륙에는 비는 단점을 해결하기 위해 만들어진 일종의 예비군입니다. 이들은 평상시에는 본업에 종사하면서 일정한 기간 동안 군사 훈련을 받아 유사시에 향토 방위를 맡았습니다. 그러나 편제만 되어 있을 뿐 군사적 기능을 기대할 수 없는 유명무실한 군대였습니다.

호패 제도 號牌制度

號 부르짖다, 이름 호 牌 명찰 패 制 만들다 제 度 (헤아린) 정도, 법도 도

이름[號] 등, 자신의 신상에 관해 기록한 패를[牌] 가지고 다니게 한 제도[制度]

'號牌'는 앞면에 자신의 이름·주소·직업·태어난 해·관직 등을, 뒷면에는 발행한 관청의 낙인이 기록된 패로, 16세 이상의 일을 잘할 수 있는 남자가 차고 다녔으며, 지금의 주민등록증과 같습니다.

호패 제도는 인구를 파악하고 세금을 내게 하는 등 통치를 쉽게 할 목적으로 고려 말에 원나라에서 본떠 실시했으나, 조선 시대에 비로소 제대로 시행되었습니다.

역원제 驛院制

驛 정거장, 말 갈아 타는 곳 역 院 집 원 制 만들다, 제도 제

역과[驛] 원을[院] 두는 제도[制]

'驛'은 '院' 보다는 규모가 작으나 원과 원 사이에 두고 중앙의 명령을 중계하는 곳입니다. '院'은 숙박소로써 관리들이 국가의 공무로 여행할 때 무료로 제공하는 곳입니다.

역원제는 육지에서의 교통·통신을 담당하는 역과 원을 두는 제도로 관에서 운영하였습니다.

이 외에 참站이라는 곳이 있는데, 이곳은 임진왜란 때 변방의 서류를 중앙에 빨리 보내기 위하여 25리마다 만들어 놓은 곳으로, 파발마를 이용하였습니다.

조운제 漕運制

漕 배로 실어 나르다 조 運 운전하다 운 制 만들다, 제도 제

배로 실어[漕] 운반하는[運] 제도[制]

　조운제는 백성들에게 징수한 공물 등을 수로로 수송하여 하천과 해안 요지의 조창漕倉에서 모으고, 이를 다시 중앙의 경창京倉으로 운송하는 제도입니다.

조창 漕倉

漕 배로 실어 나르다 조 倉 창고 창

배로 실어 나르기[漕] 위해 물길 옆에 설치한 창고[倉]

　조창은 세액로 거둔 쌀을 나르기 위해 물길 옆에 설치한 창고로, 전라도·충청도·황해도는 바닷길을, 강원도는 한강을, 경상도는 낙동강과 남한강을 이용하였습니다.

경창 京倉

京 서울 경 倉 창고 창

서울에[京] 있는 창고[倉]

　경창은 조창에 보관했던 곡물을 다시 맡아 두던 서울에 설치한 조세 창고로, 용산龍山과 서강西江에 있었습니다.

봉수제 烽燧制

烽 봉화 봉 燧 봉화 수 制 만들다, 제도 제

불과[烽] 연기를[燧] 이용하여 연락하는 제도[制]

　'烽'은 흔히 봉화烽火라 하여 밤에 올리던 '불'을 말하고, '燧'는 낮에 올리던 '연기'를 가리킵니다.
　봉수제는 봉과 수를 합한 것으로 변란이 생긴 사실을 먼 거리까지 빨리 알리기 위해 사용했던 제도입니다.

마패 馬牌

馬 말 마 牌 명찰 패

말을[馬] 징발할 수 있는 패[牌]

마패는 관리가 지방으로 출장갈 때 말을 징발할 수 있도록 상서원尙瑞院에서 주던 구리쇠로 만든 둥근 패입니다. 한 면에는 상서원에서 발급했다는 글자가 새겨져 있고, 한 면에는 말이 새겨져 있으며, 말의 숫자에 따라 말을 지급 받을 수 있었습니다. 말은 그 사람의 지위에 따라 보통 한 마리에서 열 마리가 새겨져 있습니다.

4학 四學

四 넷 사 學 배우다 학

네[四] 학당[學]

4부 학당四部學堂의 준말.

4학은 조선 시대 서울에 설치된 관립 교육 기관으로, 서울의 중앙(중부 학당)·동(동부 학당)·서(서부 학당)·남(남부 학당)의 네 곳에 세운 학교입니다. 태종이 처음에는 동·서·남·북·중앙의 다섯 곳에 학교를 세워 관내의 사대부 자제를 교육하였으나, 건물을 지으면서 북학은 짓지 못해 나중에 폐지되어 4부로 남았습니다. 이들은 소과小科에 응시할 수 있었고, 합격자는 생원·진사가 되어 성균관에 들어갈 자격을 얻었습니다.

향교 鄕校

鄕 시골 향 校 학교 교

지방의[鄕] 학교[校]

4학이 중앙의 관립 교육 기관이라면, 향교는 지방에 설치한 교육 기관입니다. 4학과 마찬가지로 성균관에서 행했던 **문묘**文廟를 마련해 제사도 지냈습니다. 나중에 서원이 생기면서 이에 눌려 교육 기능은 사라지고 문묘 제례만 하게 됩니다.

◑ **文廟** [文 글, 유교 문 廟 사당 묘] 유교儒敎·유학儒學의[文] 시조인 공자를 모신 사당으로[廟], 중앙에는 성균관, 지방에는 향교에 있음.

성균관 成均館

〈成 이루다 성 均 균등하다 균〉 대학 이름 館 집 관

'成均'은 중국 주周나라 대학의 이름이었습니다.

성균관은 고려 말에서 조선 시대에 걸쳐 인재를 양성하고, 선현先賢을 모셨던 곳입니다. 변천 과정은 1298년 고려 충렬왕 때 이전에 국자감이었던 국학을 성균감成均監이라 고쳤다가, 1308년 충선왕이 즉위하면서 성균관이라고 고쳤습니다. 1894년엔 갑오경장으로 근대적으로 개혁되면서 종래의 기능을 상실할 뻔했다가 1895년 새롭게 관제를 고치면서 유교 교육을 담당해 나갔고, 다시 일제 시대에 위기를 맞았다가 유림들의 회복 움직임에 힘입어 명륜전문학원으로 명칭을 바꾸었습니다. 그리고 해방 후 다시 현재의 성균관대학교로 명칭을 바꾸게 됩니다.

문과 文科

文 글 문 科 과목, 과거 과

문인을[文] 뽑는 시험[科]

문과는 문관文官을 뽑는 시험으로, 소과小科(예비 시험)와 대과大科(관리 등용 본 시험)가 있습니다. 소과는 고려 때부터 이어오던 **명경과**明經科와 **제술과**製述科가 있는데, 명경과에 합격하면 생원生員이라 했고, 제술과에 합격하면 진사進士가 되었습니다. 이 시험에 합격하면 성균관에 입학할 수 있었고, 이곳에서 공부하면서 다음 대과에 합격해야 비로소 벼슬길에 나아가 9품관부터 시작할 수 있었습니다.

- 明經科 [明 밝다 명 經 날실, 경전 경 科 과목, 과거 과] 유교 경전에[經] 밝은[明] 사람을 뽑는 시험[科].
- 製述科 [製 만들다 제 述 글 짓다 술 科 과목, 과거 과] 문장을 잘 지으면[製述] 합격하는 시험[科].

혹시 장원급제라고 하는 문과 1등에게는 몇 품의 관직을 주었을까요?

문과 1등은 6품, 나머지는 성적 순서대로 9품까지 주었습니다.

무과 武科

武 무기 무 科 과목, 과거 과

군인을[武] 뽑는 시험[科]

무과는 군인을 뽑는 시험으로, 고려에서는 실시되지 않았고, 조선에 들어와 실시되었습니다. 여기서는 병학兵學과 무예를 시험하여 무관 임명자격을 주었습니다.

잡과 雜科

雜 섞이다 잡 科 과목, 과거 과

여러[雜] 과목[科]

잡과는 문과와 무과를 제외한 나머지로 **역과**譯科, **율과**律科, **의과**醫科, 음양과陰陽科가 섞여 있는 과입니다. 기술을 천시하는 풍토 때문에 중인층만 시험에 참가했습니다.

- **譯科** [譯 번역하다 역 科 과목, 과거 과] 통역관으로[譯] 등용하는 시험[科]. 역과는 외국어에 능통한 사람을 뽑아 통역관으로 등용하는 시험으로, 사역원司譯院에서 담당. 지금의 외무 고시와 비슷. [司 맡다 사 譯 번역하다 역 院 집, 관청 원]
- **律科** [律 법률 률 科 과목, 과거 과] 형법刑法에[律] 관한 시험[科]. 율과는 형법에 능통한 사람을 뽑는 시험으로, 형조刑曹에서 담당. 지금의 사법 고시와 비슷.
- **陰陽科** [陰 그늘 음 陽 햇볕 양 科 과목, 과거 과] 음양에[陰陽] 관한 시험[科]. 음양과는 천문天文, 지리地理, 운명運命·길흉화복吉凶禍福에 능통한 사람을 뽑는 시험으로, 관상감觀象監에서 담당. 이 과가 있는 이유는 당시 사람들은 천지의 모든 현상은 음기와 양기의 조화에 의해 생겨난다고 믿었기 때문. [觀 보다 관 象 코끼리, 모양 상 監 살펴보다, 관청 감]
- **醫科** [醫 병 고치다 의 科 과목, 과거 과] 의술에[醫] 관한 시험[科]. 의과는 의술에 능통한 사람을 뽑는 시험으로, 전의감典醫監에서 담당. 지금의 의사 고시와 비슷. [典 책, 맡다 전 醫 병 고치다 의 監 살펴보다, 관청 감]

조선 시대 벼슬 호칭들

우리가 흔히 알고 있는 정1품~종9품은 고려와 조선의 품계品階(벼슬아치의 등급) 제도로, 고려 성종 14년(995)부터 중국의 수隋·당唐 시대의 것을 모방하여 사용하였습니다. 구체적으로 살펴보면 각 품은 1품에서 9품까지인데, 정正·종從으로 나뉘어지면서 모두 18품입니다.

- 정승政丞 – 백관 중의 가장 높은 수상급 벼슬로 지금의 국무총리. 승은 보좌의 뜻이므로 정승은 임금의 정치를 보좌하는 임무. 삼정승인 영의정, 좌의정, 우의정은 정1품.
- 대감大監 – 조선 시대 정2품 이상의 당상관堂上官을 높여 부르던 말.
- 영감令監 – 종2품 · 정3품의 당상관을 높여 부르던 말.
  영감이라는 호칭이 일상어로 둔갑한 이유는 조선 후기 경복궁慶福宮의 재건 공사 당시에 정부에서 재원이 부족하여, 일정액 이상의 재산을 바치는 자에게 정도에 따라 이름뿐인 벼슬 증서를 주었는데, 이때 정삼품正三品에 해당하는 증서가 남발되었기 때문임.
- 당상관堂上官 – '정사를 볼 때 대청에[堂]에 올라가[上] 의자에 앉을 수 있는 자'란 뜻으로, 문관은 정3품 통정대부通政大夫 이상, 무관은 정3품 절충장군折衝將軍 이상.
- 당하관堂下官 – 문관은 정3품 통훈대부通訓大夫 이하, 무관은 정3품 어모장군禦侮將軍 이하.
- 나리 – 서민 또는 아래 계급의 사람이 당하관을 높여 부르던 말. 서민들은 "나리, 나리, 개나리"라 하여 벼슬아치를 비꼬기도 하였음.
- 첨지僉知 – 첨지중추부사僉知中樞府事의 준말. 중추부中樞府의 당상堂上, 정3품 무관武官 벼슬.
- 판서判書 – 6조六曹의 장관으로 정2품.
- 참판參判 – 6조의 종2품으로, 판서判書의 다음.
- 봉사奉事 – 통역관 등 종8품의 낮은 벼슬.
- 참봉參奉 – 여러 관청에 딸린 종9품의 벼슬을 일컫던 말. 최말단직.
- 선달先達 – 먼저 급제하여 도달하고도 벼슬을 하지 않는 사람.
- 생원生員 – 소과(생원과)에 급제한 사람.
- 진사進士 – 소과(진사과)에 급제한 사람.

식년시 式年試

式 격식 식 年 해 년 試 시험하다 시

법으로 정한[式] 해에[年] 정기적으로 보는 시험[試]

식년시는 조선 시대의 과거 시험으로 3년마다 정기적으로 시행하였습니다. 여기서 식년은 자子, 묘卯, 오午, 유酉가 붙은 해입니다. 식년시는 소과小科 · 문과文科 · 무과武科로 나닙니다. 부정기적으로 보는 시험으로는 증광시增廣試 · 별시別試 · 알성시謁聖試가 있습니다.

干支

干 : 갑甲 · 을乙 · 병丙 · 정丁 · 무戊 · 기己 · 경庚 · 신辛 · 임壬 · 계癸
支 : 자子 · 축丑 · 인寅 · 묘卯 · 진辰 · 사巳 · 오午 · 미未 · 신申 · 유酉 · 술戌 · 해亥

증광시 增廣試

增 불어나다 증 廣 넓다 광 試 시험하다 시

나라에 큰 경사가 있을 때 경사를 축하하기 위하여 더[增] 보아 등용의 기회를 넓히는[廣] 시험[試]

증광시는 조선 시대 왕이 즉위하는 경사나 즉위한 지 30년이나 된 것과 같은 큰 경사가 있을 때, 또는 작은 경사가 여러 개 겹쳤을 때 임시로 실시한 과거입니다. 소과小科 · 문과文科 · 무과武科 · 잡과雜科가 있었으며, 태종 1년(1401) 왕의 등극을 경축하기 위하여 처음으로 실시하였습니다.

별시 別試

別 따로 별 試 시험하다 시

나라의 경사가 있을 때 특별히[別] 보는 시험[試]

별시는 조선 시대에 정규 과거 시험 외에 임시로 시행된 과거 시험의 하나로, 나라에 경사가 있을 때와 인재 등용이 필요할 때에 실시되었습니다.

알성시 謁聖試

謁 뵙다 알 聖 성스럽다 성 試 시험하다 시

성인聖人을[聖] 참배하는 것을[謁] 기념하는 시험[試]

알성시는 국왕이 성인인 공자를[聖] 기리기 위해 **문묘**文廟에 참배할 때[謁], 이날을 기념하여 성균관에서 보는 시험을[試] 말합니다.

◐ 文廟 [文 글, 유교 문 廟 사당 묘] 유교儒敎 · 유학儒學의[文] 시조인 공자를 모신 사당으로[廟], 중앙에는 성균관, 지방에는 향교에 있음.

문음 門蔭

門 문, 가문 문 蔭 그늘, 조상의 덕택 음

2품 이상 벼슬을 하는[蔭] 집안의[門] 자제를 등용하는 제도

문음은 고려의 음서 제도와 같은 것으로 2품 이상 벼슬을 하는 집안의 자제를 시험을 치르지 않고 관직에 등용하는 제도입니다. 이 제도는 고려 때와 달리 과거에 합격한 사람과 차별을 두어 문음을 통하면 고위 관직까지 승진하지는 못했습니다. 엄밀히 따지면 고려 시대에는 5품 이상의 관직을 지낸 관리의 자제, 조선 시대에는 2품 이상 관리의 자子·손孫·서壻(사위)·제弟(동생)·질姪(조카), 실직實職한 3품관의 자子·손孫으로 제한했습니다.

사림 士林

士 선비 사 林 수풀 림

선비들의[士] 집단[林]

'林'은 '숲'이란 뜻으로, 여기서는 선비들의 집단성을 표현하고자 쓴 말입니다. 사림은 조선의 문물 제도가 정비된 성종 대를 전후하여 등장한 정치 세력으로, 이미 권력을 잡고 있던 훈구 세력과 대립했습니다. 이들은 **경학**經學을 중시하고 인간의 심성을 연구하는 성리학을 학문의 주류로 삼았습니다.

사림과 상대되는 말로 무인들의 집단성을 표현하는 무림武林이라는 말이 있습니다.

○ **經學** [經 날실, 경전 경 學 배우다, 학문 학] 성인이 지은 책을[經] 연구하는 철학 중심의 학문[學].

훈구 勳舊

勳 업적 훈 舊 옛 구

공이[勳] 있고 대대로[舊] 벼슬을 함

훈구 세력은 조선이 건국될 때 이를 주도했거나 지지한 공으로 권력의 중심부로 들어간 뒤, 이를 계속 유지해 나가며 지배 계급의 위치를 확고히 한 세력을 말합니다. 이들은 지방의 선비들인 사림과 대립하기 시작했는데, 사림과 대비하기 위해 훈구라는 표현을 썼으며, **사장**적詞章的 학풍을

가지고 있었습니다.

○ **詞章** [詞 글 사 章 문장 장] '詞'는 '시가詩歌(시와 노래)'를 뜻하고, '章'은 '문장'을 뜻하는 말로 문학 중심의 학문을 말함.

무오사화 戊午士禍

〈戊 다섯째 천간 무 午 일곱째 지지 오〉 연도 士 선비 사 禍 재앙 화

무오년(1498-연산군4)에[戊午] 선비들이[士] 겪은 재앙[禍]

성종은 조선 건국 이후 당시 권력을 잡고 있던 훈구 세력을 견제하기 위해 김종직 등의 사림들을 기용했는데, 이들은 이전에 단종을 폐위한 훈구 공신들을 탐탁하게 여기지 않아 세조의 공신들을 제거하려고 했습니다. 그러자 유자광을 중심으로 한 훈구 세력은 김종직의 제자이며 사관史官이었던 김일손金馹孫(1464~1498)이 사초史草에 삽입한 김종직의 〈조의제문弔義帝文〉을 트집잡았습니다. 즉 〈조의제문〉문은 세조가 단종으로부터 왕위를 빼앗은 일을 비방한 것이라 하고, 이를 연산군에게 고하였습니다. 이에 연산군은 이미 죽은 김종직 시체의 목을 베고, 사림파의 많은 사람들을 죽이거나 유배를 보냈는데, 이를 무오사화라고 합니다.

갑자사화 甲子士禍

〈甲 첫째 천간 갑 子 아들, 첫째 지지 자〉 연도 士 선비 사 禍 재앙 화

갑자년(1504-연산군10)에[甲子] 선비들이[士] 겪은 재앙[禍]

연산군의 어머니인 윤씨가 왕비에서 쫓겨난 뒤 사약을 받아 죽었다는 내용을 연산군은 모르고 있었습니다. 그러나 임사홍任士洪(1445~1506)이 이 일을 알려 준 이후 연산군은 윤씨를 다시 왕비로 추대하여 기리고 성종의 무덤 옆에 묻게 하려 했으나 신하들이 이를 반대했습니다. 그러자 연산군은 그들을 죽이고 당시 이 사건에 관련되었던 훈구 세력과 사림까지 화를 입게 했는데, 이를 갑자사화라고 합니다.

이 사화는 훈구와 사림의 대결 구도와 달리 임사홍을 중심으로 한 궁중 세력과 훈구 · 신진 세력의 대결이란 점에서 다른 사화와 다릅니다.

기묘사화 己卯士禍

〈己 자기, 여섯째 천간 기 卯 넷째 지지 묘〉 연도 士 선비 사 禍 재앙 화

기묘년(1519-중종14)에[己卯] 선비들이[士] 겪은 재앙[禍]

연산군을 쫓아내고 왕이 된 중종은 그 동안의 혼란을 수습하려고 조광조 趙光祖(1482~1519) 등의 신진 세력을 기용했습니다. 이후 조광조를 비롯한 사림은 훈구 세력의 비리를 비판하면서 성리학적 이념과 제도의 실천을 통해 사회 모순을 극복하려 했으나, 오히려 훈구 세력에게 화를 당했는데, 이를 기묘사화라고 합니다.

을사사화 乙巳士禍

〈乙 둘째 천간 을 巳 여섯째 지지 사〉 연도 士 선비 사 禍 재앙 화

을사년(1545-명종 즉위)에[乙巳] 선비들이[士] 겪은 재앙[禍]

중종 반정 이후 중종의 첫째 왕비인 신씨는 연산군 시절 공신의 딸이라고 쫓겨났는데, 당시에 자식이 없었습니다. 둘째 왕비인 장경 왕후章敬王后는 인종仁宗을 낳은 뒤 죽고, 셋째 왕비인 문정 왕후文定王后는 경원대군慶源大君(명종明宗)을 낳았습니다.

문정 왕후의 형제인 윤원로尹元老(?~1547)·윤원형尹元衡(?~1565)이 경원 대군을 세자로 만드는 과정에 윤임尹任(1487~1545, 장경 왕후의 오빠)과 대립했는데, 중종이 죽고 인종이 왕위에 오르자 윤임 세력이 먼저 권력을 잡았습니다. 그러나 인종이 8개월 만에 죽자 12살의 명종이 왕위를 이으면서 윤원형 세력이 권력을 잡고 윤임 세력을 처단하였는데, 이를 을사사화라고 합니다.

중종 반정 中宗反正

〈中 가운데, 치우치지 않다 중 宗 근원, 덕망이 있는 조상 종〉 임금 호칭
反 반대하다, 돌이키다 반 正 바르다 정

'反正'은 흔히 '반정反政', 즉 '정권을 뒤집다'라는 뜻으로 오해하지만 '정도正道로 돌린다'의 뜻을 가진 '反正'으로 써야 합니다. 즉 '어지러운 세상에서 정도正道로 다스려지는 태평한 세상으로 돌아간다'는 말입니다.

연산군燕山君은 폭정을 거듭했는데, 1506년(연산군 12) 성희안成希顔(1461~1513) 등이 연산군을 폐하고 성종의 둘째 아들인 진성대군晉城大君(1488~1544)을 왕으로 세우고 국정을 안정시켰기 때문에, 중종 반정이

라고 합니다.

 반정 反正

반정反正은 본래 《춘추공양전春秋公羊傳》에 나오는 말입니다. 《춘추공양전》은 공자孔子가 저술한 《춘추春秋》에 대한 해석서로, 반정反正의 원말은 "**발란세반저정撥亂世反諸正**, 어지러운 세상을 다스려 정도의 세상으로 돌아가다"입니다.

● **撥亂世反諸正** [撥 다스리다 발 亂 어지럽다 란 世 세상 세 反 반대하다, 돌이키다 반 諸 모두 제, 어조사(之於) 저 正 바르다 정]

현량과 賢良科

賢 어질다 현 良 선량하다, 어질다 량 科 과목, 과거 과

어진 사람을[賢良] 뽑는 시험[科]

현량과는 조선 전기 훈구파와 사림파가 대립하는 상황에서, 중종의 신임을 얻은 조광조趙光祖(1482~1519)가 기존의 과거 제도로는 우수한 관리를 등용하기 어렵다고 판단하여, 지방 사림의 중앙 정계 진출을 쉽게 하기 위해 실시한 새로운 관리 등용 제도입니다.

이 제도는 6조 · 홍문관 · 대간 등의 중앙 관리, 그리고 관찰사 · 수령 등의 지방 관리가 후보자를 예조에 추천하면, 예조는 추천된 후보자들을 왕 앞에서 시험을 보게 하여 뽑았습니다. 그러나 조광조 일파가 몰락 후 폐지되었다가 선조 때 다시 실시되기도 했으나, 16세기 이후 유명무실해졌습니다.

서원 書院

書 책 서 院 집 원

서적의[書] 수집과 보관 및 보급하는 곳[院]

서원은 지방의 사림들이 학문을 연구하고, 훌륭한 선인들에게 제사를 지내기 위해 설치한 사립 교육 기관으로, 중종 때 풍기 군수 주세붕周世鵬(1495~1554)이 세운 백운동白雲洞 서원을 시작으로 각 지방에 설립되었습니다.

사림들은 서원을 중심으로 학파를 형성하고 정치 · 사회적 결속을 강화

하여 향촌 사회에 자신의 기반을 강화하였습니다. 이들 서원은 보통 독자적으로 운영되기도 했지만, **사액**賜額이라는 형식을 통해서 중앙 정부와 연계되기도 했습니다. 시간이 흐르면서 서원이 늘고 처음 세울 때의 목적이 차츰 변질되자 나라에서도 통제하다가, 조선 말 흥선 대원군 때 서원을 철폐하도록 하여 극히 적은 수의 서원만 남게 됩니다.

◐ **賜額** [賜 주다 사 額 현판 액] 왕이 서원의 이름, 현판[額], 노비, 서적 등을 내려줌[賜].

향약 鄕約

鄕 시골 향 約 약속하다 약

향촌의[鄕] 규약[約]

향약은 1076년 송나라에서 처음 만들어졌으며, 우리나라에서는 전통적인 향촌 규약에 유교 윤리인 삼강 오륜이 더해지면서 발전하였습니다. 즉, 조선 초기부터 군현을 단위로 한 지방에는 유향소의 조직과 권능을 규정한 **향규**鄕規와 재난과 어려운 일을 당했을 때 상부 상조相扶相助 하는 '계 契'가 있었는데, 여기에 유교 윤리인 삼강 오륜이 더해진 것입니다. 이때 지방의 유력한 양반은 '**약정**約正'이라 불리는 간부가 되고 일반 농민은 여기에 포함되었는데, 이 때문에 지방 사림들은 관리보다 더 큰 힘을 갖게 되고 지위도 강화되었습니다.

◐ **鄕規** [鄕 시골 향 規 규칙 규] 마을의 규칙.
◐ **約正** [約 약속하다 약 正 바르다, 우두머리 정] 향약을[約] 바로잡는 일을 하는 우두머리란[正] 뜻으로, 덕망 있고 나이 많은 자를 여론에 따라 정했음.

향약의 덕목

◎ 덕업상권德業相勸 – 좋은 일은[德業] 서로[相] 권함[勸].
  [德 공정하고 포용성 있는 마음 덕 業 일 업 相 서로 상 勸 권하다 권]
◎ 과실상규過失相規 – 잘못한 일은[過失] 서로[相] 꾸짖어 바로잡음[規].
  [過 지나다, 잘못하다 과 失 잃다, 잘못하다 실 相 서로 상 規 규칙, 바로잡다 규]
◎ 예속상교禮俗相交 – 올바른 예속은[禮俗] 서로[相] 나눔[交].
  [禮 예절 례 俗 속세, 풍속 속 相 서로 상 交 사귀다 교]
◎ 환난상휼患難相恤 – 재난과 어려움은[患難] 서로[相] 도움[恤].
  [患 근심하다 환 難 어렵다 난 相 서로 상 恤 어려운 사람에게 금품을 주다 휼]

사대교린 事大交隣

事 일, 섬기다 사 大 크다 대 交 사귀다 교 隣 이웃 린

큰 나라는[大] 섬기고[事] 이웃 나라와는[隣] 친하게 지냄[交]

'大'는 '큰 나라'라는 뜻으로 중국을 가리킵니다. '隣'은 '이웃 나라'라는 뜻으로 북쪽의 여진족이나 일본 등을 가리킵니다.

사대교린은 큰 나라인 중국은 섬기고 왜, 여진 따위의 이웃 나라와는 친하게 지내는 외교 방법으로, 조선 시대 주요 외교 정책입니다.

중국은 동 아시아 최대 강국일 뿐만 아니라 당시 최고의 문명국이었습니다. 따라서 항상 주위의 민족을 야만시하여 대등한 관계로 생각하지 않았고, 따라서 주위의 나라들은 중국을 군주나 부모의 나라로 섬겨야 했습니다. 대신 주위의 나라는 중국의 힘을 등에 업고 국내에서 통치력을 강화시킬 수 있었고, 중국과의 무역에서 경제적인 이익을 얻을 수 있었습니다. 이 때문에 우리나라의 역대 왕조는 중국을 섬기는 사대 정책을 썼으며, 특히 조선 시대는 이전의 다른 왕조에 비해 힘이 약했기 때문에 명明나라로부터 국호 및 왕위의 승인까지도 얻어야 했습니다.

북쪽의 여진족이나 일본 등에 대해서는 처음에는 무력으로 정복하려는 정책을 취했으나, 후에 세력이 강해지면서 당해낼 수 없어지자 이들에게는 회유 정책을 써서 우호 관계를 유지하려 하였습니다. 그러나 여진이 명을 정복하고 청을 세운 후에는 조선을 무력으로 정복하려고 했기 때문에 교린 정책에서 다시 사대 정책으로 바꿨습니다. 일본의 경우는 일부 봉건 제후들에게 명예 관직을 수여하고 형식상의 종속 관계를 맺게 하여 회유하는 정책을 사용했습니다.

외교 정책 언어

중국과의 관계에서는 중국어를 썼고, 일본·여진 등과의 외교에서는 우리 땅에서는 우리말, 그들 땅에서는 그들의 말을 썼습니다.

사민 정책 徙民政策

徙 옮기다 사 民 백성 민 政 정치 정 策 계책 책

백성을[民] 특정 지역으로 옮기는[徙] 정책[政策]

사민 정책은 조선 시대 북방 지역에서 행해졌던 정책입니다. 만주와 북중국 지역에 살던 여진족은 조선의 변경을 자주 침략했습니다. 그러자 세

종 때 이들을 정벌하여 국경을 넓혔습니다. 그러나 새로 넓혀진 국토에 조선인이 살지 않았기 때문에 백성을 북쪽 지역으로 옮기는 정책이 필요해지면서 이를 시행했습니다. 이때 이주민에게는 혜택이 있었는데, 천인은 양인이 되고 양인에게는 토관土官이라는 벼슬을 내렸습니다. 이 정책은 북방 지역을 개척함과 동시에 여진족에 대한 자체 방어 체계를 갖추는 효과를 가져왔습니다.

토관 제도 土官制度

土 흙, 지방 토 官 벼슬 관 制 만들다 제 度 (헤아린) 정도, 법도 도

지방의[土] 호족에게 관직을[官] 주는 제도[制度]

토관 제도는 함경도·평안도 지역의 토호에게 특수한 관직을 주던 제도입니다. 고려와 조선 왕조는 두 지역 주민이 중앙 정치 무대로 진출하는 것을 막아 오면서, 이에 따른 불만을 해소하기 위해 그 지역의 유력 인사를 포섭하여 토관이라는 벼슬을 주고 두 지역의 지배를 강화하였습니다.

계해 약조 癸亥約條

〈癸 열째 천간 계 亥 열 두 번째 지지 해〉 연도 約 약속하다 약 條 조목 조

계해년에[癸亥] 맺은 약조[約條]

'約條'는 '조건을 정하여 약속하다'라는 뜻입니다.
계해 약조는 1443년(세종25) 계해년에 쓰시마 섬(대마도對馬島)의 영주와 맺은 약조를 말합니다. 이 약조는 쓰시마 섬 영주가 여러 가지 조건을 달고 조공 무역을 요청하자, 이전에 중단되었던 무역을 재개하여 교린 정책을 펼치려는 조선 정부의 의도와 합치하면서 맺게 되었습니다.

조공 무역 朝貢貿易

朝 아침, 조정 조 貢 바치다 공 貿 무역하다 무 易 바꾸다 역

조공의[朝貢] 조건으로 이루어지는 무역[貿易]

'朝貢'은 원래 중국 주변의 나라들이 정기적으로 중국 조정에[朝] 공물을[貢] 바치는 행위에서 나온 말입니다.
조공 무역은 조선의 경우는 쓰시마 섬과의 관계에서 나온 말로, 계해 약조를 쓰시마 섬 영주와 맺으면서 동등한 무역이 아닌 조선에 공물을 바치

는 형식으로 무역을 허락하였습니다.

세견선 歲遣船

歲 해 세 遣 보내다 견 船 배 선

해마다[歲] 파견하는[遣] 선박[船]

세견선은 조선이 일본에게 교린 정책을 펴면서, 일본 각 지방에서 평화적인 목적의 교역을 위해 해마다 조선으로 건너온 선박입니다.

임진왜란 壬辰倭亂

〈壬 아홉째 천간 임 辰 다섯째 지지 진〉 연도 倭 일본 왜 亂 어지럽다 란

임진년에[壬辰] 왜(일본)가[倭] 일으킨 난[亂]

임진왜란은 1592년(선조25)에 일본의 도요토미 히데요시[풍신수길豊臣秀吉]가 15만 대군을 이끌고 우리나라를 침입한 전쟁입니다. '亂'은 본래 '전쟁이나 변란 따위로 세상이 어지러워지다'라는 뜻인데, '전쟁'이라고 하지 않고 '난'이라고 한 이유는 당시 일본을 우리나라와 동등하게 여기지 않았기 때문입니다. 그래서 정확한 용어로 바꾼다면 '조일 전쟁朝日戰爭'이 맞습니다.

10만 양병설 十萬養兵說

十 열 십 萬 일만 만 養 기르다 양 兵 군사 병 說 말하다 설

10만 명의[十萬] 군사를[兵] 양성해야 한다는[養] 주장[說]

10만 양병설은 일본의 침입에 대비해 10만 군사를 미리 훈련시키라는 율곡栗谷 이이李珥의 주장입니다. 이이가 당시 부패를 시정해 달라는 뜻으로 지은《만언봉사萬言封事》라는 책에 이 내용을 실어 자신의 주장이 채택되기를 바랬지만, 결국 채택되지 않았습니다.

1974년 이이의 이런 유비무환有備無患 정신을 본받기 위해 국방의 개선에 관한 사업을 '율곡 사업'이라고 불렀습니다. 그러나 이 분야에 비리가 많이 생겨 '방위력 개선 사업'으로 명칭을 바꾸었습니다.

판옥선 板屋船

| 板 널빤지 판 | 屋 집 옥 | 船 배 선 |

갑판[板] 위에 누각이[屋] 있는 배[船]

판옥선은 거북선과 함께 조선 시대 대표적인 전투함입니다. 이 배는 명종 때에 개발되었으며, 배의 갑판 위에 네 기둥을 세우고 옆과 지붕을 덮어 4면을 가린 100여 명을 태울 수 있는 큰 배입니다. 매우 튼튼하여 일본 배가 와서 부딪치면 오히려 일본 배가 깨어지기 쉽고, 갑판을 이중으로 하여 노젓는 사람이 아래층에서 편안히 노를 저을 수 있고, 갑판 위에 누각이 있기 때문에 높은 위치에서 전투에 임할 수 있는 장점이 있습니다.

거북선 거북船

| 船 배 선 |

거북이 모양의 배[船]

거북선은 임진왜란 때 크게 활약한 배로 아직 잔해가 발견된 적이 없기 때문에 거북이 모양이라는 것 외에 정확한 모양을 알 수 없습니다. 거북선에 관한 최초의 기록은 《태종실록太宗實錄》에 있는 것으로 보아 조선 초기 이전에 처음 만든 것으로 추정하고 있습니다.

공명첩 空名帖

| 空 비다 공 | 名 이름 명 | 帖 서류 첩 |

이름란을[名] 비워 놓은[空] 임명장[帖]

공명첩은 돈이나 가축을 나라에 내면 곧바로 벼슬에 임명할 수 있도록 이름을 적지 않은 채 관리들에게 미리 발급하는 임명장을 말합니다. 임진왜란 이후 국가 재정의 어려움을 해결하고자 만들었습니다. 그러나 지방 관리들이 자기들 마음대로 발행하는 등 많은 문제를 일으켰습니다.

공명첩이란 하는 일 없는 명예직이 적힌 임명장을 말합니다. 공명첩은 양 난을 겪은 뒤 나라에서는 재정이 궁핍해지자 관직을 팔아 재정을 메우기 시작하면서 만들어졌습니다. 벼슬 임명 외에도 천인의 신분을 양인으로 상승시켜 주는 등 여러 용도로 이용된 이 제도는 조선의 신분 제도를 붕괴시키는 단초가 되었으며 매관 매직을 합법화시켜 국가의 기강을 문란케 하였습니다. 비슷한 제도로는 곡식을 기부하여 신분을 상승시켜 주는 납속책이 있습니다.

친명 배금 親明背金

親 친하다 친 明 밝다, 나라 이름 명 背 등지다 배 金 쇠, 나라 이름 금

명나라와는[明] 친하고[親] 금나라와는[金] 등지는[背] 외교

背를 간혹 '배척하다'로 해석하는 경우가 있는데, 배척은 한자가 排斥이므로 잘못된 해석입니다. 친명 배금은 광해군이 인조 반정으로 물러난 뒤, 명분을 내세우는 서인 정권에 의해 주도된 외교 정책으로, 명나라와는 친하고 후금을 멀리하는 정책입니다.

후금 後金

後 뒤 후 金 쇠, 나라 이름 금

뒤에[後] 새로 건국한 금나라[金]

여진족을 통일한 누르하치는 1616년 나라 이름을 금金으로 정했습니다. 그러나 12세기에 이 나라는 이미 만주에 세워졌던 대금大金을 계승해 이름을 만들었기 때문에, 이와 구분하기 위해 후금이라고 합니다.

정묘호란 丁卯胡亂

〈丁 젊은 남자, 넷째 천간 정 卯 넷째 지지 묘〉 연도 胡 오랑캐 호 亂 어지럽다 란

정묘년에[丁卯] 일어난 오랑캐의[胡] 난[亂]

정묘호란은 조선 인조仁祖 5년(1627)에 金나라가 침입한 전쟁을 말합니다. '胡'는 '오랑캐'라는 뜻으로 이전에 오랑캐로 취급하던 북방의 여진족이 후금後金을 세운 후 침입했기 때문에 '胡亂'이라고 했습니다.

당시 조선에서 정권을 장악한 서인이 친명親明 정책을 펼치자 후금의 태종은 조선을 공격하였습니다. 후금의 군대는 황해도까지 이르렀으나 본래 우리나라보다는 중국 대륙을 장악하는 데 목표를 두었기 때문에 화의를 맺고 철수했습니다.

병자호란 丙子胡亂

〈丙 셋째 천간 병 子 아들, 첫째 지지 자〉 연도 胡 오랑캐 호 亂 어지럽다 란

병자년에[丙子] 일어난 오랑캐의[胡] 난[亂]

병자호란은 조선 인조仁祖 14년(1636)에 청나라의 침략으로 일어난 전

쟁입니다. 이 전쟁이 일어나게 된 이유는 후금이 국호를 청淸으로 고치면서 조선에 대하여 군신의 관계를 요구해 왔습니다. 이에 대한 대책을 둘러싸고 조정의 논의는 **주전**主戰, **주화**主和의 양론으로 갈라졌습니다. 결국 대세가 **척화 주전론**斥和主戰論으로 기울게 되자, 청이 다시 침략했습니다. 이 전쟁은 인조가 삼전도三田渡에서 항복하면서 끝이 났으며, 청에 대하여 군신君臣의 예를 행해야 하는 굴욕적인 조약을 맺었습니다.

- ◐ 主戰 [主 주인, 주로 하다 주 戰 싸우다 전] 전쟁을 주로 함.
- ◐ 主和 [主 주인, 주로 하다 주 和 화합하다 화] 화의를 주로 함.
- ◐ 斥和主戰論 [斥 물리치다 척 和 화합하다 화 主 주인, 주로 하다 주 戰 싸우다 전 論 논의하다 론] 외국과의 화합을[和] 배척하고[斥] 전쟁을[戰] 주로 하자는[主] 이론[論].

북벌론 北伐論

北 북쪽 북 伐 베다 벌 論 논의하다 론

북쪽의[北] 청나라를 치자는[伐] 논의[論]

북벌론은 효종이 병자호란 후에 청나라에 8년 동안 인질로 있다 돌아와 왕이 된 후 그 치욕을 씻으려고 하면서 나온 주장입니다. 즉 문화의 수준이 높은 조선이 오랑캐에게 당한 수치를 씻고, 나아가서는 조선의 오랜 우방국가로서 임진왜란 때 우리를 도와 준 명에 대하여 의리를 지키자는 주장입니다. 그러나 명분만 있을 뿐 당시 조선의 군사력으로는 강대국 청나라를 공격하는 것은 불가능하였습니다. 결국 주장만 무성할 뿐 실천에 옮기지는 못했습니다.

나선 정벌 羅禪征伐

〈羅 나열하다 라 禪 참선 선〉 음역 征 싸우러가다 정 伐 베다 벌

러시아[羅禪] 정벌[征伐]

러시아를 한자로 옮기면 '아라사俄羅斯'로 '羅禪'은 '러시아 사람들', 즉 러시안(Russian)을 한자음으로 옮긴 것입니다.

1654년 조선 효종 때 시베리아의 러시아 세력이 차츰 밀려오자, 이에 위협을 느낀 청은 정벌군을 파견하고 조선에 원병을 요청하였습니다. 조선은 두 차례에 걸쳐 조총 부대를 파견하여 성공적으로 임무를 마치고 돌아왔는데, 이를 나선 정벌이라고 합니다.

3. 근세의 사회와 경제

조선의 신분 제도

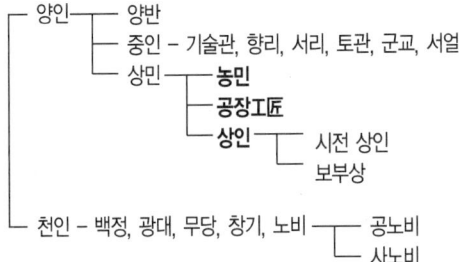

양반 兩班

兩 양쪽 량 班 나누다, 줄 서다 반

양쪽[兩] 줄[班]

양반은 동반東班과 서반西班을 합친 말로, 왕을 중심으로 하여 무반武班이 되면 서쪽에 열 지어 서고, 문반文班이 되면 동쪽에 차례대로 서는 데서 '양반'이라는 말이 유래되었습니다. 즉 양반은 원래 문무 관리를 지칭하는 말인데, 조선 사회가 발전하면서 신분 용어로 사용됩니다.

중인 中人

中 가운데 중 人 사람 인

중간 신분의[中] 사람[人]

중인은 양반과 상민 사이의 중간 신분 층이라는 의미이며, 양반 층 아래에서 실무를 집행하는 하부 지배 신분 층으로, 기술관·향리·서리·**토관**土官·**군교**軍校·**서얼**庶孼 등이 이에 해당됩니다. 이들은 양반처럼 신분이 거의 고착화되면서 양반이 될 수 없었으며, 행정 능력을 가져 상민들에게는 강한 힘을 발휘하는 존재였습니다.

- 土官 [土 흙, 지방 토 官 벼슬 관] 함경도·평안도 등 변방 지방의[土] 호족에게 주었던 특수한 관직[官].
- 軍校 [軍 군사 군 校 학교, 장교 교] 군부대의[軍] 장교나[校] 지방 관청에서 군대 업무에 종사하던 사람.
- 庶孼 [庶 여러, 첩의 자식 서 孼 첩의 자식 얼] 첩의 자식으로 본처의 자식과 달리 차별을 받음. 서자庶子는 양반이 양가집 딸을 첩으로 취하여 낳은 자식이고, 얼자孼子는 종이나 신분이 낮은 사람을 취하여 낳은 자식.

상민 常民

常 항상, 보통 상 民 백성 민

일반[常] 백성[民]

　상민은 농업, 수공업, 상업 등에 종사하면서 국가에 조세, 공물, 군역의 의무를 지는 일반 백성을 말합니다. 이들은 제도적으로는 자유인으로서 교육과 정치적 출세의 기회가 허용되어 있었으나, 현실적으로는 많은 제한을 받았습니다. = 평민, 양민

시전 상인 市廛商人

市 시장 시 廛 가게 전 商 장사하다 상 人 사람 인

시장에[市] 가게를[廛] 차려 놓고 장사하는[商] 사람[人]

　시전은 관청의 수요품과 왕실 및 귀족 층의 생활 용품을 공급하기 위하여 국가가 설치한 상설 시장으로, 시전 상인은 시전에서 국가 통제 하에 상거래에 종사하는 상인을 말합니다. 이러한 상설 시장은 근대에 이르러 자본주의 상업 자본 축적에 주요한 역할을 합니다.

보부상 褓負商

褓 보대기(작은 이불) 보 負 짊어지다 부 商 장사하다 상

봇짐이나[褓] 등짐을 지고[負] 돌아다니는 장사꾼[商]

　'褓'는 어린애를 업을 때 둘러대는 '보'란 뜻으로, 여기서는 물건을 보자기에 싸서 머리에 이고 다니며 파는 '봇짐 장수'를 말합니다. '負'는 등

에 짐을 지는, 즉 지게에 짐을 지는 '등짐 장수'를 말합니다. 그래서 보부상은 한자리에 가게를 열어 장사하는 사람이 아니라, 전국에 짐을 들고 돌아다니는 장사꾼을 말합니다. 그러나 엄밀히 말하면 이들은 '장돌뱅이'라 불러야 하고, 장돌뱅이 중에 비변사 등에 자신들의 조직을 공인받고 독점권을 행사하는 일부 사람을 보부상이라 합니다.

백정 白丁

白 희다, 없다 백　丁 젊은 남자 정

역役의 의무가 없는[白] 장정[丁]

백정은 고려 시대에는 일반 농민을 지칭하던 말인데, 고려 시대 가축을 잡던 화척禾尺들에게 세금을 받을 목적으로 이들을 토지에 정착시키고, 농경을 가르치다가 조선 세종世宗 때에 백정白丁이라는 호칭을 붙여 주었습니다. 이후로 백정이란 말은 농민의 의미는 사라지고 가축을 잡아 생계를 유지하는 사람을 가리키는 말이 되었습니다.

창기 娼妓

娼 몸 파는 여자 창　妓 기생 기

몸을 파는[娼] 천한 기생[妓]

종법 사상 宗法思想

宗 근원, 시조의 적장자(嫡長子) 종　法 법 법　思 생각하다 사　想 생각하다 상

종의[宗] 규칙에[法] 대한 사상[思想]

종법 사상은 조선 시대 가족 제도에 적용된 사상입니다. 종법宗法은 대종大宗과 소종小宗의 계통을 밝히는 규칙으로, 대종大宗은 시조始祖의 맏아들에서 이어 내려오는 종가宗家를 말하고, 소종小宗은 대종大宗에서 갈라져 나온 방계傍系를 가리킵니다. 조선 시대에는 이 종법으로 친족의 범위와 제사를 받드는 계통을 정하였습니다.

○ 傍系 [傍 곁 방　系 계통 계] 직계에서 갈라져 나온 계통.

가부장제 家父長制

家 집 가 父 아버지 부 長 길다, 어른 장 制 만들다, 제도 제

집안에서[家] 아버지가[父] 어른이[長] 되어 가족에 대하여 절대적인 권한을 행사하는 가족 제도[制]

유산 상속

전통이라고 생각하는 관습이나 생각의 대부분이 사실은 성리학이 중심 사상이었던 조선 시대 중기 이후에 형성되었습니다. 예를 들어 재산 상속의 경우 조선 전기까지만 해도 유산遺産은 남녀 구별 없이 상속되었습니다.

현재 건국대학교 박물관에는 율곡 이이 형제자매의 재산 분배 기록인 〈화회문기和會文記〉가 소장되어 있습니다. 여기에는 이이의 아버지인 이원수李元秀가 유산을 분배할 때, 각종 제사를 위한 토지와 노비를 먼저 배정하고 나머지를 4남 3녀와 서모인 권씨에게 배당하는 내용이 실려 있습니다. 당시 이이는 4형제 가운데 3남이었습니다.

부계 제도 父系制度

父 아버지 부 系 계통 계 制 만들다 제 度 (헤아린) 정도, 법도 도

아버지[父] 계통으로[系] 이어지는 제도[制度]

'父系'는 '아버지 계통'이란 뜻으로, 집안의 계통이 아버지 쪽으로 상속되는 것으로, 예를 들어 결혼을 하면 남자 쪽에 가서 살고, 재산 상속도 아들 중심으로 되는 것을 말합니다. 이 제도는 성리학이 보급된 조선 중기에 정착되기 시작했습니다.

부계 사회의 상징 = 성 姓

우리나라는 오래 전부터 성씨를 사용했으며, 아버지 쪽의 성을 따르면서 부계 관념이 자리 잡히기 시작했습니다.

성을 처음으로 사용한 시기는 삼국 시대이며, 각 나라에서 사용하던 성씨는 20여 개 정도로 귀족들만 신분의 징표로 사용하였습니다. 이후 신라 말, 고려 초에 사회 변동이 심하게 일어나면서 전국적으로 확대되었습니다. 조선 초에는 250여 개로 늘어났고, 조선 후기에는 500개 가까이 되었습니다. 1909년에 법적으로 누구나 성씨를 갖도록 했으며, 현재는 270여 개의 성씨가 있습니다.

신문고 申聞鼓

申 펼쳐 알리다 신 聞 듣다 문 鼓 북 고

백성이 말한 것을[申] 왕이 듣기 위해[聞] 설치한 북[鼓]

신문고는 백성들이 억울한 일을 당했을 때, 나라에서는 이 일을 직접 듣고 해결하기 위해 대궐 문루門樓에 칠 수 있도록 설치해 놓은 북으로, 송나라의 **등문고**登聞鼓를 본따 태종 때(1401) 설치하였습니다. 그러나 여기에는 많은 제약이 있었기 때문에 백성들이 신문고를 치더라도 왕에게 보고되는 일은 거의 없었습니다.

○ 登聞鼓 [登 오르다 등 聞 듣다 문 鼓 북 고]

환곡 제도 還穀制度

還 돌아오다 환 穀 곡식 곡 制 만들다 제 度 (헤아린) 정도, 법도 도

곡식을[穀] 돌려 받는[還] 제도[制度]

환곡 제도는 각 고을 관청에서 봄에 창고의 곡식을 백성들에게 꾸어 주었다가 가을(수확기)에 다시 돌려 받던 제도를 말합니다.

사창 社倉

社 모이다 사 倉 창고 창

고을 주민들이 힘을 모아[社] 설치한 곡식 창고[倉]

사창은 흉년 때 빈민을 **진휼**賑恤할 목적으로, 각 고을에 주민이 자체적으로 설치했던 곡식 창고입니다. 이와 반대로 관에서 주도한 것을 의창義倉이라고 합니다.

○ 賑恤 [賑 굶주린 사람을 먹이다 진 恤 어려운 사람에게 금품을 주다 휼] 나라에서 곤궁한 백성을 도와주던 일.

동약 洞約

洞 마을 동 約 약속하다 약

마을마다[洞] 만든 규약[約]

동약은 당시 향약이 국가 차원에서 장려되었지만 향촌 전체를 지배하기에는 비효율적이기 때문에, 작은 단위인 마을마다 만들게 한 규약입니다.

오가작통법 五家作統法

五 다섯 오 家 집 가 作 만들다 작 統 거느리다, 조직 단위 통 法 법 법

다섯 집으로[五家] 하여금 통을[統] 만드는[作] 법[法]

오가작통법은 다섯 집을 하나로 묶어 '統'이라 부르는 제도로, 명목상으로는 어려운 일이 생기면 서로 한 집안처럼 보살피게 할 목적이라고는 하지만, 실제는 가난한 농민들의 도망(유민화流民化)을 막기 위해 실시한 주민 통제책입니다. 그래서 정부에서는 이 제도를 세금이나 부역의 상태를 파악하는 방편으로 이용하였으며, 한말에는 천주교인을 찾아내는 방법에 이용하기도 했습니다.

대비원 大悲院

大 크다 대 悲 슬프다, 가엾게 여겨 은혜를 베풀다 비 院 집, 관청 원

크게[大] 은혜를 베푸는[悲] 기관[院]

대비원은 도성 내의 서민들의 질병을 치료하기 위한 의료 기관입니다. 고려 시대의 대비원을 계승하여 조선 시대 초기에도 설치되었으나, 1414년(태종 14)에 활인원活人院, 1466년(세조 12)에 활인서活人署로 개칭되었습니다.

제생원 濟生院

濟 구제하다 제 生 살다 생 院 집, 관청 원

생명을[生] 구제하는[濟] 기관[院]

제생원은 동·서 대비원과 비슷한 역할을 하는 기관이며, 지방민의 구호와 진료를 맡았습니다.

활인서 活人署

活 살다 활 人 사람 인 署 관청 서

사람을[人] 살리던[活] 관청[署]

활인서는 도성 내의 환자, 유랑자의 수용과 구휼을 담당했습니다.

연좌법 連坐法

連 연결하다 련 坐 앉다, 죄명을 쓰다 좌 法 법 법

연결 지어[連] 죄를 씌우는[坐] 법[法]

'連坐'는 '죄 지은 자에게 연루된다'는 뜻으로, 범죄자와 특정한 관계에 있는 사람을 같이 처벌하는 일을 말합니다.
조선 시대의 연좌법은 가족에게 책임을 물리는 가족 연좌는 물론, 범죄가 발생한 군과 현은 호칭이 강등되고 그 군과 현의 수령은 파면 당하기도 했습니다.

장예원 掌隷院

掌 손바닥, 맡다 장 隷 노예 례 院 집, 관청 원

노예[隷] 일을 관장하는[掌] 기관[院]

장예원은 조선 시대 노예의 호적과 소송에 관계된 일을 관장하던 기관입니다.

향도 香徒

香 향기, 향나무 향 徒 무리 도

향나무를[香] 심던 무리[徒]

향도는 삼국 시대에 불교가 유입되면서 신앙 활동을 목적으로 만들어진 신도들의 조직으로, 어려움이 닥쳤을 때 바닷가에 향나무를 심으면 미륵을 만나 구원받는다는 믿음에서 향나무를 심는 활동을 폈던 집단을 말합니다. 향도는 나중에 불교와 관계없이 촌락에서 자치적으로 결성되었으며, 소속된 사람들은 음주, 가무를 즐기고, **상장**喪葬을 서로 돕는 중요한 역할을 하였습니다. 현재는 상여를 메는 사람을 가리킵니다.

- **喪葬** [喪 초상 치르다 상 葬 장례 치르다 장] 장례식을 비롯하여 상을 당했을 때 치르는 모든 예식.

양전 量田

量 질량, 헤아리다 량 田 밭 전

밭을[田] 측량함[量]

양전은 논·밭의 면적, 수확량 등을 측량하여 장부에 빠진 토지를 찾아내고 정확한 세금 징수를 위해 실시하는 일을 말합니다.

과전법 科田法

科 과목, 등급 과 田 밭 전 法 법 법

관직의 등급에[科] 따라 토지를[田] 나눠주는 제도[法]

과전법은 고려 말 위화도 회군 이후 집권한 정도전鄭道傳(1337~1398)·조준趙浚(1346~1405) 등의 급진 개혁파가 고려의 토지 제도를 완전히 뜯어 고쳐 관직의 등급에 따라 토지를 나눠준 제도입니다. 정부에서는 과전법을 실시하면서, 이전의 토지 대장을 불태워 권문 세족이 모아 둔 토지를 모두 빼앗아 국가 재정을 확보하고, 신진 사대부들에게 재분배하여 이들의 기반을 마련하였습니다.

사전 私田

私 개인 사 田 밭 전

개인의[私] 토지[田]

사전은 수조권이 개인에게 있는 토지로, 여기에는 **과전**科田, **공신전**功臣田, **공해전**公廨田, **늠전**廩田, **학전**學田, **사원전**寺院田이 있으며, 과전에는 세습이 가능한 **수신전**守信田, **휼양전**恤養田이 있습니다.

- ◐ **科田** [科 과목, 등급 과] 관직의 등급에[科] 따라 관리들에게 나눠준 토지[田].
- ◐ **功臣田** [功 공로 공 臣 신하 신] 국가에 공로가[功] 있는 신하에게[臣] 주는 토지[田].
- ◐ **公廨田** [公 여러 사람 공 廨 관청 해] 중앙 혹은 지방 관청의[公廨] 운영을 위해 지급된 토지[田].
- ◐ **廩田** [廩 쌀 곳간 름] '廩'은 '관청의 쌀 곳간'을 가리키는 말로, 지방의 관청과 **역驛**,

참站, 원院 등의 행정관서에 주었던 여러 토지의 종류를 모두 일컬어 부르는 말.
- **學田** [學 배우다 학] 성균관 및 향교[學] 등을 유지하기 위한 토지[田].
- **寺院田** [寺 절 사 院 집 원] 사원을[寺院] 운영하기 위한 토지[田].
- **守信田** [守 지키다 수 信 믿다 신] 관리였던 남편이 죽을 경우, 수절하는[守信] 부인이 물려받은 토지[田].
- **恤養田** [恤 어려운 사람에게 금품을 주다 휼 養 기르다 양] 관리였던 아버지와 그 부인이 죽고 자손이 어릴 경우, 자손이 먹고 살 수 있도록[恤養] 물려받는 토지로[田], 20세가 되거나 시집을 가면 다시 반납해야 함.

직전법 職田法

職 직업, 관직 직 田 밭 전 法 법 법

토지를[田] 현직 관리에게만[職] 주는 제도[法]

직전법은 조선 초 과전법의 시행 이후 점차 관리들에게 지급된 과전 중 세습 과전의(수신전, 휼양전) 증가에 따라 관리들에게 지급할 토지가 부족하게 되자, 세습 과전을 몰수하여 직전이란 이름으로 재분배한 토지 제도를 말합니다. 1466년(세조 12)에 실시되었습니다.

관수관급제 官收官給制

官 벼슬, 관청 관 收 거두다 수 官 벼슬, 관청 관 給 공급하다 급
制 만들다, 제도 제

세를 관이[官] 거두고[收] 관이[官] 주는[給] 제도[制]

관수관급제는 15세기 후반 국가의 토지 지배권을 강화하기 위해 양반 관리에게 토지를 지급하지 않고, 세를 거두거나 주는 일을 관청에서 관리하는 제도입니다. 직전법의 시행으로 관리들은 현직에 있을 때만 수조권을 행사할 수 있게 되자, 경작 농민에 대한 착취가 규정을 넘어 가혹해지면서 만들어진 것으로, 1470년(성종1)에 국가가 직접 경작 농민에게서 세를 거두고(1/10) 이를 관료들에게 나누어주었습니다.

녹봉 祿俸

祿 봉급 록 俸 봉급 봉

관리에게 녹으로[祿] 주는 곡식이나 재물 따위[俸]

녹봉은 관리에게 주는 현물로, 이전에는 직전법에 따라 토지를 주었다가 관리의 수가 늘어나면서 직전이 부족해지자, 16세기 중엽 이를 폐지하고 오직 녹봉만 지급하였습니다.

병작반수제 竝作半收制

竝 아우르다 병　作 만들다, 경작하다 작　半 반쪽 반　收 거두다 수
制 만들다, 제도 제

지주가 소작농에게 땅을 빌려 주어[竝] 농사를 짓게 하고[作] 소득의 반은[半] 지주가 거두어 가는[收] 제도

'竝作'은 '토지가 없는 농민이 많이 갖고 있는 사람의 토지를 빌려 경작한다'는 뜻으로, '소작小作'과 같은 말입니다. '半收'는 '병작에서 나온 소득을 반씩 나눈다'는 뜻입니다.
　병작반수제는 소작지에서 지주가 소작인으로부터 수확량의 반을 지대로 가져 가던 제도를 말합니다. 이 제도는 조선 시대 사전의 대부분에 적용되었습니다.

지주제 地主制

地 땅 지　主 주인 주　制 만들다, 제도 제

땅의[地] 주인과[主] 경작하는 사람이 따로 있는 제도[制]

'地主'는 '땅 주인'을 지칭하는 것으로, 지주제는 넓은 땅을 가진 지주가 그 땅을 직접 경작하지 않고 **소작농**小作農(전호佃戶)에게 빌려준 다음 지대를 받는 제도를 말합니다. 이 제도는 16세기에 직전제의 소멸과 함께 더욱 확산되면서, 토지를 갖게 된 양반 관료와 지방 토호들은 토지 소유를 넓혔고, 농민들은 토지를 잃고 소작농으로 전락하였습니다.
[참조] 지주 전호제

○ 小作農 [小 작다 소　作 만들다, 경작하다 작　農 농사 농] 자기 땅이 없어 지주나 다른 사람의 땅을 빌려 임대료를 주고 조그맣게[小] 농사를[農] 짓는[作] 사람.

조·용·조 租庸調

租 세금 조 庸 떳떳하다, 조세 종류 용 調 조절하다, 공물(貢物) 조

전세[租]·역[庸]·공납[調]

　조용조는 중국 당唐나라에서 만들어진 세법으로 '租'는 '곡물에서 거두는 세'이고, '庸'은 '장정의 남자에게 부과된 노역'이고, '調'는 '베(布)로 거두는 세'를 말합니다.
　조용조를 조선 시대의 세금 체계로 말하면 토지에 부과되는 **전세**田稅, 집마다 부과되는 **공납**貢納, 그리고 호적에 등재된 정남丁男에게 부과되는 **역**役인데, 전통적으로 조선의 국가 재정을 위한 기초가 되었습니다.
　조세 납부의 의무는 원칙적으로 양인이 해야 하는 것이지만, 양반과 중인은 신분 때문에 **신역**身役을 법적으로 면제받았습니다.

- ❍ **田稅** [田 밭 전 稅 세금 세] 토지에[田] 부과되는 세금[稅].
- ❍ **貢納** [貢 바치다 공 納 바치다 납] 공물貢物(나라에 바치는 지방의 특산물)을[貢] 바침[納].
- ❍ **役** [役 일하다, 부리다 역] 국가가 백성들의 노동력을 이용하는[役] 제도.
- ❍ **身役** [身 몸 신 役 부리다 역] 몸으로[身] 치르는 노역[役].

전분 6등법 田分六等法

田 밭 전 分 나누다 분 六 여섯 륙 等 등급 등 法 법 법

밭의[田] 질에 따라 6등급으로[六等] 나누고[分] 이에 맞춰 '세'를 거두는 법[法]

　전분 6등법은 1444년(세종 26)에 실시된 것으로, 토지의 질을 6등급으로 나누어 질에 따라 1결당 토지 면적을 다르게 정하여 세금을 거두는 방법입니다. 즉 질이 좋은 1등급의 1결을 10평방미터로 정하면 2등급의 1결은 15평방미터로 정하는 방식입니다.

연분 9등법 年分九等法

年 해 년 分 나누다 분 九 아홉 구 等 등급 등 法 법 법

토지에서 나오는 한 해[年] 수확물의 양을 예상하여 9등급으로[九等] 나누고[分], 이에 맞춰 '세'를 거두는 법[法]

　연분 9등법은 1444년(세종 26)에 실시된 것으로, 풍작과 흉작이 든 지역

에 따라 9등급으로 나누어 풍작인 곳에서는 세를 많이 거두고 흉작인 곳에서는 세를 적게 거두는 세법입니다.

역 役

役 일하다, 부리다 역

국가를 위해 의무적으로 해야 하는 일[役]

역은 정남에게 있는 의무로, 조선 시대에는 일정 기간 군사 복무를 위해 교대로 **번상**番上해야 하는 **군역**軍役과 1년 중 일정 기간 동안 노동에 종사해야 하는 **요역**徭役이 있습니다.

- ◑ **番上** [番 차례 번 上 위, 오르다 상] 장정이 일정 기간의 군복무를 마치면 고향으로 돌아가 농사를 짓고, 다음 차례로[番] 군역을 치를 장정이 지방에서 올라오는[上] 방식. 번상은 군역軍役의 방식으로, 2개월~1년 정도 기간을 교대로 근무하는 것. 당시 군인들은 번상을 했지만 월급이 지급되지 않았으며, 무기나 군복을 스스로 마련해야 했다고 함.
- ◑ **軍役** [軍 군사 군 役 일하다, 부리다 역] 일정 기간 군사 복무를[軍] 위해 번상해야 하는 것[役].
- ◑ **徭役** [徭 (대가 없이) 일하다 요 役 일하다, 부리다 역] 국가가 백성을 징발하여 아무 대가를 주지 않고 시키는 일. 정기적으로 특정한 사람에게 일 시키는 것을 신역身役이라 하며, 불특정한 민가民家에서 사람을 뽑게 하여 수시로 일 시키는 것을 요역이라 한다.

지주 전호제 地主佃戶制

地 땅 지 主 주인 주 佃 소작인 전 戶 집, 사람 호 制 만들다, 제도 제

지주와[地主] 전호가[佃戶] 나뉘어진 제도[制]

'地主'는 '땅 주인', '佃戶'는 '소작농'을 가리킵니다.

지주 전호제는 16세기부터 확대된 토지 경작 형태로, 당시 전호는 지주에게 생산량의 1/2을 주고 나머지 1/2로 생활도 하고 다음 농사에 투자해야 했기 때문에, 이 제도는 전호의 생활을 어렵게 만들었습니다.

방납 防納

防 막다 방　納 바치다 납

공납을[納] 못 내도록 막고[防] 관리들이 대신 냄

　방납은 16세기 공납제의 운영 과정에서 생긴 것으로, 공납을 담당하는 관리가 농민이 내는 공납을 못 내도록 막고 자신들이 대신 내주며 대가를 챙기는 폐단을 말합니다. 이 폐단이 생기게 된 이유는 조정에서 전부터 바치던 각 지방의 특산물이 그 지역에서 고갈되었는데도 계속 강요하는 데 있었습니다. 백성들은 이 문제를 해결하기 위해 다른 곳에서 공물을 가져와서 내야하는 번거로움이 생겼고, 관리들은 이를 이용해 중간에서 공물을 대 주고 이익을 챙겼습니다. 이것을 방납이라고 하는데, 관리들은 나중에 비용을 높여 농민들을 어렵게 만들었습니다.

수미법 收米法

收 거두다 수　米 쌀 미　法 법 법

공납을 쌀로[米] 거두어들이는[收] 법[法]

　수미법은 방납의 폐단으로 농민들의 부담이 크게 늘고 불만이 커지자, 이에 대한 개선책으로, 이이李珥(1536~1584)와 유성룡柳成龍(1542~1607)이 공납을 쌀로 거두어들이는 법을 만들라는 주장을 하였습니다. 이 법은 17세기 대동법으로 바뀝니다

방군수포제 放軍收布制

放 내놓다 방　軍 군사 군　收 거두다 수　布 베 포　制 만들다, 제도 제

군인을[軍] 고향으로 돌려보내는[放] 대신 베를[布] 거두어들이던[收] 제도[制]

　방군수포제는 장기간 평화가 지속되면서 군역이 잡역 등으로 전환되자, 지방의 군사를 돌려보내고 그 대가로 베를 거두어들인 제도입니다. 그러나 잡역이 가혹하여 도망하는 자가 늘어나고, 군적이 문란해짐에 따라 농민 생활은 더욱 궁핍해졌습니다.

시비법 施肥法

施 베풀다 시 肥 살찌다, 거름 비 法 법 법

논, 밭에 **밑거름**과 **덧거름**을[肥] 주는[施] 방법[法]

시비법은 땅의 영양분을 높이기 때문에 **휴경**休耕 없이 경작을 매년 할 수 있게 되었습니다.

- **밑거름** 씨 뿌리기 전, 모심기 전에 논밭에 주는 거름
- **덧거름** 자라나는 농작물에 주는 거름.
- **休耕** [休 쉬다 휴 耕 경작하다 경] 한 해 걸러 농사를 지음.

경시서 京市署

京 서울 경 市 시장 시 署 관청 서

수도의[京] 시장을[市] 감독하는 기관[署]

경시서는 **시전**市廛을 감독하는 기관으로, 고려 시대에 개경에 설치한 것을 계승한 기관입니다. 여기서는 **도량형**度量衡을 검사하고 물가를 조절하여 상업을 통제하였습니다.

- **度量衡** [度 (헤아린) 정도, 자 도 量 질량, 부피 재는 도구 량 衡 저울질하다 형] '度'는 길이를 재는 '자', '量'은 부피를 재는 그릇 모양의 도구인 '말', '衡'은 무게를 재는 '저울'을 말함.
- **市廛** [市 시장 시 廛 가게 전] 관청의 수요품과 왕실 및 귀족층의 생활 용품을 공급하기 위하여 국가가 설치한 시장으로, 시전의 상인은 상업 행위의 대가로 관청 수요품을 조달함.

시전은 정식 건물에 입주하여 장사를 했는데, 시전 상인의 숫자가 늘면서 건물 옆에 임시[假] 건물[家]을 짓고 장사하는 사람들이 생겨났고, 이러한 임시 건물을 가게[假家]라고 불렀습니다. [假 임시 가 家 집 가]

육의전 六矣廛

六 여섯 륙 矣 ~이다(한정의 뜻을 가진 어조사), <u>주비</u> 의 廛 가게 전

여섯[六] 단체가 뭉친[矣] 가게[廛]

'矣'는 한문에서 한정의 뜻을 가진 어조사로 쓰이지만, 여기서는 중세 국어에서 씌었던 '주비'라는 뜻입니다. 주비는 성질과 종류가 같은 기관들이 한데 뭉치어 조직체가 된 것을 가리키는 말이고, 이것의 이두식 한자 표기가 '矣'입니다. 그래서 육의는 여섯 단체가 뭉친 조직체란 뜻입니다.

육의전은 국가가 필요로 하는 물품을 조달, 공급하도록 하는 시전 중에, 비단(누에고치에서 뽑은 실로 두껍고 광택 나게 짠 피륙)·무명(솜에서 자아낸 실로 짠 피륙=면포)·명주明紬(누에고치에서 뽑은 실로 무늬 없이 짠 피륙)·종이·모시(모시풀 껍질의 섬유로 짠 피륙)·어물魚物 여섯 가지를 공급하는 시전을 말합니다. 서울 종로 변에 가장 크게 발달했는데, 이들은 관청에 물품을 공급하는 대신 특정 상품에 대한 독점 판매권을 부여받았습니다.

왜관 무역 倭館貿易

倭 일본 왜 館 집 관 貿 무역하다 무 易 바꾸다 역

왜관을[倭館] 중심으로 이루어진 무역[貿易]

'倭館'은 조선 시대 일본인과 통상을 하던 무역처, 숙박처, 접대처의 기능을 했던 곳을 말합니다. 이곳은 고려 말기 이후 조선 초기까지 왜구의 노략질이 심해지자, 태조와 태종이 이들을 회유하고자 무역을 허락하면서 만들어졌습니다. 그래서 왜관 무역이란 왜관을 중심으로 일본과 이루어진 무역을 말하며, 조공 무역의 형태로 이루어졌습니다.

4. 근세 문화의 발달

집현전 集賢殿

集 모으다 집 賢 어질다 현 殿 큰집 전

현명한 사람을[賢] 모아 놓은[集] 연구 기관[殿]

집현전은 조선 초기에 어진 사람을 모아 놓고 학문을 연구하기 위해 궁중에 설치한 연구 기관입니다. 세종 때 개편되면서 인재의 양성과 새로운 문화의 정착을 목적으로 집현전 학자들에게 여러 가지 특전을 베푸는 등 정책적 배려를 아끼지 않았습니다. 주로 훈민정음 연구 사업에 열중하였고, 책의 편찬과 여러 과학 기구를 만들기도 하였습니다.

정음청 正音廳

正 바르다, 바로잡다 정 音 소리 음 廳 관청 청

소리를[音] 연구하던[正] 기관[廳]

정음청은 훈민정음 창제 후에도 집현전 학자들을 중심으로 소리를 연구하고 훈민정음 관계 사업을 했던 기관으로 추정하고 있습니다.

훈민정음 訓民正音

訓 가르치다 훈 民 백성 민 正 바르다 정 音 소리 음

백성을[民] 가르치는[訓] 바른[正] 소리[音]

훈민정음은 1443년(세종 25) 창제, 반포된 우리나라 글자입니다. 당시 세종은 학문을 좋아하고 널리 국민을 사랑하여 글자를 모르는 민중들이 권리를 제대로 행사하지 못하는 것에 아픔을 느끼고 집현전의 일부 학자들과 함께 한글을 창제했습니다. 이 외에 창제는 세종대왕이 직접하고, 번역사업을 일부 집현전 학자들이 했다는 설도 있습니다.

고려국사 高麗國史

〈高 높다 고 麗 곱다 려〉 나라 이름 國 나라 국 史 역사 사

고려의[高麗] 역사[國史]

《고려국사》는 1395년(태조 4)에 편찬된 고려 시대 역사책으로, 정도전鄭道傳(1337~1398) 등이 편년체編年體로 만들었습니다.

[참고] 동양의 역사서술방식

동국사략 東國史略

〈東 동쪽 동 國 나라 국〉 우리나라의 별칭 史 역사 사 略 간략하다 략

우리나라의[東國] 고대사를[史] 간략하게[略] 줄인 책

'東國'은 '우리나라'를 가리키는 다른 이름입니다.
《동국사략》은 1403년(태종 3)에 권근權近(1352~1409) 등이 만든 역사서로, 단군 조선부터의 우리나라 고대사가 정리되어 있습니다.

춘추관 春秋館

春 봄 춘 秋 가을 추 館 집, 관청 관

역사[春秋] 기록을 담당한 기관[館]

'春秋'는 시간의 흐름을 나타내는 말로, 공자孔子가 역사책을 쓰면서 춘추란 이름을 쓴 뒤로 '역사'란 뜻으로도 사용했습니다.
춘추관은 고려·조선 시대 역사 기록을 담당한 기관으로, 이곳에서 일하는 사람을 **사관**史官이라고 하며, 이들은 주로 **실록**實錄을 편찬하였습니다. 우리가 익히 잘 알고 있는 조선 왕조 실록은 5백년간 끊임없이 임금이 죽은 후에 춘추관을 중심으로 실록청을 설치하고 관련 자료를 종합, 정리하여 편찬한 것입니다.

○ **史官** [史 역사 사 官 벼슬아치 관] 역사를 기록하던 관리.
○ **實錄** [實 실제 실 錄 기록하다 록] 한 임금의 재위 기간에 있었던 일들을 시간의 흐름에 따라 사실대로 기록한 것.

 춘추 春秋의 4가지 의미

1. 봄·가을.
2. 어른의 나이.
3. 공자가 지은 노魯나라의 역사서.
4. 중국의 특정한 역사 시기를 일컫던 명칭. 예) 춘추 전국 시대.

실록청 實錄廳

實 실제 실 錄 기록하다 록 廳 관청 청

사실[實] 그대로 기록하는[錄] 관청[廳]

'實錄'은 '사실을 있는 그대로 적은 역사'란 뜻으로 한 임금의 재위 기간에 일어났던 역사적인 사건들을 기록한 것을 말합니다.

실록청은 조선 시대 실록 편찬을 위하여 설치한 임시 관청입니다. 이곳의 사관史官은 임금에 대한 일과 각 지방에서 일어나는 각종 일들을 실록으로 작성하여 춘추관에 보관했습니다.

 왕조 실록에 왕과 관련된 낱낱의 사건이 모두 기록될 수 있었던 이유

1. 사관으로 지명된 젊은 관원들이 금력과 권력에 굴하지 않음.
2. 반드시 해당 임금이 죽은 다음 편찬함.
3. 어떠한 경우에도 임금은 왕조 실록을 열람할 수 없도록 함.

고려사 高麗史

〈高 높다 고 麗 곱다 려〉 나라 이름 史 역사 사

고려의[高麗] 역사[史]

《고려사》는 1451년(문종 1)에 고려의 역사를 재정리하여 기전체紀傳體로 편찬한 역사서입니다.

[참고] 동양의 역사서술방식

고려사절요 高麗史節要

〈高 높다 고 麗 곱다 려〉 나라 이름 史 역사 사 節 절도에 맞다, 마디를 나누다 절 要 중요하다 요

고려의[高麗] 역사에서[史] 중요한[要] 부분만 뽑음[節]

'節要'는 '중요한 부분만 뽑았다'는 뜻입니다.
《고려사절요》는 1452년(문종 2) 김종서金宗瑞(1390~1453) 등에 의하여 편년체로 편찬된 고려의 역사서로, 절요란 말이 붙어 《고려사》를 요약한 것으로 보이나, 실제는 기전체인 고려사가 보기 힘들어 새로 편찬한 것입니다.

[참고] 동양의 역사 서술 방식

동국통감 東國通鑑

〈東 동쪽 동 國 나라 국〉 우리나라의 별칭 通 통하다 통 鑑 거울, 본보기 감

우리나라의[東國] 통감[通鑑]

'東國'은 '우리나라'를 가리키는 다른 이름입니다. '通鑑'은 '통하여 본보기로 삼는다'는 뜻으로 과거 역사를 거울 삼아 오늘을 비춰 보고 내일을 설계한다는 말이며, 중국의 사마광司馬光(1019~1086)이 지은 **《자치통감 資治通鑑》**에서 따왔습니다.
《동국통감》은 1485년(성종 16)에 서거정徐居正(1420~1488) 등이 왕의 명령으로 신라 초부터 고려 말까지의 역사를 편찬한 책입니다.

○ **資治通鑑** [資 자본, 돕다 자 治 다스리다 치 通 통하다 통 鑑 거울, 본보기 감] 정치에[治] 도움이[資] 되는 역사서[通鑑].

존화 사상 尊華思想

尊 높이다 존 華 화려하다, 중국 화 思 생각하다 사 想 생각하다 상

중국을[華] 존중하고[尊] 섬겨야 한다는 사상[思想]

존화 사상은 우리나라가 역사나 문화 등에서 중국에 미치지 못하기 때문에 중국을 존중하고 섬겨야 한다는 사상입니다.

소중화 小中華

小 작다 소 〈中 가운데 중 華 화려하다 화〉 중국의 별칭

작은[小] 중국[中華]

   소중화는 우리나라가 문명의 원류인 중국(명明나라)의 뒤를 이었고, 명 이외의 나라를 오랑캐로 여겨 오랑캐보다는 우월하다는 사상입니다.

기자실기 箕子實記

〈箕 키 기 子 아들 자〉 사람 이름 實 실제, 사실 실 記 기록하다 기

기자 조선에[箕子] 관한 실제[實] 역사 기록[記]

   기자실기는 1580년(선조 13)에 편찬된 책으로, 은殷나라가 멸망할 때 은나라의 현인賢人인 기자가 조선으로 들어와 '기자 조선'을 건국하였다는 내용이 실려 있습니다.

역대제왕혼일강리도 歷代帝王混一疆里圖

歷 지나가다 력 代 대신하다, 시대 대 帝 황제 제 王 임금 왕 混 섞이다 혼 一 하나 일 疆 땅의 경계 강 里 마을 리 圖 그림, 지도 도

세계를[歷代帝王] 하나에 모은[混一] 지도[疆里圖]

   '歷代帝王'은 '역대 전 세계의 왕들'이라는 뜻이고, '混一'은 '섞어서 하나로 한다'는 뜻이고, '疆里圖'는 '지도'라는 뜻입니다. 그래서 《역대제왕혼일강리도》는 한마디로 세계 지도라는 뜻입니다.
   이 지도는 1402년 좌정승 김사형金士衡(1333~1407)과 우정승 이무李茂(1355~1409)와 이회李薈가 만든 아시아·유럽·아프리카를 포함하는 세계 지도입니다. 이것은 중국의 《혼일강리도》를 들여와 우리나라와 일본을 추가하여 새로 편집한 지도로, 원래는 《혼일강리역대국도지도混一疆里歷代國都之圖》라고 합니다. 또한 조선을 다른 나라에 비해 크고 자세하게 그려 나라의 자존심을 살린 현존하는 동양 최고最古의 지도입니다.

팔도도 八道圖

八 여덟 팔 道 길, 행정 구획 도 圖 그림, 지도 도

전국 팔도를[八道] 그린 지도[圖]

《팔도도》는 1402년(태종 2)에 이회李薈라는 사람이 제작한 것으로 추정되는 전국 지도로, 조선 시대 최초의 지도이지만 전해지지 않습니다. 역대제왕혼일강리도(歷代帝王混一疆理圖)'에서 볼 수 있는 조선 시대 지도는 이회의 '팔도도'를 그대로 옮긴 것입니다.

조선방역지도 朝鮮方域之圖

〈朝 아침 조 鮮 신선하다 선〉 나라 이름 方 방향 방 域 지역 역 之 ~의 지 圖 그림, 지도 도

우리나라[朝鮮] 모든[方] 지역의[域之] 지도[圖]

《조선방역지도》는 조선 전기(1549~1567)에 만들어진 조선의 전도全圖입니다.

동국여지승람 東國輿地勝覽

〈東 동쪽 동 國 나라 국〉 우리나라의 별칭 輿 수레, 땅 여 地 땅 지 勝 이기다, 뛰어나다 승 覽 보다, 경치 람

우리나라[東國] 국토에[輿地] 대한 인문지리서[勝覽]

'東國'은 '우리나라'를 가리키는 다른 이름이고, '輿地'는 수레가 물건을 싣듯이 만물을 싣고 있다고 하여 '땅'을 가리키는 뜻이며, '勝覽'은 '뛰어난 경치를 보다'라는 뜻입니다. 일반 지도가 지형의 정확도에 중점을 두어 그렸다면, 《동국여지승람》은 지리뿐만 아니라 정치·경제·문화·풍속·인물 등 인문지리를 다루었기 때문에 '勝覽'이라는 말을 붙였습니다.

《동국여지승람》은 조선 성종 때(1486) 《팔도지리지八道地理志》(1432)를 보완한 책으로, 당시 국토에 대한 인문지리 내용이 자세히 수록되어 있어 조선 전기 사회를 이해하는 데 필수 불가결한 자료입니다.

신증동국여지승람 新增東國輿地勝覽

新 새롭다 신 增 불어나다 증

《동국여지승람》에[東國輿地勝覽] 새로운[新] 내용을 추가한[增] 지리서

《신증동국여지승람》은 조선 성종成宗의 명에 따라 강희맹姜希孟(1424~1483), 노사신盧思愼(1427~1498) 등이 편찬한 《동국여지승람》을 중종

中宗의 명을 받은 이행李荇(1478~1534), 홍언필洪彦弼(1476~1549) 등이 1530년에 보완하여 완성한 조선 전기의 대표적 인문지리서입니다.

읍지 邑誌

邑 고을 읍 誌 기록하다 지

고을의[邑] 기록[誌]

《읍지》는 그 고을의 현황이나 행정 사항을 기록해 둔 자료입니다.

삼강행실도 三綱行實圖

三 셋 삼 綱 벼리(그물을 버티게 하는 테두리의 굵은 줄) 강 行 다니다 행
實 실제 실 圖 그림 도

삼강의[三綱] 모범이 되는 행실을[行實] 그림과[圖] 글로 칭송한 책

'三綱'은 '삼강오륜三綱五倫'의 삼강이고, '圖'는 매 편마다 이해하기 쉽도록 집어넣은 '밑그림'을 말합니다.

《삼강행실도》는 진주에서 아들이 아버지를 죽이는 사건을 전해 들은 세종이, 1434년(세종16)에 설순偰循(?~1435) 등에게 명하여, 효행의 풍습을 세상에 널리 알리라는 뜻에서 짓도록 한 책입니다. 여기에는 군신·부자·부부의 삼강에 모범이 되는 충신·효자·열녀의 행실을 모았으며, 이해하기 쉽도록 각 분야의 구체적인 사례와 한자를 모르는 백성을 위해 그림을 넣었습니다.

효행록 孝行錄

孝 효도 효 行 다니다 행 錄 기록하다 록

효행에[孝行] 관한 내용을 기록한[錄] 책

《효행록》은 고려 충목왕 때 권보權溥(1262~1346)와 그의 아들 준準이 효행의식을 고취시키기 위하여 이에 관한 기록을 모은 책으로, 1428년(세종 10) 설순偰循 등이 개정했습니다.

국조오례의 國朝五禮儀

國 나라 국 朝 아침, 조정 조 五 다섯 오 禮 예절 례 儀 예의 의

우리나라[國] 조정에서[朝] 행해지는 5례의[五禮] 예식에[儀] 관한 책

'國朝'는 '우리나라 조정'이란 뜻입니다.
《국조오례의》는 조선 초기 신숙주申叔舟(1417~1475) 등이 왕명을 받아 **오례**五禮의 예법과 절차 등을 그림을 곁들여 편찬한 책입니다. 이 책의 내용은 조선의 국가 기본 예식으로 이용되어 왔으며, 특히 현재 TV나 영화의 사극 등에서 당시 복식을 고증하는 데 주요 문헌이 되고 있습니다.

○ 五禮

길례吉禮 [吉 운이 좋다 길] 사직·종묘 등에 드리는 나라 제사에 관한 모든 예절.
가례嘉禮 [嘉 아름답다, 기쁘다 가] 중국에 대한 사대의 예, 왕실 경사에 관한 예절.
빈례賓禮 [賓 손님 빈] 중국 사신 등 외국 사신을 접대하는 예절.
군례軍禮 [軍 군사 군] 군대 의식에 관한 예절.
흉례凶禮 [凶 흉하다 흉] 국가 장례에 관한 예절.

조선경국전 朝鮮經國典

〈朝 아침 조 鮮 신선하다 선〉 나라 이름 經 날실, 다스리다 경 國 나라 국
典 책 전

조선의[朝鮮] 국가[國] 통치에[經] 관한 책[典]

《조선경국전》은 1394년 정도전鄭道傳(1337~1398)이 지은 것으로, 조선 통치 조직과 기본 이념을 논한 책입니다. 이 책은 새로운 법 제도의 틀을 닦은 것으로, 이후에 나오는 법전의 시초가 되었습니다.

경제문감 經濟文鑑

經 날실, 다스리다 경 濟 구제하다 제 文 글 문 鑑 거울, 살피다 감

통치에[經濟] 관해 살펴 볼[鑑] 수 있게 만든 글[文]

'經濟'는 '경국제세經國濟世'의 줄임말로 '나랏일을 맡아 다스리고 백성을 구제함'이라는 뜻입니다. 즉 국가나 사회를 질서 있게 유지시키는 정치·경제·사회 전반의 활동을 표현하는 말입니다. 그러나 지금은 재화財貨와 관련된 행위에 국한시켜 사용하고 있습니다. '文鑑'은 '살펴 볼 수 있게 만든 글'이란 뜻입니다.

《경제문감》은 1395년 정도전鄭道傳(1337~1398)이 지은 것으로, 《조선경국전朝鮮經國典》을 보완하여, 재상·대간·수령·무관의 직책 등 정치조직을 확립한 책입니다.

경제육전 經濟六典

經 날실, 다스리다 경 濟 구제하다 제 六 여섯 륙 典 책 전

6曹에 관한[六典] 법령집[經濟]

'6전六典'은 '6조六曹'를 가리킵니다. 《경제육전》은 1397년에 공포·시행된 조선 최초의 통일 법령집法令集으로, 영의정 조준趙浚(?~1405)의 책임 아래 만들어졌으나 전해오지 않아 어떤 내용이 실려 있는지 정확히 알 수 없습니다. 다만 이·호·예·병·형·공 여섯 분야로 나뉘어 설명된 책으로 추정하고 있습니다.

경국대전 經國大典

經 날실, 다스리다 경 國 나라 국 大 크다 대 典 책 전

나라를[國] 다스리는[經] 큰[大] 법전[典]

《경국대전》은 이전 법전의 잘못된 부분을 고치고, 필요한 부분을 보완시켜 1485년에 완성·시행한 법전으로, 이전·호전·예전·병전·형전·공전의 6전六典으로 구성되어 있습니다. 이 법전은 조선 왕조의 기본 법전으로, 유교의 경전인 《주례周禮》라는 책에 기초하여 만들어졌습니다. 이 책은 완성 후에도 필요한 부분을 계속 보완하였고, 조선 말기까지 이 법전의 기본 정신이 유지되었습니다.

불씨잡변 佛氏雜辨

佛 부처님 불 氏 성씨 씨 雜 섞이다 잡 辨 분별하다 변

부처의[佛氏] 여러[雜] 설법의 이치를 분별하는[辨] 책

'佛氏'는 '부처'를 가리키고, '雜辨'은 '잡다한 일을 분별하다'라는 뜻입니다.

《불씨잡변》은 1398년 정도전鄭道傳이 죽기 전에 지은 책으로, 불교의 인과설因果說·윤회설輪回說·화복설禍福說 등 세속의 신앙과 결부된 불교의 교설教說을 비판한 것과 인간의 마음과 본성에 대한 불교적 관점의 오

류를 비판한 내용이 실려 있습니다. 즉 불교가 국가에 유해有害하다는 이론적 기초를 확립하기 위해 지은 책입니다.

상명산법 詳明算法

詳 자세하다 상 明 밝다, 나라 이름 명 算 계산하다 산 法 법 법

명나라[明] 계산법을[算法] 자세히[詳] 기록한 책

《상명산법》은 명나라 때의 수학 책으로, 장사에 필요한 계산법, 농지를 측량하는 방법 등이 실려 있습니다. 조선에서도 주요 수학 교재로 이용하였습니다.

산학계몽 算學啓蒙

算 계산하다 산 學 배우다, 학문 학 啓 깨우치다 계 蒙 어리다, 어리석다 몽

수학을[算學] 깨우쳐 주는[啓蒙] 책

'算學'은 지금의 '수학數學'입니다. 그래서 《산학계몽》은 수학을 계몽한다, 즉 수학을 잘할 수 있도록 해 주는 책이란 뜻으로, 중국 원나라 때 주세걸朱世傑이 지은 수학서입니다.

칠정산 七政算

七 일곱 칠 政 정치, 별 정 算 계산하다 산

일곱[七] 별의[政] 움직임을 계산하여[算] 만든 역법

'七政'은 '해, 달, 화성, 수성, 목성, 금성, 토성'을 가리킵니다.
칠정산은 칠정의 움직임을 중심으로 만들어진 우리 역사상 최초의 한양 기준 **역법**曆法으로 1444년 중국과 아라비아 역법을 참고로 하여 만들었습니다.

○ **曆法** [曆 달력 력 法 법 법] 달력을 만드는 데 기준이 되는 법.

농사직설 農事直說

| 農 농사 농 | 事 일 사 | 直 곧다 직 | 說 말하다 설 |

농사 짓는[農事] 방법을 사실대로[直] 옮겨 설명한[說] 책

《농사직설》은 1429년 정초鄭招(?~1434), 변효문卞孝文(1396~?) 등이 왕명으로 편찬한 농서農書입니다. 이전의 농서는 중국 것으로 우리와 방법이 달라 그것을 이용하는 데 어려움이 많았습니다. 그래서 각 지방 농민들의 재배법을 확인하고, 농부들에게 경험을 듣고 연구하여 이 책을 만들었습니다. 또한 농사에 관한 우리나라에서 가장 오래된 책입니다.

금양잡록 衿陽雜錄

| 〈衿 옷깃 금 陽 햇볕 양〉 지명 | 雜 섞이다 잡 | 錄 기록하다 록 |

금양에서[衿陽] 지은 농사에 관한 여러[雜] 기록[錄]

'衿陽'은 지금의 경기도 시흥·과천 지역의 옛 이름으로, 조선 성종成宗 때 강희맹姜希孟(1424~1483)이 은퇴한 후 지냈던 곳입니다.
《금양잡록》은 1475~1483년 사이에 완성된 농업 기술서로, 강희맹이 자신의 농사 체험이나 그곳의 노농老農들과의 대화에서 얻은 지식으로 만든 책입니다.

진도 陳圖

| 陳 펼쳐놓다 진 | 圖 그림 도 |

진법을[陳] 그림으로[圖] 설명한 책

《진도》는 진법을 그림으로 그려서 독특한 전술과 부대를 편성하는 방법을 설명한 책입니다.

병장도설 兵將圖說

| 兵 군사 병 | 將 장군 장 | 圖 그림 도 | 說 말하다 설 |

군사의[兵將] 훈련 내용을 그림과[圖] 함께 설명한[說] 책

《병장도설》은 1492년에 간행된 책으로, 조선 영조 때 훈련 지침서로 간행되었으나 크게 활용하지는 못하였습니다.

동국병감 東國兵鑑

〈東 동쪽 동 國 나라 국〉 우리나라의 별칭 兵 군사, 전쟁 병 鑑 거울, 본보기 감

우리나라[東國] 역대 전쟁을[兵] 볼 수 있는[鑑] 책

'東國'은 '우리나라'를 가리키는 다른 이름이고, '兵鑑'은 '전쟁의 본보기가 될 수 있는 책'이란 뜻입니다.
《동국병감》은 조선 문종 때 편찬한 것으로 정확한 연대는 알 수 없습니다. 이 책은 중국 한나라 무제의 고조선 침략 이후부터 고려 말까지의 전쟁 기록을 시대 순으로 엮었습니다.

향약집성방 鄕藥集成方

鄕 시골 향 藥 약 약 集 모으다 집 成 이루다 성 方 방향, 병 고치다 방

우리나라의 약재를[鄕藥] 이용한 처방을[方] 모아[集] 완성한[成] 책

'鄕藥'은 '우리나라의 약재'란 뜻이고, '集成方'은 '처방을 한데 모아 완성했다'는 뜻입니다.
《향약집성방》은 1433년 유효통兪孝通·노중례盧重禮(?~1452)·박윤덕朴允德 등이 세종의 명령을 받아 지은 것입니다. 이런 명령을 내린 이유는 우리나라 사람의 질병을 치료하는 데는 중국의 약재보다 우리나라 풍토에 맞는 우리 약재를 써야 더욱 효과적일 것으로 판단했기 때문입니다.

의방유취 醫方類聚

醫 병 고치다 의 方 방향, 병 고치다 방 類 종류 류 聚 모으다 취

병 고치는[醫] 처방을[方] 종류별로[類] 모은[聚] 책

'醫方'은 '병 고치는 방법'이란 뜻이고, '類聚'는 '종류별로 모았다'는 뜻입니다.
《의방유취》는 1445년에 세종의 명령으로 만들어졌으며, 중국 역대의 의학서를 모아 간행한 동양 최대의 의학 백과사전입니다.

동의보감 東醫寶鑑

東 동쪽 동 醫 병 고치다 의 寶 보배 보 鑑 거울, 본보기 감

우리나라의[東] 의술의[醫] 귀중한[寶] 본보기[鑑]

'東醫'는 '우리나라 의술'이라는 뜻이고, '寶鑑'은 '사람을 거울에 비추

어 보듯 환하게 알 수 있는 보배로운 책' 즉, '본보기가 될 만한 귀중한 책'이란 뜻입니다.

《동의보감》은 조선 광해군 때 허준許浚(1539~1615)이 지은 의학 서적으로, 1613년에 간행되었으며, 우리나라와 중국의 의학 서적을 망라하여 완벽하게 저술하였습니다. 특히 주위에서 쉽게 구할 수 있는 한국산 약재를 이용하여 처방을 적었기 때문에 가난한 일반 백성에게까지 의술이 전파될 수 있게 해 준 역할을 하였습니다. 또한 일본과 중국의 의학 교재로 이용될 정도로 외국에서도 인정받는 훌륭한 책입니다.

 사단 四端 칠정 七情

[四 넷 사 端 끝 부분, 시초 단 七 일곱 칠 情 사랑하는 마음 정]

유학에서는 사람의 성품을 사단四端과 칠정七情으로 분류했습니다. 여기서 이황李滉은 사단은 이가 우선이고 기는 따라오는 정도이고, 칠정은 기가 우선이고 이가 따라간다라고 하면서 사단에 초점을 맞추고 있는데 이것이 주리론主理論입니다. 이이李珥는 사단과 칠정 모두 기에 의해 작용한다고 주장하였는데 이것이 주기론主氣論입니다. 이 두 사람의 주장에 따라 생각을 같이 하는 사람들끼리 영남 학파와 기호 학파를 만들어 내고 조선 후기 내내 학문적으로 뿐만 아니라 정치 및 사회 사상에 큰 영향을 끼쳤습니다.

이기론 理氣論

理 이치 리 氣 기운 기 論 논의하다 론

理와[理] 기에[氣] 관한 이론[論]

이기론은 우주의 모든 사물은 理와 氣로 이루어져 있으며 또한 이와 기로 생겨 난다는 이론으로, 이는 모든 사물을 지배하는 법칙이나 원리이고, 기는 모든 사물의 구체적인 모습을 만드는 요소입니다. 그래서 이를 주로 하는 학파는 도덕주의적이며 관념적이 경향이 있고, 기를 주로 하는 학파는 물질 지향적 측면이 강하게 나타납니다.

주리론 主理論

主 주인, (부차적이 아닌) 주로 하다 주 理 이치 리 論 논의하다 론

理를[理] 주로 하는[主] 이론[論]

주리론은 이언적李彦迪(1491~1553)이 선구자이고 이황李滉(1501~

1570)이 확립한 주장으로, 기의 생성과 소멸을 거슬러 오르면 그 근원에는 理가 있다고 주장하였기 때문에 주리론이라 합니다. 이황 이후, 김성일金誠一(1538~1593)·유성룡柳成龍(1542~1607) 등의 제자에 의하여 학통이 이어지는데, 이 주장에 동조하는 사람들을 영남 학파嶺南學派라고 불렀습니다.

특히 이황은 **이기이원론**理氣二元論을 발전시켜 주리 철학을 확립하였고, 경험적 세계의 현실 문제보다는 도덕적 원리에 대한 인식과 그 실천을 중요시했습니다. 즉 당시 잘못된 현실과 타협하지 않도록 도덕을 강조하였습니다.

◐ 理氣二元論 [理 이치 리 氣 기운 기 二 둘 이 元 으뜸, 근본 원 論 논의하다 론] 理와 氣는 근본이 다르기 때문에 둘로 나누어 생각해야 한다는 이론으로, 이황은 이 중에 理를 더 강조했습니다.

영남 학파 嶺南學派

嶺 산봉우리 령 南 남쪽 남 學 배우다, 학문 학 派 갈래 파

경상[嶺南] 지역의 학파[學派]

'嶺'은 경상북도 문경시와 충청북도 괴산군 경계에 있는 '조령鳥嶺(문경새재)'으로, 영남은 조령의 남쪽인 경상도 지방을 가리킵니다.

영남 학파는 이황李滉의 학설을 따르는 성리학자들을 가리키는 말로 영남 지방의 학자들이 중심이 되었기 때문에 붙인 이름입니다.

학파 學派란

조선 시대 학파는 성리학을 이념의 뿌리로 지연地緣, 학연學緣, 혈연血緣 등에 따라 독특한 사상 체계를 이루고 독립 학파로 자리잡았습니다. 특히 17세기에 붕당이 형성되면서 학파는 정파의 이해와 결합하여 여러 차례 사화士禍가 일어나기도 하지만, 수준 높은 사상과 철학을 일구어 내었습니다.

[상식] 전국 8도 지명 유래

주자서절요 朱子書節要

〈朱 붉다 주 子 아들 자〉 존칭 書 책 서 節 절도에 맞다, <u>마디를 나누다</u> 절 要 중요하다 요

주희朱熹가[朱子] 쓴 편지글[書] 중 중요한[要] 부분을 뽑아[節] 편찬한 책

'節要'는 '중요한 부분만 뽑았다'는 뜻입니다.
《주자서절요》는 조선 중기 이황李滉(1501~1570)이 주자의 사상이 담겨 있는 《주자전서朱子全書》의 서간문 중 성리학의 연구에 도움이 되는 내용만 뽑아서 만든 책으로, 우리나라 성리학을 발전시키는 데 중요한 역할을 하였습니다.

성학십도 聖學十圖

聖 성스럽다 성 學 배우다, <u>학문 학</u> 十 열 십 圖 그림 도

임금의[聖] 학문을[學] 정리한 열 개의[十] 도표[圖]

'聖學'은 넓은 의미로 모든 사람으로 하여금 성인이 되도록 하기 위한 학문, 즉 '유학'이라고 풀이하기도 하지만, 여기서는 '임금의 도道에 관한 학문'을 말합니다.
《성학십도》는 1568년(선조 1)에 선조가 성군이 되기를 바라는 뜻에서, 임금의 도를 알기 쉽게 10개의 도표로 정리하여 이황李滉이 바친 상소문입니다.

주기론 主氣論

主 주인, (부차적이 아닌) 주로 하다 주 氣 기운 기 論 논의하다 론

기를[氣] 주로 하는[主] 이론[論]

주기론은 서경덕이 선구자이고 이이李珥(1536~84)가 확립한 주장으로, 氣는 저절로 활동하는 것이지만 理는 그렇지 못한 것이라고 주장하여 주기론이라 합니다. 이이 이후 조헌趙憲(1544~1592), 김장생金長生(1548~1631) 등으로 학통이 이어지는데, 이 주장에 동조하는 사람들을 기호 학파畿湖學派라고 불렀습니다.
특히 이이는 일원론적 이기이원론一元論的 理氣二元論을 주장하였으며, 관념적 도덕 세계를 중요시하기는 했지만, 경험적 현실 세계를 존중하는 새로운 철학 체계를 수립하였습니다. 즉 아무리 좋은 생각도 현실에 적용

되지 않는 것은 의미가 없다는 것입니다.
- **一元論的理氣二元論** [一 하나 일 元 으뜸, 근본 원 論 논의하다 론 的 ~한 성질을 띤 적 理 이치 리 氣 기운 기 二 둘 이 元 으뜸, 근본 원 論 논의하다 론] 理는 모든 사물의 원리이고 氣는 이 원리를 담는 그릇과 같아서 이와 기를 하나로 묶어 생각해야 한다는 이론.

기호 학파 畿湖學派

畿 경기 기 湖 호수 호 學 배우다, <u>학문</u> 학 派 갈래 파

경기[畿] 충청·전라[湖] 지역의 학파[學派]

'畿'는 '경기도', '湖'는 '호서湖西'와 '호남湖南'을 가리키는 것으로, 흔히 충청도 지역은 의림지의 서쪽에 있어서 호서라고 하며, 전라도 지역은 전라북도 김제의 저수지인 벽골제의 남쪽에 있어 호남이라고 하는 설이 있습니다. 기호 학파는 이이李珥의 학설을 따르는 성리학자들을 가리키는 말로, 경기도를 비롯해 황해도·충청도·전라도 지방의 학자들이 중심이 되었는데, 영남 학파와 구분하기 위해서 붙인 이름입니다.

[참고] 전국 8도 지명 유래

전국 8도 지명 유래

- 8도의 명칭은 당시 그 지역의 큰 고을 이름의 앞 글자를 합쳐 지은 것이고(경기 제외), 충청도·전라도 등의 道는 두 도시 사이의 길을 뜻하는 말에서 유래됨.
- 경기京畿 [京 서울 경 畿 경기(왕성王城을 중심으로 500리 이내의 땅) 기] 서울을[京] 중심으로 둘레 500리 이내의 땅[畿].
- 강원江原 강릉과 원주.
- 충청忠淸 충주와 청주.
- 전라全羅 전주와 나주.
- 경상慶尙 경주와 상주.
- 황해黃海 황주와 해주.
- 평안平安 평양과 안주.
- 함경咸鏡 함흥과 경원.

- 8도 외에 지형에 따라 구분하는 명칭.
- 호남湖南 [湖 호수 호] 전북 김제의 저수지인 벽골제碧骨堤의 남쪽 지역이라는 설이 있으며, 지금의 전라도 지역을 가리킴.

- 호서湖西 – 충북 제천의 저수지인 의림지義林池의 서쪽 지역이라는 설이 있으며, 지금의 충청도 지역을 가리킴.
- 영남嶺南 [嶺 산봉우리 령] 경상북도 문경시와 충청북도 괴산군 경계에 있는 조령鳥嶺(문경새재)의 남쪽 지역으로, 지금의 경상도 지역을 가리킴.
- 영동嶺東, 영서嶺西 – 강원도의 평창군과 명주군 경계에 있는 고개인 대관령大關嶺을 중심으로 동쪽과 서쪽 지역, 강원도 지역을 태백산맥 중심으로 둘로 나눌 때 가리킴.
- 관동關東 [關 관문 관] 대관령의 동쪽, 혹은 철령관의 동쪽 지역으로 강원도 지역을 가리킴.
- 관서關西 – 평안도 지역을 가리킴.
- 관북關北 – 함경도 지역을 가리킴.
- 삼남三南 – 충청, 전라, 경상을 합하여 부르는 말.

◉ 관동·관서·관북의 구분

관동·관서·관북의 구분은 함경남도 단천군과 함경북도 학성군 경계에 있는 고개인 마천령摩天嶺을 중심으로 나누기도 하고, 함남 안변군과 강원 회양군의 경계에 있는 고개인 철령관鐵嶺關을 중심으로 나누기도 함.

동호문답 東湖問答

〈東 동쪽 동 湖 호수 호〉지명 問 묻다 문 答 대답하다 답

동호독서당東湖讀書堂에서[東湖] 문답체로[問答] 지은 글

동호는 지금의 동호대교가 있는 부근의 한강을 지칭합니다. 그 지역에 있던 독서당을 동호독서당이라고 했는데, 옥수동에 그 터가 있습니다.

〈동호문답〉은 1569년(선조 2)에 이이李珥(1536~1584)가 홍문관 교리弘文館校理로 있을 때 잠시 휴가를 얻어, 동호독서당이란 곳에서 국가 통치의 의견을 문답체로 써서 선조에게 올린 글입니다.

성학집요 聖學輯要

聖 성스럽다 성 學 배우다, 학문 학 輯 편집하다 집 要 중요하다 요

임금의[聖] 학문에[學] 관한 요점을[要] 모아 엮은[輯] 책

'聖學'은 넓은 의미로 모든 사람으로 하여금 성인이 되노록 하기 위한 학문, 즉 '유학'이라고 풀이하기도 하지만, 여기서는 '임금의 도道에 관한 학문'을 말합니다.

《성학집요》는 1575년(선조 8)에 이이李珥가 선조에게 바치기 위해 만든

책이지만, 왕뿐만 아니라 누구에게나 올바른 수양이 되는 내용을 담고 있습니다.

예학 禮學

禮 예절 례 學 배우다, 학문 학

예禮를[禮] 연구하는 학문[學]

'禮'는 '상대방과 나와의 관계에서 취해야 할 올바른 행동'을 가리키는 말입니다. 그래서 예학은 이러한 예에 대하여 연구하는 학문을 가리킵니다.

우리나라의 예학은 유교가 전래되면서 시작되었으며, 사림들의 신분 질서를 안정시키려는 목적과 성리학의 발달에 의해 발전되었습니다. 예학은 당시 사회의 가족과 종족 상호간의 상장제례喪葬祭禮의 의식을 바로잡고, 유교주의적 가족 제도를 확립하는 데 기여한 점도 있습니다. 그러나 지나치게 형식에 사로잡혔으며, 사림간에 정쟁政爭의 구실로 이용되는 폐단도 있었습니다.

보학 譜學

譜 계통을 따라 기록하다 보 學 배우다, 학문 학

족보를[譜] 연구하는 학문[學]

보학은 양반들이 가족과 친족 공동체의 유대를 통해서 문벌을 형성하고, 또 양반으로서 신분적 우위성을 유지할 목적으로 만들었습니다. 그래서 그들은 족보를 만들어 종족의 내력을 기록하고, 그것을 암기하는 것을 필수적 교양으로 생각하였습니다.

도첩제 度牒制

度 (헤아린) 정도, 중이 되다 도 牒 공문서 첩 制 만들다, 제도 제

승려가 되는[度] 증명서를[牒] 발급하는 제도[制]

'度牒'은 새로 승려가 되었을 때 나라에서 주는 '허가증'을 말하는데, 도첩제는 국가에서 그들의 신분을 인정해 주기 위해 만든 제도입니다. 지금도 그렇지만 허가 제도는 그것을 장려하기 위한 것이 아니라, 억제하기 위한 것입니다. 그래서 당시 도첩제는 승려들의 신분을 떨어뜨리는 기능을 했습니다.

중국에서 유래된 이 제도는 고려 말에 유입되었다가 **억불숭유**抑佛崇儒 정책을 내세운 조선 태종 때부터 강력하게 시행되었습니다. 시행 이유는 이 방법을 써서 승려를 관리하면, 불교를 국가의 통치 아래 둘 수 있기 때문입니다.

○ **抑佛崇儒** [抑 억누르다 억 佛 부처님 불 崇 숭상하다 숭 儒 유교 유] 불교를[佛] 누르고[抑] 유교를[儒] 숭상함[崇].

간경도감 刊經都監

刊 책 펴내다 간 經 날실, 경전 경 都 도읍, 임시 도 監 살펴보다, 관청 감

불경의[經] 번역 출판을[刊] 위해 설치한 임시 기관[都監]

간경도감은 불경을 한글로 번역 출판하기 위해 조선 초기 세조 1461년에 임시로 설치한 국립 기관입니다.

소격서 昭格署

昭 밝다 소 格 격식, 바로잡다 격 署 관청 서

도를 밝히고[昭] 바로잡는[格] 기관[署]

소격서는 1396년 조선 초기 도교道敎의 보존과 행사를 관장하기 위해 서울의 삼청동三淸洞에 설치한 관청입니다. 태종 이전에는 소격전昭格殿이라 하여 비를 내리게 하는 등의 국가적 기원 제사를 맡았는데, 1466년(세조 12)에 소격서로 개칭되었다가, 유신儒臣들과 조광조趙光祖의 폐지 주장에 따라 1518년(중종 13)에 폐지되었습니다.

초제 醮祭

醮 제사 이름 초 祭 제사 제

단을 설치하고 기도를 올리는[醮] 제사[祭]

산송 문제 山訟問題

山 산 산 訟 소송하다 송 問 묻다 문 題 제목 제

산과[山] 관련된 소송에[訟] 관한 문제[問題]

산송 문제는 조상의 묘소를 좋은 산에 두려는 양반 사대부들 사이에서 일어난 소송에 관한 문제를 말합니다.

무격 신앙 巫覡信仰

巫 무당 무 覡 남자 무당 격 信 믿다 신 仰 우러러보다 앙

무당을[巫覡] 믿는 신앙[信仰]

'巫'는 '여자 무당'을 가리키고, '覡'은 '남자 무당'을 뜻합니다.
무격 신앙은 무당을 믿는 행위를 말합니다. 무당은 춤과 노래로 신을 내리게 하여 소원을 빌어 주는 일을 하는 사람으로, 민간에서는 이들을 신과 통하는 사람으로 여겼으며 종교적 대상으로 추앙했습니다.

산신 사상 山神思想

山 산 산 神 귀신 신 思 생각하다 사 想 생각하다 상

산에[山] 신령이[神] 있다는 사상[思想]

산을 신성하게 생각하여 그곳에 믿음을 바치는 사상.

삼신 三神

三 셋 삼 神 귀신 신

삼줄[三] 신[神]

'三'은 '삼줄'·'삼 가르다'란 말에서 한자화漢字化 한 것으로, 한자 풀이는 적절하지 못합니다. 그래서 '삼'은 '아이를 배다'라는 뜻이므로, 삼신은 '아기의 잉태'를 관장하는 신이란 뜻으로 이해해야 합니다. 이 외에 '낳게 해 주는 신'의 뜻을 가진 산신産神의 발음이 삼신으로 바뀌었다는 설도 있습니다.

동문선 東文選

東 동쪽 동 文 글 문 選 가려 뽑다 선

우리나라의[東] 시문詩文[文] 중 뛰어난 것만 뽑은[選] 책

《동문선》은 1478년(성종 9)에 서거정徐居正(1420~1488) 등이 편찬한 책으로, 삼국 시대 이래 조선 초까지의 시문詩文 중에서 뛰어난 것만을 뽑았습니다. 이 책은 우리나라의 문학 자료를 정리해 놓았다는 점에서 의의가 큽니다.

금오신화 金鰲新話

〈金 쇠 금 鰲 자라 오〉 산 이름 新 새롭다 신 話 이야기 화

금오산[金鰲山]에[金鰲] 칩거하면서 지은 새로운[新] 이야기[話]

《금오신화》는 15세기 조선 세조 때 김시습金時習(1435~1493)이 경주의 남산에 속해 있는 금오산金鰲山에 칩거하면서 지은 한문 소설입니다. 이 작품은 그동안 내려오던 설화 문학을 소설 형식으로 끌어올린 것으로, 현재까지는 우리나라 최초의 소설로 인정받고 있습니다. 완본은 전해 내려오지 않고 이 중 다섯 편의 소설만 전해옵니다. 이 작품들은 평양, 경주, 개성 등 옛 도읍지를 배경으로 하여 우리나라의 고유한 신앙과 연결된 생활 감정과 역사 의식을 묘사하고 있습니다.

다섯 작품은 만복사저포기萬福寺樗蒲記(만복사에서 저포 놀이를 하는 이야기), 이생규장전李生窺墻傳(이생이 담 안의 아가씨를 엿본 이야기), 취유부벽정기醉遊浮碧亭記(부벽정에서 취해 노는 이야기), 남염부주지南炎浮洲志(남쪽 염부주에 간 이야기), 용궁부연록龍宮赴宴錄(용궁 잔치에 간 이야기)입니다.

김시습처럼 조선 시대 사대부이면서 당시 체제에[方] 불만을 갖고 그곳에 안주하지 않는[外] 지식인을[人] **방외인**方外人이라 불렀습니다.

○ 方外人 [方 방향 방 外 바깥 외 人 사람 인]

패관잡기 稗官雜記

稗 피(풀 종류), 잘다 패 官 벼슬 관 雜 섞이다 잡 記 기록하다 기

패관들이[稗官] 수집한 여러[雜] 기록[記]

'稗官'은 민간에 흩어져 있는 전설・설화 따위를 수집하는 일을 맡아보

던 사람들의 '벼슬 이름'입니다. 그래서 '패관 문학'이라 하면 '민간에서 모은 이야기에 패관들의 창의성이 보태져 새로운 형태로 만들어진 문학 장르'를 말합니다.

《패관잡기》는 조선 명종 때 어숙권魚叔權(?~?)이 우리나라의 각종 설화나 시화 등을 모아 해설을 붙인 책으로, 문벌 제도와 적서 차별의 폐단을 지적한 내용이 담겨 있습니다.

악장 樂章

樂 즐겁다 락, 음악 악 章 문장 장

음악의[樂] 가사[章]

악장은 조선 초기에 발생한 시가詩歌로, 궁중의 제전이나 연례 때 음악에 따라 부르던 가사입니다. 대표적인 것으로는 〈용비어천가〉와 〈월인천강지곡〉이 있습니다.

용비어천가 龍飛御天歌

龍 용 룡 飛 날다 비 御 임금, 날다 어 天 하늘 천 歌 노래 가

용이[龍] 날아[飛] 하늘을[天] 나는[御] 노래[歌]

〈용비어천가〉는 《주역周易》 건괘乾卦 풀이에 있는 '時乘六龍以御天'에서 유래한 말입니다. '龍飛'는 '용이 날다'란 뜻인데, 이는 영웅이 뜻을 얻어 흥기興起한다는 비유로 쓰인 것이며, 여기서는 임금이 왕위에 오름을 나타내었습니다. '御天'은 '하늘을 날다'란 뜻인데, 이는 천도天道·천명天命에 맞도록 처신하는 것을 말합니다. 그래서 〈용비어천가〉는 '하늘의 명을 받아 왕위에 오르는 노래'라는 뜻입니다.

〈용비어천가〉는 1447년 조선 세종世宗 때 완성된 노래로, 태조太祖 이성계李成桂의 고조高祖(할아버지의 할아버지)에서 태종太宗에 이르는 6대(목조穆祖·익조翼祖·도(탁)조度祖·환조桓祖·태조·태종)의 행적을 노래하여 조선 창업을 찬양하였습니다. 형식은 한글로 된 125장章의 노래에 한문으로 된 시를 나란히 적고, 또한 한문으로 풀이를 해 놓았습니다.

 龍과 御가 '王'의 뜻으로 쓰이는 예

◎ 용안龍顔 – 왕의 얼굴.

- 용상龍床 – 왕위王位.
- 어명御命 – 왕의 명령.
- 어사화御賜花 – 왕이 장원 급제한 사람에게 주는 꽃.

월인천강지곡 月印千江之曲

| 月 달 월 | 印 도장 찍다 인 | 千 일천 천 | 江 강 강 | 之 ~의 지 | 曲 휘다, 노래 곡 |

달이[月] 수많은[千] 강에[江] 모두 비치는[印之] 노래[曲]

'月印千江'의 뜻은 '부처가 수많은 세상에 몸을 바꾸어 태어나 중생을 교화하심이 마치 달이 천 개가 넘는 수많은 강에 비치는 것과 같으니라'이며, 《월인석보》 제1장 첫머리에 나옵니다. 즉 '달'은 석가불을 비유하는 것이고 '강'은 중생을 뜻한다고 볼 수 있습니다.

〈월인천강지곡〉은 1448년 조선 세종 때 수양대군首陽大君이 지어 올린 《석보상절釋譜詳節》을 보고 감동한 세종이 석가釋迦의 공덕을 찬양한 노래라고 합니다.

관동별곡 關東別曲

| 〈關 관문 관 東 동쪽 동〉 지방 이름 〈別 따로 별 曲 휘다, 노래 곡〉 노래 종류 |

관동에[關東] 대해 읊은 별곡[別曲]

'關東'은 '강원도 지방'을 가리키는 말이고, '別曲'은 '한문 시가漢文詩歌와 달리[別] 운韻이나 조調가 없는 우리나라의 독특한 시가'를[曲] 이르던 말입니다.

〈관동별곡〉은 1580년(선조 13) 정철鄭澈(1536~1593)이 강원도 관찰사로 부임하여 관동 지역의 팔경과 여러 명승지를 유람하며 지은 가사歌辭로, 고려 시대 경기체가인 안축安軸(1287~1348)의 〈관동별곡〉과는 구분됩니다.

 關東八景

- 통천의 총석정叢石亭.
- 고성의 삼일포三日浦.
- 간성의 청간정淸澗亭.
- 양양의 낙산사洛山寺.

◎ 강릉의 경포대鏡浦臺.
◎ 삼척의 죽서루竹西樓.
◎ 울진의 망양정望洋亭.
◎ 평해의 월송정越松亭. 또는 흡곡의 시중대侍中臺.

사미인곡 思美人曲

思 생각하다 사 美 아름답다 미 人 사람 인 曲 휘다, 노래 곡

미인을[美人] 그리워하며[思] 부르는 가사歌辭[曲]

'美人'은 여기서 '임금'을 가리키는 말입니다.
〈사미인곡〉은 1585년(선조 18)에 정철鄭澈(1536~1593)이 지은 가사로, 정철이 50세가 되던 해에 당파 싸움의 피해를 입고 고향에 살면서, 임금을 사모하는 마음을 한 여인이 남편과 생이별하여 그리워하는 마음에 비유하여, 자신의 충절을 고백한 작품입니다.

민담 民譚

民 백성 민 譚 이야기 담

민간에[民] 전하여 내려오는 이야기[譚]

민담은 옛날부터 구전口傳으로 민간에 전하여 내려오는 이야기입니다.

자기소 瓷器所

瓷 사기 그릇 자 器 그릇 기 所 ~하는 바, 장소 소

사기 그릇을[瓷器] 굽는 곳[所]

자기소는 사기 그릇을 굽는 곳으로, 자기는 백토白土 따위의 원료를 써서 1300℃~1500℃의 비교적 높은 온도로 구운 도자기의 한가지로, 겉면이 매끄럽고 단단하며 두드리면 맑은 쇳소리가 납니다.

도기소 陶器所

陶 도자기, 질그릇 도 器 그릇 기 所 ~하는 바, 장소 소

질그릇, 오지그릇을[陶器] 굽는 곳[所]

도기소는 질그릇과 오지그릇을 굽는 곳으로, 질그릇은 진흙만으로 구워서 만들고 잿물을 덮지 않은 그릇이고, 오지그릇은 붉은 진흙으로 만들어 볕에 말리거나 약간 구운 위에 오짓물을 입히어 다시 구운 질그릇입니다.

관요 官窯

官 벼슬, 관청 관 窯 기와를 굽는 가마 요

관청에서[官] 필요로 하는 사기그릇을 만드는[窯] 곳

관요는 관청에서 필요로 하는 사기그릇을 만드는 곳이며, 일반 백성들이 쓰는 사기그릇을 만드는 곳은 민요民窯라고 합니다.

도화서 圖畵署

圖 그림 도 畵 그림 화 署 관청 서

그림 그리는[圖畵] 일을 관장하는 관청[署]

도화서는 조선 시대 그림과 관련된 일을 관장하는 관청으로, 당시 도화서에 소속된 **화원**畵員으로는 안견安堅, 최경崔涇이 유명하였다고 합니다.

● **畵員** [畵 그림 화 員 (일하는) 사람 원] 도화서에 소속되어 관의 지시에 따라 그림을 그리는 관원.

화기 畵記

畵 그림 화 記 기록하다 기

그림에[畵] 대한 기록[記]

화기는 그림에 대한 기록이란 뜻으로, 신숙주申叔舟(1417~1475)는 화기에 안평대군安平大君(1418~1453)의 소장품을 소개하였다고 합니다.

악학궤범 樂學軌範

樂 즐겁다 락, 음악 악 學 배우다, 학문 학 軌 수레바퀴, 법도 궤 範 모범 범

악학에[樂學] 관한 본보기[軌範]

'樂學'은 '음악에 관한 학문'이고, '軌範'은 '모범', '본보기'라는 뜻입

니다. 그래서 악학궤범은 음악과 관련된 의식이나 악보 등의 본보기라는 뜻입니다.

《악학궤범》은 1493년에 성현成俔(1439~1504) 등이 편찬한 것으로 음악의 원리와 쓰임새, 악기의 구조·연주법·제작법, 궁중 무용의 종류와 공연 절차 등을 그림과 함께 상세히 기록한 종합 음악서입니다.

Ⅰ 선사 문화의 국가 형성·11
Ⅱ 고대 사회의 발전·25
Ⅲ 중세 사회의 발전·53
Ⅳ 근세 사회의 발달·119
Ⅴ 근대 사회의 태동
Ⅵ 근대 사회의 전개·251
Ⅶ 민족의 독립 운동·291
Ⅷ 현대 사회의 발전·309

찾아보기·321

1. 제도의 개편과 정치의 변화

비변사 備邊司

備 갖추다 비 邊 변두리 변 司 맡다, 관청 사

변두리에[邊] 있는 나라의 침입에 대비하는[備] 관청[司]

비변사는 왜구, 여진족의 침입에 대비하는 기관이란 뜻으로, 조선 후기 군사 업무를 비롯하여 정치·경제의 국정 전반의 중요 문제를 토의하던 최고 회의 기구입니다.

비변사는 16세기 초 이민족의 침입에 효율적으로 대비하기 위한 임시 군사 협의 기구를 설치하였다가, 16세기 중반 을묘왜변乙卯倭變을 계기로 상설 기구화되었고, 임진왜란 때에 그 기능이 크게 강화되고 권한도 확대되었습니다.

5군영 五軍營

五 다섯 오 軍 군사 군 營 경영하다, 군인이 있는 곳 영

5개의 군인[軍] 부대[營]

5군영은 임진왜란을 계기로 5위五衛를 개편하여 만든 훈련도감·어영청·총융청·수어청·금위영의 다섯 군영입니다.

5군영이 생기게 된 배경은 다음과 같습니다. 16세기 군사 제도가 문란해지면서 사실상 5위五衛를 바탕으로 한 군사 제도가 붕괴되었습니다. 그리고 임진왜란을 계기로 조선 정부는 군사 제도를 재정비하는데, 훈련도감의 설치를 시작으로 그때 그때의 사정에 따라 군대가 창설됩니다. 그래서 이후 숙종 때에 이르러 5군영으로 완성되고, 조선 후기 군사 제도의 주축이 됩니다.

훈련도감 訓鍊都監

訓 가르치다 훈 鍊 단련하다 련 都 도읍, 임시 도 監 살펴보다, 관청 감

군사의 훈련을[訓鍊] 위해 임시로[都] 설치한 기관[監]

훈련도감은 1593년(선조 26)에 수도의 수비를 담당하기 위해 설치된 군

부대의 하나로, 서울에 항상 **용병**傭兵을 두고, 이들을 계속 훈련시키면서 군사력을 키우기 위해 임시로 설치한 기관입니다. 이 기관의 편제는 포수砲手(총과 대포를 쏘는 사람), 사수射手(활 쏘는 사람), 살수殺手(창과 검을 쓰는 병사)의 삼수병三手兵이며, 이들 군병은 일정한 급료를 받고 복무하는 직업적인 **상비군**常備軍이었습니다.

- 傭兵 [傭 돈 받고 일하다 용 兵 군사 병] 봉급을 주고 병역에 복무하는 군인.
- 常備軍 [常 항상 상 備 갖추다 비 軍 군사 군] 전쟁 등의 변란에 대비하기 위해 있는 군인.

어영청 御營廳

御 임금 어 營 경영하다, 군인이 있는 곳 영 廳 관청 청

왕을[御] 보호하는[營] 관청[廳]

어영청은 1623년(인조 1)에 국방보다 왕권과 정부 보호의 목적으로 설치된 중앙의 군부대 중 하나입니다.

총융청 摠戎廳

摠 지배하다 총 戎 오랑캐, 군사 융 廳 관청 청

수도 외곽의 군사를[戎] 거느린[摠] 관청[廳]

'戎'은 '군사' 또는 '군대·전쟁'을 가리키는 말입니다.
총융청은 1624년(인조 2)에 임진왜란을 계기로 서울 경비를 강화하기 위해 설치된 중앙의 군부대 중 하나로, 수도 외곽을 방어했습니다.

수어청 守禦廳

守 지키다 수 禦 방어하다 어 廳 관청 청

서울 일대를 지키고[守] 막는[禦] 관청[廳]

수어청은 경기도 광주 및 부근의 모든 '진鎭'을 관할하며, 서울 일대를 방어할 목적으로, 1626년(인조 4)에 남한산성에 설치된 중앙의 군부대 중 하나입니다.

금위영 禁衛營

禁 금지하다 금 衛 호위하다 위 營 경영하다, 관청 영

군대를 이용하여 반란을 금지시키고[禁] 국왕을 호위하는[衛] 기관[營]

금위영은 훈련도감·어영청과 더불어 국왕의 보호와 수도 방어를 목적으로, 1682년(숙종 8)에 설치된 중앙의 군부대 중 하나입니다.

영정법 永定法 = 영정과율법 永定課率法

永 영원하다 영 定 정하다 정 課 (세금을) 부과하다 과 率 비율 률 法 법 법

세금 매기는[課] 비율을[率] 영원히[永] 정해버리는[定] 법[法]

영정법은 영정과율법永定課率法의 준말로, 전분 6등법과 연분 9등법이 실효를 거두지 못하자 1636년(인조 13)에 실시한 법입니다. 연분 9등법의 경우는 세를 거두는 비율을 토지 1결당 20~4두로 차등을 두었습니다. 그러나 이것의 등급을 판정하는 것이 어렵고 실효가 없어지자, 국가에서는 지역이나 흉년, 풍년에 관계없이 1결당 4두로 내는 영정법을 만들었습니다. 하지만 이 법도 나중에는 전세 외에 각종 세가 추가로 징수되면서 농민의 부담을 가중시키는 결과를 초래하였습니다.

대동법 大同法

大 크다 대 同 같다 동 法 법 법

대동 사회를[大同] 만드는 법[法]

대동大同이란 말은 《예기禮記》〈예운편禮運篇〉에 공자가 제자인 자유에게 대답하는 내용에 나오는데, 여기서의 大同은 모든 사람이 평등하고 다툼이 없는 세상을 말합니다. 그래서 대동법은 공정하여 폐단을 없게 하는 법이란 뜻으로 당시 공납의 폐단을 없애기 위해 모든 공물을 쌀로 통일해서 바치게 하면서 붙여진 말입니다.

공납은 지방 특산물을 바치는 것인데, 특산물이 항상 공급될 수 없었기 때문에 농민에게 많은 부담을 주었습니다. 그래서 **민호**民戶에 부과하던 토산물을 농토의 결 수에 따라 **미곡**米穀, **포목**布木, **전화**錢貨로 납부하게 하고, 정부는 그것을 공인에게 지급하여 필요한 물품을 공급하게 했습니다. 즉 공물을 쌀(대동미大同米)로 바꾸어 내고, 쌀 농사를 짓지 않는 곳은 베나 돈(대동전大同錢)으로 대신 내도록 한 것입니다.

대동법이 시행되는 데는 양반들의 반대로 오랜 기간이 걸렸고, 실시된 이후에도 **진상**進上이나 **별공**別貢은 여전히 남아 있었습니다. 징수된 대동세는 지방 관아의 경비로 쓰기도 했는데, 시일이 지나면서 상납미上納米의 비율이 높아지고 **유치미**留置米의 비율이 낮아졌습니다. 이 때문에 지방 관아의 재정은 약화되고, 아전들은 수탈을 일삼게 되었습니다.

- 民戶 [民 백성 민 戶 집 호] 일반 백성의 집.
- 米穀 [米 쌀 미 穀 곡식 곡] 쌀과 다른 곡식.
- 布木 [布 베 포 木 나무 목] 베와 무명(무명실로 짠 피륙)
- 錢貨 [錢 돈 전 貨 재물 화] 동전
- 進上 [進 나아가다 진 上 위 상] 국가의 행사 때 국왕에게[上] 축하의 뜻으로 토산물을 바치는[進] 일.
- 別貢 [別 따로 별 貢 바치다 공] 따로 바치는 공물.
- 上納米 [上 위 상 納 바치다 납 米 쌀 미] 지방 관아에서 중앙에[上] 바치던[納] 대동미[米].
- 留置米 [留 머무르다 류 置 두다 치 米 쌀 미] 지방 관아에서 자체적인 경비 유지를 위해 거두어 둔[留置] 대동미[米].

《예기 禮記》〈예운편 禮運篇〉

孔子曰, "〈중략〉 大道之行也, 天下爲公, 選賢, 與能, 講信, 修睦, 故人不獨親其親, 不獨子其子, 使老有所終, 壯有所用, 幼有所長, 矜寡孤獨廢疾者皆有所養, 男有分, 女有歸, 貨惡其弃於地也不必藏於己, 力惡其不出於身也, 不必爲己. 是故謀閉而不興, 盜竊亂賊而不作, 故外戶而不閉, 是謂大同.

공자가 말하기를 "〈중략〉 대도가 행해지면 천하에는 공의가 구현된다. 현자를 (지도자로) 뽑고 능력 있는 사람에게 (관직을) 수여하며 신의와 화목을 가르친다. 그러므로 사람들은 자신의 어버이만 어버이로 여기지 않고 자기 자식만 자식으로 여기지 않는다. 노인으로 하여금 (편안한) 여생을 보내게 하며 장년은 일할 여건이 보장되고 어린이는 길러 주는 사람이 있으며, (의지할 곳 없는) 과부와 홀아비를 돌보며 병든 자도 모두 부양 받는다. 남자는 남자의 일이 있고 여자는 여자의 할 일이 있다. 재화가 땅에 버려지는 것을 반드시 (사적으로) 저장할 필요가 없다. 스스로 노동하는 것을 싫어하지 않지만 반드시 자기만을 위해서 일하지도 않는다. 그러므로 (남을 해치려는) 음모가 생기지도 않고 도적이나 난적도 발생하지 않는다. 따라서 (집집마다) 바깥문을 닫을 필요가 없다. 이러한 상태를 대동이라 한다.

공인 貢人

貢 바치다 공 人 사람 인

지방 특산물을 바치는[貢] 사람[人]

공인은 관아에서 **공가**貢價를 받아 필요한 물품을 산 뒤, 이를 관아에 납부하는 가운데 이윤을 남기는 사람입니다. 이는 대동법이 실시됨에 따라 공물을 바칠 사람이 없게 되면서 생겨난 전문적인 업종입니다. 이들은 나라에서 필요로 하는 특정 물품을 대량으로 취급하면서 도매都賣 상인인 도고都賈로 성장하였습니다.

[찰지] 도 2

○ **貢價** [貢 바치다 공 價 값 가] 공물의 값.

인징 隣徵

隣 이웃 린 徵 징수하다 징

이웃에게[隣] 거둠[徵]

인징은 조선 중기 이후 행해졌던 제도로, 마을 사람이 군포軍布를 내지 않고 도망가면 그 이웃에게 대신 군포를 징수하는 것을 말합니다. 당시에 도망간 사람에게 부과하는 세는 10년이 지나면 그 의무가 없어졌는데, 관리들은 이 규정을 무시하고 실종자의 인근에 있는 모든 사람에게 실종자의 세稅까지 징수하면서 농민들을 더욱 어렵게 만들었습니다.

족징 族徵

族 무리, 친척 족 徵 징수하다 징

친척에게[族] 거둠[徵]

족징은 군역을 피하여 도망간 사람이 생기면 그 친척이 대신 군포軍布를 납부하는 제도입니다. 이로 인해 농민들의 이농離農 현상을 더욱 촉진시켜 농촌은 더욱더 피폐되어 갔습니다.

백골징포 白骨徵布

白 희다 백 骨 뼈 골 徵 징수하다 징 布 베 포

죽은 사람에게[白骨] 세금을[布] 거둠[徵]

'白骨'은 송장의 살이 썩고 남은 뼈, 곧 '시체'를 말합니다.
백골징포는 사람이 죽으면 군포 장부에서 빼야 하는데, 살아 있는 사람으로 남겨 군포를 받아 가던 일을 말합니다.

황구첨정 黃口簽丁

黃 노랗다, 어린아이 황 口 입 구 簽 (문서에) 서명하다 첨 丁 젊은 남자 정

어린아이를[黃口] 장정에[丁] 포함시킴[簽]

'黃口'는 본래 '새 새끼의 주둥이가 노랗다'는 데서 유래한 말로 '어린아이'란 뜻입니다.
황구첨정은 어린아이를 장정에 포함시킨다는 뜻으로, 원래 장정에게만 부과하던 군포를 당시에는 어린아이에게까지 지웠습니다.

◎ 육체연령별 호칭

· 황구黃口 — 어린아이.
· 소년少年 — 10대.
· 청년靑年 — 20대.
· 장년壯年 — 30대.
· 초로初老 — 40대.
· 중로中老 — 50대.
· 기로耆老 — 60대. [耆 늙은이, 예순살 혹은 일흔살 이상의 늙은이 기)

◎ 〈논어〉에 나오는 나이

· 지학志學 [志 뜻 지 學 배우다 학] 학문에 뜻을 둠. 15살.
· 이립而立 [而 말 잇다 이 立 서다 립] 외지가 군세어짐. = 自立. 30살.
· 불혹不惑 [不 아니다 불 惑 헷갈리다 혹] 당연히 해야 할 도리에 의심이 없어짐. 40살.
· 지천명知天命 [知 알다 지 天 하늘 천 命 목숨, 하늘의 뜻 명] 천명, 즉 사물의 당연한 이치를 알게 됨. 50살.
· 이순耳順 [耳 귀 이 順 (순리에) 따르다 순] 귀가 순해짐. 즉 앎이 지극하여 생각하지 않

아도 깨달아짐. 60살.
- 종심從心 [從 따라가다 종 心 마음 심] 마음을 따름. 즉 마음에서 하고자 하는 바를 따라도 저절로 법도에 어긋나지 않음. 70살.

◎ 기타
- 약관弱冠 [弱 약하다 약 冠 갓 관] 20살. 《예기禮記》에 나옴.
- 장정壯丁 [壯 씩씩하다 장 丁 젊은 남자 정] 壯은 30살, 丁은 20살을 가리킴.
- 환갑還甲 [還 돌아오다 환 甲 첫째 천간 갑] 61살.
- 고희古稀 [古 옛 고 稀 드물다 희] 70살. 두보杜甫의 시詩에 나옴.
- 희수喜壽 [喜 기쁘다 희 壽 목숨 수] 77살. 喜자를 초서로 쓰면 七七七로 나뉨.
- 미수米壽 [米 쌀 미 壽 목숨 수] 88살. 米자를 분해하면 八十八이 됨.
- 졸수卒壽 [卒 끝마치다 졸 壽 목숨 수] 90살. 卒자를 초서로 쓰면 九十이 됨.

균역법 均役法

均 균등하다 균 役 일하다, 부리다 역 法 법 법

군역을[役] 균등하게[均] 하는 법[法]

균역법은 군역의 폐단을 시정하기 위해 만든 법입니다. 양란 이후 직업 군인이 많이 늘어나자 실제로 군역에 종사하는 대신 16개월에 2필씩 군포를 납부하는 제도가 일반화되었습니다. 그러나 이로 인해 군대 조직은 문란해지고, 납부 과정에서 양반들은 내지 않았기 때문에 농민들만 부담이 가중되었습니다. 그래서 정부는 군역을 고르게 하여 농민들의 부담을 줄여 줄 목적으로 양반 층에게도 군역을 부과하게 하였습니다. 즉 정부는 양인들의 부담을 덜어 주기 위하여 1년에 2필씩 내던 군포를 1필로 줄이는 혜택을 주고, 줄어든 수입을 보충하는 방법으로 군역이 면제되던 양반 층에게 군포 1필을 부담시켰으며, 지주에게는 토지 1결마다 미곡 2두를 **결작**結作이라는 명목으로 받았습니다.

그러나 이것도 19세기 세도 정치가 시작되면서 제대로 실시가 되지 않아 농민의 저항을 불러일으킵니다.

○ **結作** [結 맺다, 토지 세는 단위 결 作 만들다, (농사) 짓다 작] 조선 후기 광대한 토지를[結] 소유하고 있던 지주들에게 부과한 세금으로[作], 토지의 크기에 비례하여 쌀을 징수함.

붕당 정치 朋黨政治

朋 친구 붕 黨 무리 당 政 정치 정 治 다스리다 치

이해 관계가 맞는 사람끼리[朋] 무리를 지어[黨] 힘을 합하는 정치[政治]

붕당 정치는 조선 중기 및 후기의 정치 운영 형태로, 본래 유교 정치에서는 붕당을 금하였습니다. 당黨에는 **공도**公道의 실현을 추구하는 '군자의 당'과 개인의 이익을 도모하는 '소인의 당' 중에, 군주가 군자의 당을 잘 유지시키면 정치는 저절로 바르게 이끌어진다는 〈붕당론朋黨論〉이 중국 송나라 때 제시되면서, 조선에서도 선조 이후 사림파가 집권하자 이 이론을 받아들였습니다.

조선에서는 정치적·학문적 입장에 따라 붕당 정치가 전개되었는데, 16세기 이후, 특히 임진왜란·병자호란 이후의 사회 변동을 둘러싸고 더욱 격렬히 진행되었습니다.

❍ **公道** [公 여러 사람 공 道 길, 올바른 길 도] 공평하고 바른 도리.

붕당의 원인

우리가 흔히 사색 당파四色黨派라 하면 남인·북인, 노론·소론을 말합니다.

◎ 동인東人과 서인西人
1575년(선조 8) 이조 전랑吏曹銓郞(인사 권한이 있는 직책)의 임명을 둘러싸고, 당시 권력가였던 심의겸沈義謙(1535~1587. 명종의 비 인순 왕후의 아우)과 신진 사류 김효원金孝元(1532~1590) 사이에 갈등이 생기면서 심의겸을 편드는 사람을 서인이라고 했고 김효원을 편드는 사람을 동인이라고 했습니다. 그 이유는 심의겸의 집은 서울의 서쪽에 있는 정동이고, 김효원의 집은 동쪽 건천동에 있었기 때문입니다.

◎ 남인南人과 북인北人
두 파는 동인에서 갈라져 나왔습니다.
동인 출신인 정여립鄭汝立(1546-1589)이 관직에서 소외되자 1589년(선조 22)에 난을 일으킨 후(모반을 조작했다는 설이 있습니다), 그 피해가 조식曺植(1501~1572) 계열의 경상 우도右道 및 전라도 쪽은 컸지만, 이황李滉 계열의 경상 좌도左道 지역은 덜했습니다. 이때부터 조식 쪽과 이를 등지는 사람 양쪽으로 나뉘었는데 전자를 북인, 후자를 남인이라고 합니다.

◎ 노론老論과 소론少論

두 파는 서인에서 갈라져 나왔습니다. 1680년에 남인이 정권에서 물러나고 서인이 정권을 잡으면서 남인들의 처벌에 대해 나이 든 계층은[老] 강한 입장을 가졌고, 젊은 계층은[少] 온건한 입장을 가지면서 둘로 나뉘었습니다.

붕당의 변천사

· 선조	1575(선조 8)	동인 · 서인 붕당	동 · 서 대립
	1591(선조 24)	동인→남인 · 북인 붕당	동인 우세, 남북 대립〈三色〉
· 광해군	1623 인조반정		서인 우세
· 효종			서인 우세 – 북벌론
· 현종	1660(현종 1)	1차 예송 논쟁	서인 · 남인 대립 – 서인 우세
	1674(현종 15)	2차 예송 논쟁	서인 · 남인 대립 – 남인 우세
· 숙종	1680(숙종 6)	경신 환국(경신 대출척)	서인 집권. 남인 몰락. 서인→노론 · 소론 붕당
	1689(숙종 15)	기사 환국	남인 집권. 서인 실각
	1694(숙종 20)	갑술 옥사	서인 우세, 노소 대립
· 경종			
· 영조	1725(영조 1)	탕평책 시작	
	1728(영조 4)	이인좌의 난	노론 우세
	1755(영조 31)	나주 괘서 사건	이후 노론 계속 우세

인조 반정 仁祖反正

〈仁 어질다 인 祖 할아버지, <u>공이 있는 조상 조</u>〉 임금 호칭 反 반대하다, 돌이키다 반 正 바르다 정

인조를[仁祖] 옹호하는 세력이 일으킨 반정[反正]

'反正'은 흔히 '반정反政', 즉 정권을 뒤집다라는 뜻으로 오해하지만 '정도正道로 돌린다'의 뜻을 가진 '反正'으로 써야 합니다. 즉 '어지러운 세상에서 정도로 다스려지는 태평한 세상으로 돌아간다'는 말입니다.

인조 반정은 1623년(광해군 15, 인조 1) 이귀李貴(1557~1633) 등 서인 일파가 광해군 및 집권당인 이이첨李爾瞻(1560~1623) 등의 대북파를 몰아내고, 능양군綾陽君(인조)을 왕으로 옹립한 정변政變을 말합니다. 이 일로 북인 정권은 몰락하고, 이후의 정국은 서인이 우세한 가운데 남인이 참여하는 양상으로 바뀝니다.

예송 논쟁 禮訟論爭

禮 예절 례 訟 소송하다 송 論 논의하다 론 爭 다투다 쟁

어느 쪽의 예절이[禮] 옳은지에[訟] 관한 논쟁[論爭]

예송 논쟁은 붕당 정치 기간 중 서인이 정치권을 이끌고 남인이 꾸준히 정계에 진출하던 시기에 있었던 궁중 의례의 적용에 관한 문제를 둘러싸고 시비를 가리기 위해 벌인 논쟁을 말합니다.

성리학을 바탕으로 운영되는 조선 사회에 있어 예禮란 그 자체가 사회의 규범이자 행동의 표준적 절차이기 때문에, 예를 둘러싼 논쟁은 각 정파의 학문적 입장과 정치적 노선의 차이에서 비롯되었습니다. 현종 때 발생한 두 차례의 예송 논쟁은 복상 기간의 문제를 다루고 있으나, 그 논쟁의 깊은 곳에는 서인과 남인의 학문적 차이와 정치적 노선의 차이라는 근본적 문제가 얽혀 있었습니다.

예송 논쟁의 예

상례 중 어머니보다 장남이 먼저 죽었을 때는 일반적으로 어머니는 3년 상복을 입고, 차남부터는 1년 상복을 입었습니다. 장남은 집안의 계승자이기 때문에 차등을 둔 것입니다. 그러나 왕의 경우는 복잡하기 때문에 논쟁의 주된 쟁점이 되었습니다. 인조仁祖의 아들 효종孝宗은 차남이었는데 조대비趙大妃(인조仁祖의 부인)보다 먼저 죽었습니다. 이때 바로 조대비가 3년 상복을 입어야 하는가 1년 상복을 입어야 하는가가 쟁점이 되었습니다. 한쪽은 왕도 사대부와 같은 예를 적용해 효종이 차남이므로 조대비가 1년 상복을 입으면 된다고 했고(서인), 다른 한쪽은 왕은 장남이 아니더라도 일단 대권을 잡으면 종통宗統을 이은 셈이므로 조대비도 3년 상복을 입어야 한다는 입장으로(남인) 나뉘었습니다. 예송 싸움의 내면을 보면 신권臣權의 강화를 노리는 서인 쪽과 왕권을 앞세워 득세하려는 남인 사이의 정치적 입장 차이에서 기인한 것임을 알 수 있습니다.

경신 환국 庚申換局

〈庚 일곱째 천간 경 申 펼쳐 알리다, 아홉째 지지 신〉 연도 換 교환하다 환 局 관청, 판 국

경신년에[庚申] 정치 판도가[局] 바뀜[換]

경신 환국은 1680년(숙종 6)에 일어난 정국의 변화를 말합니다.

남인은 1674년(현종 15)에 2차 예송 논쟁에서 승리해 정권을 잡았습니다. 그러나 이어 왕위에 오른 숙종은 남인 세력이 너무 커지는 것을 경계했

습니다. 결국 숙종은 1680년 남인의 허적許積(1610~1680)이 궁중에서 사용하는 천막을 마음대로 사용하는 사건을 계기로 남인을 쫓아내고 서인을 등용했습니다. 이어 서인은 허적의 형제들이 역모를 꾀한다고 상소를 올려, 그 결과 허적 일당과 남인의 우두머리인 윤휴尹鑴(1617~1680)가 처형되고 이와 관련된 남인들이 쫓겨나면서 집권 세력이 완전히 서인 쪽으로 바뀌었습니다. 이후에 집권 세력이 바뀌면서 **사사**賜死가 빈번히 행해졌고 붕당 정치의 기본 원칙이 무너졌습니다.

○ **賜死** [賜 주다 사 死 죽다 사] 임금이 중죄인에게 자결을[死] 명함[賜].

기사 환국 己巳換局

〈己 자기, 여섯째 천간 기 巳 여섯째 지지 사〉 연도 換 교환하다 환 局 관청, 판 국

기사년에[己巳] 정치 판도가[局] 바뀜[換]

기사 환국은 1689년(숙종 15)에 일어난 정국의 변화를 말합니다.
당시 숙종은 왕비 민씨가 아들을 낳지 못하고 소의昭儀 장씨가 아들을 낳자, 이를 원자(元子-보통 나중에 세자가 됨)로 책봉하고 장씨를 희빈禧嬪으로 책봉하려고 했습니다. 이때 서인은 왕비 민씨가 젊으니 기다리자고 했고, 남인은 숙종의 편을 들었습니다. 이후 서인의 송시열이 상소를 올리자, 숙종은 그를 처형하고 다른 서인들도 쫓아내면서 집권 세력이 남인 쪽으로 바뀌었습니다.

[참고] 소의, 희빈 - 왕실 호칭

갑술 환국 甲戌換局

〈甲 첫째 천간 갑 戌 열한번째 지지 술〉 연도 換 교환하다 환 局 관청, 판 국

갑술년에[甲戌] 정치 판도가[局] 바뀜[換]

희빈禧嬪 장씨는 숙종肅宗의 신임을 점차로 잃어가던 중, 1694년 폐비 민씨를 다시 왕비로 추대하려는 소론 일파의 운동이 발각되었습니다. 남인은 이번 기회에 소론을 완전히 제거하려 했으나, 숙종은 오히려 남인을 제거하고 소론을 등용했으며 희빈 장씨를 쫓아내고 민비를 왕비로 맞았습니다. 이후 남인은 정권에서 완전히 배제되고 당쟁은 노론과 소론이 대립하는 양상으로 전개되었습니다.

탕평론 蕩平論

蕩 방탕하다, 평탄하다 탕 平 평평하다 평 論 논의하다 론

한쪽에 치우침이 없이 공평해야[蕩平] 한다는 주장[論]

'蕩平'은 '치우침 없이 공평해야 한다'는 뜻으로, 《서경書經》〈홍범조洪範條〉의 '**무편무당왕도탕탕** 無偏無黨王道蕩蕩 **무당무편왕도평평** 無黨無偏王道平平'이란 문장에서 따왔습니다.

탕평론은 조선 영조 때 정국을 수습하기 위해 나온 이론으로, 이 이론이 나오게 된 배경은 다음과 같습니다. 당시 붕당 정치는 원래 한 당의 독주를 견제하고 상호 비판하면서 정치 발전을 꾀하는 것이지만, 시간이 흐를수록 나라를 위하기보다는 자기 당의 이익만을 위해 싸우기 시작했습니다. 그러다 한 당이 집권하면 다른 당의 선비들을 죽이는 일들이 일어나기까지 하면서 권력이 왕보다는 한쪽 당에 치우치는 일이 생겨 왕권 자체가 불안하게 되었습니다. 결국 숙종 때부터 탕평책을 제기하고, 영·정조 때 본격적으로 시행하여 왕권을 강화하려 했으나 성공하지는 못했습니다.

◐ 無偏無黨王道蕩蕩 無黨無偏王道平平 [偏 치우치다 편 黨 무리 당] '王道'는 '천하를 다스리는 도리'이고, '蕩蕩'과 '平平'은 '평탄한 모양'입니다. 이에 대한 실천 방향은 '무편무당毋偏毋黨 무당무편無黨無偏'으로 '어느 한쪽으로 치우치지 말고 무리를 만들지 말라'는 뜻입니다.

동국문헌비고 東國文獻備考

(東 동쪽 동 國 나라 국) 우리나라의 별칭 文 글 문 獻 바치다, 어진 이 헌 備 갖추다 비 考 헤아리다, 고증考證한 글 고

우리나라의[東國] 문물 제도를[文獻] 정리하여 갖춰 놓은[備] 책[考]

'東國' '우리나라'를 가리키는 다른 이름입니다. '文獻'은 단순히 문서 혹은 제도를 뜻하는 말이지만, 본래는 '책과 어진 사람'이란 뜻으로 옛날의 제도와 문물을 알 수 있는 증거를 가리킵니다. '備考'는 '참고하기 위해 갖춘 글'이란 뜻입니다.

《동국문헌비고》는 우리나라 상고 시대부터의 문물 제도를 분류하고 정리한 책으로, 1770년(영조 46)에 이 이름으로 처음 편찬되었습니다. 그러나 짧은 시일에 완성하다보니 빠지거나 잘못된 내용이 많아 계속 보완해 나가다 1782년(정조 6)에 《**증보동국문헌비고**增補東國文獻備考》로 바뀌었고, 1903년에는 《**증보문헌비고**增補文獻備考》로 고쳐졌습니다.

○ **增補** [增 불어나다 증 補 보충하다 보]

속오례의 續五禮儀

續 계속하다 속 五 다섯 오 禮 예절 례 儀 예의 의

《국조오례의》의[五禮儀] 속편[續]

《속오례의》는 1744년(영조 20)에 완성된 《국조오례의國朝五禮儀》의 속편續編으로, 이전의 예법에 관한 책인 《국조오례의》가 시간의 흐름을 따라가지 못하자, 이 문제를 해결하기 위해 당시 상황에 맞게 내용을 바꾼 책입니다.

[참고] 국조오례의

속대전 續大典

續 계속하다 속 大 크다 대 典 책 전

《경국대전》의[大典] 속편[續]

속대전은 《경국대전經國大典》의 속편으로 1746년부터 8년에 걸친 작업 끝에 완성한 것인데, 《경국대전》 법령 중에서 시행할 법령만을 추려서 편찬한 제2의 법전입니다. 조선은 이로써 법전이 두 개가 되었습니다.

[참고] 경국대전

무원록 無冤錄

無 없다 무 冤 원통하다 원 錄 기록하다 록

원통함을[冤] 없애 주었던[無] 사실을 기록한[錄] 책

《무원록》은 원래 중국 원나라의 왕여王與가 편찬한 법률 서적으로, 조선시대에는 법의학의 교과서처럼 쓰였습니다. 우리나라에서는 1440년(세종 22)에 이 책에 주석을 붙여 《신주무원록新註無冤錄》이란 이름으로 간행했으나 잘못된 곳이 많아 계속 보완하다, 1790년(정조 14)에 완성하여 《증수무원록增修無冤錄》이라 하였습니다.

○ **新註** [新 새롭다 신 註 뜻을 풀어 밝히다 주]
○ **增修** [增 불어나다 증 修 닦다 수]

《무원록》에 실린 사건의 예

시체의 사인死因을 확인하는 방법 중에 나미법糯米法(시체가 독극물을 먹고 죽은 것인가 아닌가를 판단하는 방법)이란 것이 소개되어 있는데, 나미법은 계란 흰자위를 넣고 찐 찹쌀[糯米]을 시신의 입에 넣어 의심되는 독극물을 흡착시킨 뒤, 이를 닭에게 먹여 중독 여부를 살피는 방법입니다.

장용영 壯勇營

壯 씩씩하다 장 勇 용기 용 營 경영하다, 군인이 있는 곳 영

건장하고[壯] 용감한[勇] 군대[營]

장용영은 1785년 홍복영洪福榮의 역모 사건 후에, 왕의 호위를 강화하기 위해 1793년 세운 국왕 호위 전담 군대입니다. 크게 내영內營과 외영外營으로 나누었는데, 내영은 도성, 외영은 수원 화성을 중심으로 설치하였습니다.

규장각 奎章閣

奎 별 이름, 문장 규 章 문장 장 閣 관청 각

임금의 글을[奎章] 보관하는 관청[閣]

奎는 '별 이름'으로 별 중에 문장을 주관하는 역할을 하기 때문에 '임금의 글'을 가리켜 奎章이라고 합니다.

규장각은 원래 숙종肅宗 때 국왕의 시문, 친필 서화 등을 보관·관리하기 위해 설치되었다가 곧 폐지된 것을 정조가 1776년 궐내에 왕실 도서관으로 다시 설치하였습니다. 국왕 직속의 학술 및 정책 연구 기관이지만, 실제는 진보적인 학자들을 기용하여 붕당의 폐단을 막고 왕권을 강화하기 위해 만든 곳입니다.

대전통편 大典通編

大 크다 대 典 책 전 通 통하다 통 編 엮다 편

여러 대전을[大典] 통합하여[通] 편찬한[編] 책

《대전통편》은 1785년(정조 9)에 《경국대전經國大典》과 《속대전續大典》 및 그 뒤에 생겨난 모든 법령을 통합하여 편찬한 책입니다.

동문휘고 同文彙考

同 같다 동 文 글 문 彙 무리, 모으다 휘 考 헤아리다, 고증考證한 글 고

같은[同] 문자로[文] 정리한[彙] 책[考]

'同文'은 '동문동궤同文同軌'에서 온 말로 각 국의 문자가[文] 같고[同], 수레를[軌] 만드는 법이 같다는[同] 뜻에서 천하가 하나로 통일되어 한 임금을 따른다는 뜻입니다. 이는 외교 형식의 하나로, 같은 문자로 큰 나라와 작은 나라가 교류한다는 의미로 쓴 것입니다. '考'는 '어떤 내용을 참고하기 위해 만든 책'이라는 뜻입니다.

《동문휘고》는 조선 후기 대청對淸 및 대일對日 외교 문서를 집대성한 책으로, 1788년(정조 12)에 완성되었습니다.

탁지지 度支志

度 (헤아린) 정도 도, 헤아리다 탁 支 갈라져 나오다, 헤아리다 지 志 뜻, 문체 지

호조의[度支] 모든 사례를 정리한 책[志]

'度'는 보통 '법도 도'로 쓰이지만 여기서는 '헤아리다 탁'으로 읽어야 합니다. '支'는 흔히 '갈라져 나오다'라는 뜻으로 쓰이지만 여기서는 '헤아리다, 계산하다'의 뜻입니다. '志'도 일반적으로 '뜻'이라는 의미로 쓰이지만, 여기서는 '삼국지三國志'에서처럼 '사물의 연혁 등을 기록하는 문체'라는 뜻으로 쓰였습니다. '탁지'라는 명칭은 **탁용지비**度用之費의 약칭으로 **호조**戶曹를 가리킵니다.

《탁지지》는 조선 시대 정조의 명에 의하여 호조의 모든 사례를 정리하여 편찬한 책으로, 1788년(정조 12)에 완성되었습니다.

- ● **度用之費** [度 (헤아린) 정도 도, 헤아리다 탁 用 사용하다 용 之 ~하는 지 費 소비하다 비] 쓰는[用][之] 비용을[費] 헤아림[度]. 度用은 탁지경용度支經用에서 유래한 말입니다.
- ● **戶曹** [戶 집 호 曹 관청 조] 6曹의 하나로 인구 조사·세금[戶] 등의 경제 분야를 담당함[曹].

항조 抗租

抗 저항하다 항 租 세금 조

조세를[租] 내지 않겠다고 저항함[抗]

항조는 당시 지나친 양의 조세를 감해 주지 않으면 이를 내지 않겠다고

저항하는 운동으로, 병작반수제竝作半收制가 농민들에게 부담을 주고, 사회적으로도 소작농들의 힘이 강해지면서 일어났습니다.

거세 拒稅

拒 거부하다 거 稅 세금 세

세금 납부를[稅] 거부함[拒]

거세는 조선 후기 사회적으로도 소작농들의 힘이 강해지면서 정부의 잘못된 세금 정책을 비판하는 한 방식입니다.

민란 民亂

民 백성 민 亂 어지럽다 란

백성들이[民] 일으킨 난[亂]

민란은 비조직적이며 정부를 뒤엎을 목적이 없는 백성들의 소란입니다.

세도 정치 勢道政治

勢 세력 세 道 길, 올바른 길 도 政 정치 정 治 다스리다 치

권세로[勢] 다스리는 것을 도로[道] 삼는 정치[政治]

'勢道'는 '世道'에서 변질된 말로, '世道'는 '세상을 다스리는 커다란 도'라는 뜻이었으나, 왕이 아닌 다른 세력이 권세를 장악하면서 '勢道'라는 말로 바꾸어 썼습니다.

세도 정치란 종래의 일당 전제마저 거부한 특정 가문이 권력을 독점하는 정치 형태로, 정권의 사회적 기반이 결여되었을 뿐 아니라 한 가문의 이익을 위해 정국이 운영되었기 때문에 그것은 정치 질서의 파탄을 의미하는 것이었습니다.

그 세력은 정조正祖 때 홍국영洪國榮(1748~1781)으로부터 출발하여 순조純祖가 즉위한 후에는 김조순金祖淳(1765~1832) 이래 안동 김씨, 1827년(순조 27) 세자가 정치를 대리한 다음부터 헌종 때까지는 풍양 조씨, 철종 때 다시 안동 김씨의 순서로 진행됩니다.

백두산정계비 白頭山定界碑

〈白 희다 백 頭 머리 두 山 산 산〉 산 이름 定 정하다 정 界 지역 계 碑 비석 비

백두산에[白頭山] 조선과 청나라의 경계를[界] 정하여[定] 세운 비석[碑]

백두산정계비는 조선 시대 백두산의 지류인 압록강과 두만강 사이에서 두 나라 사이에 분쟁이 자주 일어나자, 1712년(숙종 38)에 당시 청나라의 오라 총관 목극등 등과 조선 관원들이 현지를 직접 답사하면서 세운 비석입니다. 그러나 1931년 9월 만주 사변滿洲事變이 일어난 직후에 없어졌습니다.

기유 약조 己酉約條

〈己 자기, 여섯째 천간 기 酉 열째 지지 유〉 연도 約 약속하다 약 條 조목 조

기유년에[己酉] 맺은 약조[約條]

'約條'는 '조건을 정하여 약속하다'라는 뜻입니다.

기유 약조는 1609년(광해군 1)에 일본과 맺은 강화 조약입니다. 임진왜란 후 일본에서는 도요토미가 죽자 도쿠가와가 정권을 잡고 에도 막부를 세운 뒤 조선의 선진 문물을 받아들이기 위하여 교류를 요청했습니다. 조선에서는 왜란 당시의 피해 때문에 찬반이 엇갈렸지만 3대 조건을 붙여 약속하였고, 일본 정부가 이를 이행했기 때문에 조약이 맺어졌습니다.

기유 약조 3대 조건

1. 국서를 정식으로 먼저 보내올 것.
2. 왜란 중 조선의 왕릉을 도굴한 일본인들을 압송할 것.
3. 일본으로 끌려간 조선인 포로를 송환할 것.

통신사 通信使

通 통하다 통 信 믿다 신 使 시키다, 사신 사

두 나라 사이에 신의를[信] 통하게[通] 하는 사신[使]

통신사는 조선 시대 일본과의 교류를 위해 일본 **막부**幕府에게 보낸 사신을 말합니다. '通信'이라는 용어를 쓴 이유는 두 나라가 서로 대등한 입장

에서 신의를 통하자는 뜻에서 나왔습니다. 이 이름은 나중에 수신사修信使로 바뀝니다.

- **幕府** [幕 장막, <u>장군의 군막</u> 막 府 관청 부] 일본에서 카마쿠라·무로마찌·에도의 세 시대에 걸쳐 장군將軍이 정치를 다루던 곳. 즉 무인들의[幕] 정부라는[府] 뜻.

2. 경제 구조의 변화와 사회의 변동

직파법 直播法

直 곧다, 직접 직 播 뿌리다 파 法 법 법

수확을 거둘 땅에 곧바로[直] 씨를 뿌리는[播] 방법[法]

직파법은 미리 발아시킨 볍씨를 논에 파종하는 농사법입니다. 이앙법에 비해 김매는 횟수가 많아 노동력이 많이 필요합니다.

이앙법 移秧法

移 옮기다 이 秧 모(벼의 싹) 앙 法 법 법

모를[秧] 옮겨[移] 심는 방법[法]

모내기. 이앙법은 못자리에 모를 먼저 기른 후 조금 자라면 논으로 옮겨 심는 법으로, 이 방식은 땅을 다양하게 이용하여 벼와 보리의 **이모작**二毛作을 가능하게 했고, 수확도 훨씬 증대시켰습니다. 그러나 중간에 모를 옮겨야 하는 번거로움이 있으며, 모내기철에 비가 오지 않으면 일 년 농사를 모두 망쳤습니다. 그래서 조선 정부에서는 이앙법을 금지했지만, 조선 후기 농민들은 수리 시설을 확대하면서 이앙법을 보편화시켰습니다.

○ **二毛作** [二 둘 이 毛 털, 식물 모 作 만들다, 경작하다 작] 한 경작지에서 한 해에 두 차례 다른 작물을 심어 거두는 일. 예를 들어, 봄에는 수박을 심었다가 수확하고 여름에는 배추를 심는 일.

농종법 壟種法

壟 언덕, 밭두둑 롱 種 종류, 씨 종 法 법 법

밭두둑에[壟] 씨를[種] 뿌리는 방법[法]

농종법은 밭갈이로 인해 높아진 부분인 두둑에 씨를 뿌리는 방법입니다.

견종법 畎種法

畎 밭고랑 견 種 종류, 씨 종 法 법 법

씨를[種] 고랑에[畎] 뿌리는 방법[法]

견종법은 씨를 고랑에 뿌리는 방법으로, 조선 중기 이후에 발달한 경작법입니다. 고랑에 파종을 하면 두둑이 바람을 막고 습기를 머금어 주기 때문에 농종법보다 추위와 가뭄에 강해집니다. 또한 곡식이 자라면서 두둑의 흙으로 뿌리 부분을 덮을 수 있어, 농작물이 더욱 잘 자라도록 합니다.

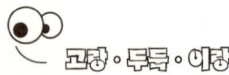
고랑·두둑·이랑

두둑은 흙을 갈아 북돋운 곳이고 고랑은 흙을 갈아 파낸 자리인데, 이 둘을 합쳐 이랑이라고 함.

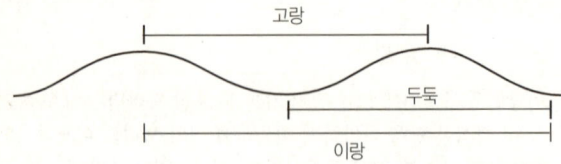

광작 廣作

廣 넓다 광 作 만들다, 경작하다 작

넓은[廣] 토지를 소유하여 농사를 지음[作]

광작은 조선 후기 경작지의 규모를 확대하여 넓은 토지를 경작하던 새로운 농업 경영 방식입니다. 이앙법과 견종법 등 조선 후기 농업 기술의 발전은 노동력을 크게 절감시켜, 한 사람이 경작할 수 있는 토지 면적을 크게 넓혀 광작을 가능하게 하였습니다. 광작의 출현은 광작을 통해 부를 축적한 경영형 부농과 토지를 잃고 몰락한 빈농·임금 노동자로의 농민층 분화를 촉진시켜 조선 후기 사회 변동의 한 요인이 되었습니다.

타조법 打租法

打 때리다, 타작하다 타 租 세금 조 法 법 법

벼를 타작한[打] 후 그 수확량에 따라 지대地代를[租] 내는 법[法]

타조법은 지주와 소작인이 수확을 반씩 나누고 전세, 종자, 농기구는 소작인이 부담해야 하는 불합리한 제도입니다. 이 법은 수확량에 따라 지주에게 돌아가는 이윤에 차이가 나기 때문에, 지주는 많은 이윤을 남기려고 소작농에게 심한 간섭과 부담을 가중시켰습니다.

도조법 賭租法

賭 도박, 걸다 도 租 세금 조 法 법 법

지대(소작료)의[租] 양을 미리 정해[賭] 놓는 법[法]

도조법은 타조법에 대한 농민의 반발로 조선 후기에 새롭게 생겨난 지대의 관행입니다. 이 법으로 농민들은 남의 밭을 빌어서 농사를 지을 때, 지대로 농사의 풍작·흉작에 관계없이 해마다 수확량의 1/3을 고정적으로 지주에게 바쳤습니다. 이렇게 지대의 양이 고정되자 지주의 간섭이 약해졌고, 농민들은 더욱 자유로운 농업 경영을 할 수 있었습니다.

선대 先貸

先 먼저 선 貸 빌리다 대

먼저[先] 빌려 줌[貸]

선대는 조선 시대 민간 수공업자들이 공인이나 상인들로부터 주문을 받으면서, 물건을 만드는 데 필요한 돈과 원료를 미리 받는 것을 말합니다.

설점수세 設店收稅

設 설치하다 설 店 가게 점 收 거두다 수 稅 세금 세

금광이나 은광을[店] 직접 설치[設]·경영하게 하고, 그 대가로 세금을[稅] 거두는[收] 정책

'店' 보통 '가게'의 뜻이지만, 광산도 '店'이라 합니다. 그래서 은광銀鑛을 은점銀店이라고도 불렀습니다.

설점수세는 16세기 이래로 농민들이 광산에 부역으로 동원되는 것을 거

부하기 시작하자 만든 정책으로, 정부에서는 이 문제를 해결하기 위해 민간인들에게 금광이나 은광을 직접 경영하게 하고, 그 대가로 세금을 거두었습니다. 이 정책을 시행한 의도는 악화되고 있던 국가 재정을 보충하고, 중국과의 무역을 활성화하기 위해서입니다.

도고 都賈

都 도읍, 모두 도 賈 장사하다 고

물건을 도거리로[都] 장사하는[賈] 사람 =도고都庫

'賈'는 '가게를 가지고 하는 장사'를 뜻하는 한자입니다.
도고는 물건을 모두 맡아서 장사하는 사람으로, 상품의 유통 과정에서 상품을 매점 매석하여 가격을 오르게 한 뒤 이익을 꾀하는 상인입니다.

○ **도거리** 따로따로 나누지 아니하고 한데 합쳐서 몰아치는 일.

사상 私商

私 개인 사 商 장사하다 상

관청과 관계없이 혼자[私] 버는 장사꾼[商]

사상은 관청과 관계없이 혼자 버는 장사꾼으로, 서울을 비롯한 각 지방의 시장을 연결하면서 상권을 확장하고 대외 무역에도 깊이 참여했습니다. 이들의 활동은 주로 개성, 평양, 의주, 동래(부산) 등 지방 도시에서 행해졌습니다.

중도아 中都兒

中 가운데 중 都 도읍, 모두 도 兒 아이, 젊은 남자 아

중간에[中] 물건을 도거리로[都] 파는 사람[兒]

중도아는 17~18세기 상업이 발달하면서, 농촌에서 도시로 유입된 인구의 일부가 상업에 종사하고자 하였는데, 이때 시전에서 물건을 떼어나가 파는 사람을 가리키는 말입니다.

금난전권 禁亂廛權

禁 금지하다 금 亂 어지럽다 란 廛 가게 전 權 권세 권

난전을[亂廛] 금지하는[禁] 권리[權]

 '亂廛'은 '시전을 어지럽히다'라는 뜻으로, 허가를 받지 않고 몰래 물건을 파는 장사꾼이나 상점, 노점을 뜻합니다.
 금난전권은 조선 후기 사상의 활동이 왕성해져 시전 상인들이 손해를 입게되자, 시전 상인들이 자신들 활동처인 시전을 보호하기 위해 만든 권리입니다. 시전 상인들은 이 방법으로 사상의 활동을 억제하고자 했고, 심지어 사상에게 형벌을 직접 가하기도 하였습니다. 그러나 사상이 상공업의 발달과 함께(정조 15, 1791년-신해통공) 크게 성장하자, 정부는 육의전만 빼고 금난전권을 폐지하였습니다.

선상 船商

船 배 선 商 장사하다 상

선박을[船] 이용한 장사꾼[商]

 선상은 선박을 이용해서 각 지방의 물품을 구입해 와 포구浦口에 처분하는 상인으로, 경강 상인이 대표적입니다.

○ 浦口 [浦 나루터 포 口 입, 어귀 구] 배가 드나드는 물가의 입구.

객주 客主

客 손님 객 主 주인 주

객지 상인에[客] 대한 모든 행위의 주선인[主]

 객상 주인客商主人의 준말.
 객주는 각지의 상품 집산지에서 상품을 위탁받아 팔아 주거나 매매를 주선하며, 그에 따르는 창고·수송·금융 등 여러 기능을 겸하는 중간 상인입니다.

여각 旅閣

旅 나그네 려　閣 큰집 각

나그네를[旅] 묵게 해 주는 집[閣] =객줏집

여각은 각 지방의 선상들이 물건을 싣고 포구에 들어오면 그 상품의 매매를 중개하고, 부수적으로 운송·보관·숙박·금융 등의 영업을 하는 집을 말합니다.

경강 상인 京江商人

京 서울 경　江 강 강　商 장사하다 상　人 사람 인

서울의[京] 한강을[江] 근거지로 한 상인[商人]

경강 상인은 사상 가운데 서울의 한강을 근거지로, 서남 해안을 오가며 곡식·소금·어물 등의 운송과 판매를 장악하여 부를 축적한 상인을 말합니다.

개시 開市

開 열다 개　市 시장 시

국가에서 허가를 받아 연[開] 시장[市]

개시는 '무역을 시작하다'라는 뜻으로, 조선 시대 국경 지대를 중심으로 한 공적인 무역을 말합니다. 즉 양국의 합의로 국경 지대에 시장이 열리는 것입니다.

최초의 개시는 1603년(선조 36)에 왜구를 상대로 한 왜관 개시倭館開市이고, 병자호란 후에는 국경의 여러 곳에서 다른 개시가 생겨납니다.

[참고] 왜관

후시 後市

後 뒤 후　市 시장 시

국가에서 허가를 받지 않고 뒷거래로[後] 이루어지는 시장[市] =밀무역

후시는 17세기 이후 국경에서 상인들에 의해 사적으로 행해지던 무역 시장을 말합니다. 사상의 성장에 따라 국경 지대에서 몰래 행해지던 교역으

로 사상들은 후시를 통해 막대한 부를 축적할 수 있었고, 정부에서도 통제가 어려워지자 이를 인정하고 세금을 받았습니다.

만상 灣商

灣 육지로 굽어 들어온 바다, 지명 만 商 장사하다 상

용만의[灣] 상인[商]

만상은 조선 후기 중국과의 무역에서 중요한 역할을 담당한 의주義州의 사상私商으로, 의주를 다른 말로 '용만龍灣'이라 불렀기 때문에 만상이라고 합니다.

내상 萊商

萊 묵은 밭, 지명 래 商 장사하다 상

동래의[萊] 상인[商]

내상은 조선 후기에 동래東萊(현재 부산의 일부 지역)를 중심으로 대외 무역을 하던 사상으로, 동래의 '萊'를 따라 내상이라고 불렀습니다.

송상 松商

松 소나무, 지명 송 商 장사하다 상

송도의[松] 상인[商]

송상은 조선 후기 개성開城을 중심으로 전국 규모의 활동 및 대외 무역을 하던 사상으로, 송상이라 부르는 이유는 개성을 '송도松都'라고 불렀기 때문입니다.

전황 錢荒

錢 돈 전 荒 황무지 황

돈의[錢] 유통량이 부족함[荒]

전황은 땅에 풀이나 나무가 없어 황무지가 된 것처럼, 돈이 없어 유통이 안 된다는 말입니다. 이런 현상은 조선 후기 상공업의 발달로 전화錢貨가 전국적으로 유통되고 세금도 전화로 대신하자, 전에는 토지를 넓혀 부를

축적하던 것이 전화를 축적하는 쪽으로 바뀌게 되면서 나타났습니다.

납속책 納粟策

納 바치다 납 粟 조, 곡식 속 策 계책 책

특혜를 받는 조건으로 곡물을[粟] 바치는[納] 정책[策]

납속책은 조선 시대 전란戰亂으로 생긴 재정의 어려움을 해소하고자 쓴 방법입니다. 즉 국가에 곡식을 내면 벼슬을 내려 주거나, 노비의 신분에서 해방시켜 준다든지 세금을 면제시켜 주는 정책입니다. 이 정책으로 서얼들은 관직에 나아가는 등 신분 제도의 변화를 초래하였습니다.

향반 鄉班 = 토반 土班

鄉 시골 향 · 土 흙, 지방 토 班 나누다, 줄서다 반

향촌의[鄉] 양반[班] · 지방의[土] 양반[班]

서울의 양반이 소수의 인원이면서 국가의 주요 권력을 장악하고 있다면, 반대로 향반은 전국적으로 넓게 분포하며, 향촌 사회에서 지주로서 농민을 지배하고 있던 계층입니다. 이들은 **향안**鄉案을 만들어 결속을 강화하고, **향회**鄉會를 통해 향촌 사회의 여론을 주도하면서 농민들에게 유교적 향약鄉約을 강요하였습니다. 그러나 조선 후기에 들어서면서 이들의 기반과 권한이 약화되어 **잔반**殘班으로 몰락하는 경우가 많았습니다.

- ◐ 鄉案 [案 의견 내다, 서류 안] 향반의 이름을 적어 놓은 장부. 경재소京在所에 비치된 경안京案에 대칭해서 쓰는 말.
- ◐ 鄉會 [會 모이다 회] 향촌 사회의 일을 의논하기 위한 고을 사람의 모임.
- ◐ 鄉約 [約 약속하다 약] 같은 마을 사람들이 지켜야 할 약속.

잔반 殘班

殘 남다, (기운이) 쇠퇴하다 잔 班 나누다, 줄 서다 반

몰락한[殘] 양반[班]

잔반은 붕당 정치가 진행되면서 권력에서 소외된 양반들을 가리킵니다. 조선 후기 양인의 신분 상승으로 양반의 숫자가 많아졌고, 붕당 정치가 변질되어 한쪽 세력이 권력을 독점하면 나머지 양반들은 몰락하는 상황이 벌

어졌습니다. 이 때 향촌에서 겨우 위세를 유지하면 향반鄉班이라 했지만, 더욱 몰락하면 잔반殘班이라고 하였습니다.

공동 납제 共同納制

共 함께 공 同 같다, 함께 동 納 바치다 납 制 만들다, 제도 제

공동으로[共同] 세금을 납부하는[納] 제도[制]

공동 납제는 조선 후기 세 부담의 의무를 지닌 인구가 줄면서 정부가 시행한 정책으로, 개인에게 매겨졌던 세를 한 마을이 공동으로 일정량을 납부하게 하는 제도입니다. 이 제도는 후에 오히려 농민의 궁핍화를 가속화시켰고, 결과적으로 농민의 불만만 초래하였습니다.

이양선 異樣船

異 다르다 이 樣 모양 양 船 배 선

모양이[樣] 다른[異] 배[船]

이양선은 모양이 다른 배란 뜻으로, 서양의 상선商船이나 군함을 이르던 말입니다. 18세기 이전에 서양의 배들은 거의 표류에 의한 불가피한 접근이었으나, 18세기 후반부터는 정탐, 측량, 통상을 목적으로 계획적이며 의도적인 접근을 하였습니다.

비기 秘記

秘 숨기다 비 記 기록하다 기

길흉화복 따위의 예언을 적은 비밀스러운[秘] 기록[記]

비기는 인간의 길흉화복이나 국가의 장래에 관한 것을 도참 사상 및 음양오행설에 의해 행하는 예언적 기록, 공공연하게 발표될 수는 없는 비밀스런 기록이란 뜻입니다. 대체로 천문 · 역산曆算 · 음양 · 점후占候 등에 관한 내용이 중심입니다. 유형별로는 조상이 자손의 장래를 염려하여 남겨 놓은 것과 국가의 장래에 관한 것, 그리고 개인의 운명과 관계되는 것 등이 있습니다.

정감록 鄭鑑錄

〈鄭 나라 이름, 성씨 정 鑑 거울 감〉 사람 이름 錄 기록하다 록

정감이라는[鄭鑑] 사람으로부터 들은 이야기를 기록한[錄] 책

《정감록은》 조선 시대 이래 민간에 널리 유포되어 온 우리나라의 대표적인 예언서입니다. 이 책엔 조선은 곧 망하고 이李씨 대신 정鄭씨가 왕위에 오른다는 예언이 실려 있기 때문에 정부에서는 금서로 정했습니다. 이 책은 후에 민간에서 은밀히 전해졌으며, 널리 유포된 것은 조선 후기입니다. 정감록이라고 하는 이유는 정씨의 조상인 정감鄭鑑이라는 사람으로부터 들은 이야기를 기록한 책이기 때문이라고는 하나 확실한 것은 알 수 없습니다.

미륵 신앙 彌勒信仰

〈彌 두루 미 勒 굴레 륵〉 부처 종류 信 믿다 신 仰 우러러보다 앙

미륵불이[彌勒] 재림한다는 신앙[信仰]

'彌勒'은 범어 'Maitreya'의 음역으로, 석가모니가 죽은 후 56억 7천만 년이 지나면 다시 이 사바 세계에 출현하여 중생衆生을 구제한다고 하는 보살菩薩입니다.

여타 종교에서 신의 재림을 믿듯이 불교에서는 미륵불이 재림 부처인 셈입니다. 즉 불교가 현실의 복을 비는 무속적 요소와 어울려 만들어진 대표적 예입니다. 미륵보살은 하늘의 최상층인 도솔천에서 욕심으로 범벅이 된 인간 세계의 고뇌를 내려다보며 재림할 시기를 엿본다고 합니다.

동학 東學

東 동쪽 동 學 배우다, 학문 학

서학西學에 대한 대응 개념

동학은 **서학西學**에 대응할 만한 동토東土, 즉 한국의 종교란 뜻입니다. 조선은 19세기 중반 이후 정치의 문란과 관리의 부패, 각지에서 일어난 반란, 외국의 긴섭 등으로 사회적 불안이 심각한 상황이었습니다. 그러나 기존의 종교와 사상은 쇠퇴하거나 부패하였고, 새로 들어온 천주교(서학)는 우리의 고유 전통과 갈등을 일으켜 민중들의 신앙적 안식처가 되지 못하였습니다. 이에 최제우는 풍수 사상과 유·불·선의 교리를 바탕으로 **인내천**人乃天, **천심즉인심**天心卽人心의 사상에 기반하여 동학을 창시하였습니니

다. 또한 동학은 신앙 운동으로만 머무르지 않고, **후천 개벽**後天開闢을 내세워 운수가 끝난 조선 왕조를 부정하였습니다.

- 西學 서양에서[西] 들어온 학문[學]. 천주교.
- 人乃天 [乃 이에, 곧 내] 사람은[人] 곧[乃] 하늘[天]. 인내천은 동학의 기본 사상으로, '사람은 곧 하늘이다' 라는 뜻. 즉 사람은 누구나 귀중하고 평등한 존재라는 말로, 그 가르침의 바탕에는 인간은 누구나 존엄하고 평등하다는 사회 의식이 깔려 있음.
- 天心卽人心 [卽 즉시, 곧 즉] 하늘의[天] 마음은[心] 곧[卽] 사람의[人] 마음[心].
- 後天開闢 [開 열다 개 闢 열다 벽] 후천이[後天] 개벽함[開闢]. 후천 개벽은 최제우가 천도교를 창건한 경신庚申(1860) 4월 5일 이후를 후천後天이라고 하고, 그 이전을 선천先天이라 한 데서 유래한 말로, 천도교가 창건되면서 이전의 세상이 가고 새로운 세상이 열렸다는 뜻. 이 사상은 동학이 신앙 운동에만 머무르지 않았다는 것을 보여 주는 것으로서, 운수가 끝난 조선 왕조를 부정하는 이념이 담겨 있음.

소청 訴請

訴 하소연하다 소 請 요청하다 청

하소연하고[訴] 요청함[請]

소청은 포악한 정치를 중지하라고 요청하는 행위입니다.

벽서 壁書

壁 벽 벽 書 책, 쓰다 서

벽에[壁] 쓴 글[書]

벽서는 부정과 비리가 심한 관리를 폭로하기 위해 그 내용을 벽에 쓰는 것으로, 자신의 이름을 쓰면 **무고죄**誣告罪로 당하기 때문에 **익명**匿名으로 하였습니다.

- 誣告罪 [誣 사실을 속이다 무 告 알리다 고 罪 죄 죄] 죄 없는 사람을 죄가 있다고 속여 고발하면 처벌 받는 죄.
- 匿名 [匿 숨기다 닉 名 이름 명] 이름을 숨김.

임술 농민 봉기 壬戌農民蜂起

〈壬 아홉째 천간 임 戌 열한번째 지지 술〉 연도 農 농사 농 民 백성 민 蜂 벌 봉 起 일어나다 기

임술년에[壬戌] 농민들이[農民] 정치에 항거하여 벌떼처럼[蜂] 일어난 [起] 사건 =임술민란

임술 농민 봉기는 1862년(철종 13)에 전국에서 일어난 수십여 건의 민란을 한꺼번에 부르는 말로, 직접적인 원인은 세도 정권의 부패와 삼정의 문란이고, 이면에는 빈익빈 부익부의 경제 변화와 신분제의 붕괴, 농민 의식의 성장 등이 있습니다. 정부에서는 이 사태를 해결하기 위해 삼정이정청三政釐整廳을 설치하고 여러 개혁안을 내놓지만, 얼마 지나지 않아 삼정이정청이 폐지되는 등 약속된 정책은 실현되지 않았습니다.

삼정 문란 三政紊亂

三 셋 삼 政 정치 정 紊 어지럽다 문 亂 어지럽다 란

세 가지[三] 수취 체제의[政] 문란[紊亂]

삼정의 문란은 조선 시대 세 가지 수취 체제의 문란 현상입니다. 이 현상은 조선 전기부터 나타났으나, 조선 후기에 접어들면서 국가 기강이 해이해지고 탐관오리의 부정과 토색이 늘어남에 따라 더욱 심해졌으며, 특히 세도 정치기에 들어서면서 크게 문란해졌습니다. 정부에서는 삼정의 문란을 해결하려고 암행어사를 파견하는 등 여러 노력을 해 보았으나 실패하였고, 이러한 수탈에 반대하는 농민들의 난이 일어나기 시작했습니다. 세 가지는 다음과 같습니다.

- **田政** [田 밭 전 政 정치 정] 토지에[田] 관한 수취 체제[政]. 지방 수령들은 조세의 양을 마음대로 늘려 농민들에게 과중하게 거두어들여 이익을 챙기고 농민들을 수탈하였습니다. 또한 양반들은 은결隱結(숨겨 놓은 토지)을 신고하지 않고 면세지로 인정 받는 등 특권을 누렸습니다.
- **軍政** [軍 군사 군 政 정치 정] 군포에[軍] 관한 수취 체제[政]. 양반들은 군역에서 여러 방법으로 빠지고, 부유한 농민들도 양반의 자격을 얻으면서 가난한 농민만 부담을 안았습니다.
- **還穀** [還 돌아오다 환 穀 곡식 곡] 곡식을[穀] 백성들에게 꾸어 주었다가 가을에(수확기)에 다시 돌려 받던[還] 빈민 구제 제도. 국가는 이 제도를 빈민 구제보다 재정 확보 방법으로 이용하면서 이자가 높아지고, 관리들은 장부를 거짓으로 꾸며 개인적 이익을 취하여 백성들을 괴롭혔습니다.

삼정이정청 三政釐整廳

三 셋 삼 政 정치 정 釐 다스리다, 고치다 리 整 바로잡다 정 廳 관청 청

삼정의[三政] 폐단을 바로잡기[釐整] 위해 설치한 임시 관청[廳]

  삼정이정청은 1862년(철종 13)에 삼정의 폐단을 바로잡기 위해 설치한 임시 관청입니다. 이곳은 당시 삼정의 폐단을 바로잡기 위해 여러 정책을 시행하여 처음에는 민심을 누그러뜨렸으나, 사회 모순의 근본적인 해결책이 아닌데다 민중의 호응을 얻지 못해 곧 철폐되었습니다.

3. 문화의 새 기운

성리학 性理學

性 성품 성 理 이치 리 學 배우다, 학문 학

성과[性] 이에[理] 관한 학문[學]

성명의리학性命義理學의 준말.

성리학은 하늘로부터 받은 만물의 성질과 우주 자연이 돌아가는 올바른 이치를 캐내는 학문으로, 중국 송宋·명明나라 때 발전하였습니다. 우리나라에는 고려 충렬왕 때(13세기 후반) 안향安珦(1243~1306)에 의해 처음 소개되었고, 백이정白頤正(1247~1323)이 원나라에 직접 가서 배워 오면서 전해졌습니다.

시기별로 나누어 보면 고려 말에는 이제현李齊賢(1287~1367)·이색李穡(1328~1396)·정몽주鄭夢周(1337~1392)로 이어지면서 성리학이 전문적으로 연구되는 수준에 이르렀고, 조선이 건국되면서 권근權近(1352~1409)·정도전鄭道傳(1337~1398)에 의해 통치 이념으로 발전하였고, 그 후 16세기부터는 이황李滉(1501~1570)·이이李珥(1536~1584) 등에 의해 탐구가 본격화되면서 주리파·주기파라는 학파가 형성되다가, **교조주의**教條主義로 흐르게 되면서 여러 폐단이 생겨났습니다.

○ 教條 [教 가르치다 교 條 가지, 조목 조] 성현의 말이나 사상을[條] 시대가 변해도 변하지 않는 절대적인 것으로 여겨, 현실을 무시하고 기계적으로 적용하려는[教] 생각.

명분론 名分論

名 이름 명 分 나누다, 구별하다 분 論 논의하다 론

이름과[名] 그에 따른 내용·직분이[分] 맞아야 한다는 이론[論]

명분론은 성리학에서 나온 것으로, 지배 계층인 양반들이 수직적 질서를 유지하기 위해 내세운 이론입니다. 예를 들어 사대부士大夫와 노비奴婢는 그 이름에 이미 학문과 벼슬을 하는 사람과 부림을 당하는 사람이란 내용까지 고정되어 있고, 그들은 평생 지배 계급과 피지배 계급으로 살아야 한다는 것입니다. 그래서 만약 낮은 신분의 사람이 분에 넘치는 행위를 하면 이는 **천리**天理에 어긋나는 것으로 받아들였습니다. '송충이는 솔잎을 먹어야지 갈잎을 먹을 수 없다'라든가, '오르지 못할 나무는 쳐다보지도 말라'는 속담과 일맥상통합니다.

● **天理** [天 하늘 천 理 이치 리] 천지 만물에 통하는 이치 = 천도天道, 천륜天倫.

삼강오륜 三綱五倫

三 셋 삼 綱 벼리(그물을 버티게 하는 테두리의 굵은 줄) 강 五 다섯 오 倫 사람의 도리 륜

세[三] 벼리와[綱] 다섯[五] 인륜[倫]

삼강오륜은 유교의 세 가지 기본 강령과 다섯 가지 실천 사항으로, 조선 사회의 종적인 지배와 예속 관계를 밝히고 있는 항목입니다.

삼강三綱은 세 가지 마땅히 지켜야 할 도리로, 다음과 같습니다.
1. 군위신강君爲臣綱 [君 임금 군 爲 되다 위 臣 신하 신 綱 벼리 강] 임금은 신하의 벼리가 되어야 함.
2. 부위자강父爲子綱 [父 아버지 부 爲 되다 위 子 아들 자 綱 벼리 강] 아버지는 아들의 벼리가 되어야 함.
3. 부위부강夫爲婦綱 [夫 남편 부 爲 되다 위 婦 아내 부 綱 벼리 강] 남편은 아내의 벼리가 되어야 함.

오륜五倫은 다섯 가지 실천 윤리로, 다음과 같습니다.
1. 부자유친父子有親 [父 아버지 부 子 아들 자 有 있다 유 親 친하다 친] 아버지와 아들은 친함이 있어야 함. 즉 부모는 자녀에게 인자하고, 자녀는 부모에게 존경과 섬김을 다하여야 함.
2. 군신유의君臣有義 [君 임금 군 臣 신하 신 有 있다 유 義 옳다, 의리 의] 임금과 신하는 의가 있어야 함.
3. 부부유별夫婦有別 [夫 남편 부 婦 아내 부 有 있다 유 別 따로, 나누다 별] 남편과 아내는 분별이 있어야 함. 즉 각기 자기의 본분을 다하여야 함.
4. 장유유서長幼有序 [長 길다, 어른 장 幼 어리다 유 有 있다 유 序 처음, 차례 서] 어른과 어린이 사이에는 차례와 질서가 있어야 함.
5. 붕우유신朋友有信 [朋 친구 붕 友 친구 우 有 있다 유 信 믿다 신] 친구 사이에는 신의가 있어야 함.

사문난적 斯文亂賊

斯 이것 사 文 글 문 亂 어지럽다 난 賊 도적 적

유학을[斯文] 어지럽히는[亂] 도적[賊]

斯文은 《논어論語》〈자한편子罕篇〉에 실린 공자의 말에서 유래했습니다.

문왕文王이 이미 돌아가셨으니 문文이 이 몸에 있지 않겠는가? 하늘이 장차 사문斯文을 없애려 하셨다면 뒤에 죽는 사람(공자 자신)이 사문에 참여하지 못하였을 것이다. 그러나 하늘이 사문을 없애려 하지 않으셨으니, 광匡 땅 사람들이 나를 어떻게 하겠는가?

공자가 제자들과 함께 광 땅을 지날 때에 광 땅 사람들이 공자를 악한惡漢인 양호陽虎라는 사람으로 오인하고 포위하여 해치려 한 적이 있었는데, 공자는 위기를 당하여 이렇게 말씀하신 것입니다. 공자는 문왕과 주공周公이 남긴 학문과 사상을 사문斯文이라 하고, 자신은 천명으로 사문을 이어받았다고 자부한 것입니다. 이후 斯文은 유학을 가리키는 말로 쓰였습니다.

그래서 사문난적은 유학의 교리를 어지럽히고 사상에 어긋나는 언행을 하는 사람이란 뜻으로, 16세기 이후 성리학계에서 자신들에 대해 비판적 견해나 주장을 가졌던 사람을 배척하는 용어로 쓰였습니다.

조선 중기 붕당이 진행되면서 복잡한 의례나 여러 정치적 결정 사항이 학술적 차원을 넘어 정치 쟁점이 되었습니다. 이후 학문과 정치가 깊은 관련을 맺으면서 유학의 배타성이 더욱 강해지기 시작했습니다. 이 때문에 당시 도道, 불佛과 같은 다른 학문은 당연히 용납되지 않았고, 주자朱子의 해석에 반대하기만 해도 사문난적이라고 공격을 당하였습니다.

양명학 陽明學

〈陽 햇볕 양 明 밝다 명〉 호 學 배우다, 학문 학

왕양명이[陽明] 주장한 학풍[學]

양명학은 중국 명나라 때의 왕수인王守仁(양명陽明은 호)이 주장한 유학의 한 학풍으로, 성리학의 관념성을 비판하면서 **지행합일**知行合一의 실천성을 주장하였습니다. 우리나라에서는 조선 중기 이후 **교조학**敎條化된 성리학을 비판하던 일부 학자들에 의해 수용되었고, 18세기 정제두鄭齊斗(1649~1736)에 의해 독자적인 학문적 체계가 세워졌습니다.

또한 양명학은 '모든 인간은 **양지**良知라고 불리는 선천적 지식을 가지고 태어난다'는 주장을 하는데, '양지'는 사물을 바로 인식함으로써 완성되는 것이라고 하였습니다.

- **知行合一** [知 알다 지 行 다니다 행 合 합하다 합 一 하나 일] 知는 行의 시초요, 行은 知의 이룬 결과이므로, 知와 行은 분리된 것이 아닌 하나임.
- **敎條** [敎 가르치다 교 條 조목 조] 성현의 말이나 사상을[條] 시대가 변해도 변하지 않는 절대적인 것으로 여겨, 현실을 무시하고 기계적으로 적용하려는[敎] 생각.
- **良知** [良 선량하다, 타고나다 량 知 알다 지] 생각하지 않고 사물을 알 수 있는 천부적인[良] 앎의[知] 능력. 예를 들어 자식이 부모를 공경해야 한다는 생각은 누구나 태어날 때부터 갖고 있음. 양지가 생각하지 않고 아는 것이라면, 배우지 않고도 할 수 있는 '양능良能'이라는 것도 있음.

강화 학파 江華學派

〈江 강 강 華 화려하다 화〉 지명 學 배우다, 학문 학 派 갈래 파

강화도를[江華] 중심으로 발전한 학파[學派]

강화 학파는 18세기 초(1709) 정제두가 강화도에서 양명학을 본격적으로 연구하면서 약 200년 동안 그의 자손과 학자들이 모여 이룬 하나의 학파입니다. 이전의 양명학은 주로 경기 지방을 중심으로 재야의 소론 계열 학자와 불우한 종친 출신의 학자들 사이에서 많이 연구되었으며, 기존의 성리학적 학풍을 벗어난 인간 본연의 문제와 국학 연구에 큰 업적을 남겼습니다. 특히 정제두는 강화도에 옮겨 살면서 **《존언存言》**, **〈만물일체설萬物一體說〉** 등을 쓰는 등 양명학의 학문적 체계를 세웠습니다.

- **存言** [存 존재하다 존 言 말씀 언] 주자학이 개인의 영달과 파당을 짓는 목적으로 이용되는 등 권위적 학풍을 만들어가자 이를 경계하기 위해 정제두가 지은 책.
- **萬物一體說** [萬 일만, 모든 만 物 물건 물 一 하나 일 體 몸 체 說 말하다 설] 주자학의 이원론二元論에 대응하여 하늘과 사람은 본래 일원一元이라는 주장.

동사강목 東史綱目

東 동쪽 동 史 역사 사 綱 벼리(그물을 버티게 하는 테두리의 굵은 줄), 분류 단위 강 目 눈, 분류 단위 목

우리나라의[東] 역사를[史] 시대별로 분류해 놓은[綱目] 책

'東'은 '우리나라'를 가리키는 '동국東國'의 줄임말이고, '綱'과 '目'은 사물을 분류·정리하는 '대단위와 소단위'를 뜻하는 말입니다.

《동사강목》은 1778년 안정복安鼎福(1712~1791)이 단군 조선 때부터 고려 말까지의 역사를 기록한 편년체의 역사서입니다. 이 책은 종래의 중국 중심의 역사 인식을 탈피하고, 한국사의 독자적인 정통론을 세우고 체계화하는 데 기여하였습니다. 기자 조선箕子朝鮮을 정통으로 삼아 단군 조선檀君朝鮮을 뒤로하는 등의 편견도 있기는 하지만, 새로운 역사 사실들을 치밀하게 고증하여 고증 사학의 토대를 닦았습니다.

해동역사 海東繹史

〈海 바다 해 東 동쪽 동〉 우리나라의 별칭 繹 풀어내다 역 史 역사 사

우리나라에[海東] 대해 풀어 쓴[繹] 역사[史] 책

'海東'은 '우리나라'를 가리키는 다른 이름이고, 청나라 마숙馬驌이 지은《역사繹史》를 본으로 했기 때문에《해동역사》라고 했습니다.

《해동역사》는 한치윤韓致奫(1765~1814)이 단군에서 고려까지의 우리나라 역사, 그리고 여러 이웃 나라의 역사책에 실린 우리나라의 역사 부분을 추가해 객관적이고 실증적인 방법으로 만든 역사서입니다.

연려실기술 燃藜室記述

〈燃 불태우다 연 藜 명아주 려 室 방 실〉 호 記 기록하다 기 述 글 짓다 술

이긍익이[燃藜室] 지은[記述] 역사책

'燃藜室'은 이긍익의 서재書齋 이름이며 호號입니다.

《연려실기술》은 이긍익李肯翊(1736~1806)이 기사본말체로 지은 역사책으로, 1776년에 완성된 것으로 추정되며, 실증적이고 객관적인 서술로써 조선 시대의 정치와 문화를 정리한 **야사**野史입니다.

○ **野史** [野 들판, 민간 야 史 역사 사] 궁중에 사관史官(역사를 기록하던 관원)이 쓴 역사가 아니라 민간에서 쓴 역사. ↔ 정사正史

택리지 擇里志

擇 고르다 택 里 마을 리 志 뜻, 문체 지

사람 살기 좋은 곳을[里] 가려 놓은[擇] 지리서[志]

《택리지》는 1714년 이중환李重煥(1690~1752)이 지은 지리서로, 전반

부는 8도 각 지방의 역사와 인물에서 지형·인물·풍속·교통 등에 이르기까지 광범위한 지리적 내용을 자세히 기술했고, 후반부는 사람 살기 좋은 곳이 어디인가를 '지리地利, 생리生利, 인심人心, 산수山水' 네 가지 조건을 들어 논하고 있습니다.

아방강역고 我邦疆域考

我 나 아 邦 나라 방 疆 땅의 경계 강 域 지역 역 考 헤아리다, 고증考證한 글 고

조선[我邦] 국경[疆域] 안의 땅을 살펴볼 수 있게 한[考] 책

'疆域'은 '국경'이란 뜻입니다. '考'는 '어떤 내용을 참고하기 위해 고증하여 만든 책'이라는 뜻입니다.

《아방강역고》는 1811년 정약용丁若鏞(1762~1836)이 조선 국경 안의 땅을 살펴볼 수 있게 만든 지도서입니다. 이 책에는 중국과 우리나라의 문헌으로 고증한 국경의 변천사(기자 조선箕子朝鮮에서 발해까지)와 정약용 자신의 의견이 실려 있습니다.

대동지지 大東地志

〈大 크다 대 東 동쪽 동〉 우리나라의 별칭 地 땅 지 志 뜻, 문체 지

우리나라[大東] 땅에[地] 대한 책[志]

'大東'은 '우리나라'를 가리키는 다른 이름입니다.

《대동지지》는 김정호金正浩(?~1864)가 지은 지리책으로, 《대동여지도》를 완성한 후 1864년(고종 1)에 만들었습니다.

동국지도 東國地圖

〈東 동쪽 동 國 나라 국〉 우리나라의 별칭 地 땅 지 圖 그림 도

우리나라[東國] 지도[地圖]

'東國'은 '우리나라'를 가리키는 다른 이름입니다.

《동국지도》는 조선 영조 때 정상기鄭尙驥(1678~1752)가 만든 색채 지도입니다. 1463년(세조 9) 정척鄭陟(1390~1475)·양성지梁誠之(1415~1482)의 《팔도지도八道地圖》를 기초로 하여 수정·보충하였습니다.

청구도 靑丘圖

〈靑 푸르다 청 丘 언덕 구〉 우리나라의 별칭 圖 그림 도

우리나라[靑丘] 지도[圖]

'靑丘'는 '우리나라'를 가리키는 다른 이름입니다.
《청구도》는 1834년 김정호가 만들었습니다. 이 책에는 산맥과 하천뿐만 아니라 군·현·읍, 나루, 시장, 고개, 산성, 목장 등까지 상세하게 기록되어 있습니다. 이후 청구도의 부족한 점을 현지 답사를 통해 보완하고, 지도의 대중화를 위해 목판본 제작을 꿈꾸다 27년 만에 《대동여지도》를 완성합니다.

대동여지도 大東輿地圖

〈大 크다 대 東 동쪽 동〉 우리나라의 별칭 輿 수레, 땅 여 地 땅 지 圖 그림 도

우리나라[大東] 땅의[輿地] 지도[圖]

'大東'은 '우리나라'를 가리키는 다른 이름입니다. '輿地'는 수레가 물건을 싣듯이 만물을 싣고 있다고 하여 '땅'을 가리키는 뜻으로 쓰입니다. 그래서 《대동여지도》는 우리나라 땅을 그린 지도란 말입니다.
《대동여지도》는 1861년 김정호金正浩가 만든 것으로, 총 1백 26개의 지도 조각을 모두 펼쳐 놓으면 가로 4m, 세로 8m에 달하는 거대한 규모이며, 특히 정확성이 뛰어난 지도로 평가받습니다.

훈민정음운해 訓民正音韻解

訓 가르치다 훈 民 백성 민 正 바르다 정 音 소리 음 韻 운율 운 解 풀다 해

훈민정음의[訓民正音] 소리를[韻] 풀이한[解] 책

《훈민정음운해》는 역학易學을 이용한 도표로 훈민정음의 음운音韻의 원리를 풀이한 책으로, 1750년(영조 26) 신경준申景濬(1712~1781)이 지었습니다.

언문지 諺文志

諺 속된 말 언 文 글 문 志 뜻, 문체 지

한글의[諺文] 소리를 설명한 책[志]

'諺文'은 '한글'을 가리키는 말입니다.

《언문지》는 1824년(순조 24) 유희柳僖(1773~1837)가 지은 한글 연구서로, 훈민정음을 초·중·종성으로 나누어 그 원리 및 중국 음과의 관계를 설명하였습니다.

재물보 才物譜

才 재능, 근본 재 物 물건 물 譜 계통을 따라 기록하다 보

삼재와[才] 문물을[物] 계통에[譜] 따라 나눈 책

'才'는 '三才'를 가리키고, '譜'는 '계통·종류 별로 나누었다'는 뜻으로 백과 사전 형식이란 말입니다.

재물보는 1798년(정조 22)에 이만영李晚永이 엮은 책으로, **삼재三才**의 온갖 옛 이름과 우리나라 역대의 제도 문물의 이름을 설명하였으며, 필요에 따라 한글로도 풀이하였습니다. 1권은 태극太極·천보天譜·지보地譜, 2권~5권은 인보人譜, 6권~8권은 물보物譜 등으로 구성되어 있습니다.

❍ **三才** [三 셋 삼 才 재능, 근본 재] 세 가지 근본이란 뜻으로, 천天·지地·인人을 말함.

대동운부군옥 大東韻府群玉

〈大 크다 대 東 동쪽 동〉 우리나라의 별칭 韻 운율 운 府 관청, 창고 부 群 무리 군 玉 옥 옥

우리나라의[大東] 소리[韻] 별로 모은[府] 여러[群] 귀중한[玉] 말들

'大東'은 '우리나라'를 가리키는 다른 이름입니다. '府'는 책이나 재물을 모아 두는 '창고'란 뜻으로, '韻府'는 '소리 별로 모아 놓은 책'이란 뜻입니다. 예를 들어 '동운東韻' 편엔 '東'자가 끝자인 숙어를 나열해 놓았으며, 나머지 편도 이와 같은 방식으로 배열해 놓았습니다. '群玉'은 '여러 가지 귀중한 것'이란 뜻으로, 사전을 의미합니다. 그래서 '韻府群玉'은 운 별로 모은 사전이라는 뜻으로, 《대동운부군옥》은 중국《운부군옥》에 대하여 붙인 이름입니다.

《대동운부군옥》은 1589년(선조 22)에 권문해權文海(1534~1591)가 지은 것으로, 단군 이래 조선 선조 때까지의 역사·인물·지리·예술 등을 망라한 일종의 백과사전입니다.

고금석림 古今釋林

古 옛 고 今 지금 금 釋 풀다 석 林 숲, 많다 림

예전부터[古] 지금까지[今] 각종[林] 어휘를 풀어[釋] 쓴 책

《고금석림》은 1789년(정조 13)에 이의봉李義鳳(1733~1801)이 편찬한 어학 사전으로, 각종 문헌에서 어휘를 뽑아 시대·종교·지역 별로 나누었고, 우리나라 각 시대의 언어와 중국의 속어俗語 등 주변 나라의 언어까지 총망라하였습니다.

지봉유설 芝峯類說

〈芝 영지버섯 지 峯 산봉우리 봉〉 호 類 종류 류 說 말하다 설

이수광이[芝峯] 쓴 여러 종류의[類] 이야기[說]

'芝峯'은 이수광李睟光(1563~1628)의 호이고, '類說'은 '여러 종류의 이야기'란 뜻입니다.

《지봉유설》은 1614년 이수광이 지은 백과사전 형식의 책입니다. 고증적이고 실용적인 학문 태도로 엮은 이 책은 당시 공리공론만 일삼던 학계에 신선한 바람을 일으켰으며, 그 영향으로 후에 이와 비슷한 종류의 책들이 출간되었습니다. 또한 우리나라 처음으로 천주교와 서양 문물을 소개하여 실학 발전의 선구 역할을 하였습니다.

성호사설 星湖僿說

〈星 별 성 湖 호수 호〉 호 僿 잘게 부수다 사 說 말하다 설

이익이[星湖] 쓴 자질구레한[僿] 이야기[說]

'星湖'는 이익李瀷(1681~1763)의 호이고, '僿說'은 '조그맣고 자질구레한 논설'이라는 뜻입니다.

《성호사설》은 이익이 지은 백과사전 형식의 책으로, 조그맣고 자질구레한 논설이라고는 하나 이는 저자가 겸손하게 붙인 이름입니다. 이 책은 이익이 평소에 기록해 둔 글과 제자들의 질문에 답한 내용을 1740년경에 집안의 조카들이 정리하여 엮었습니다.

청장관전서 靑莊館全書

〈靑 푸르다 청 莊 별장 장 館 집 관〉 호 全 전체 전 書 책 서

이덕무가[靑莊館] 쓴 모든[全] 책[書]

'靑莊館'은 이덕무李德懋(1741~1793)의 호입니다.
《청장관전서》는 이덕무의 시문집으로, 시문詩文, 기행문 등 다양한 글이 실려 있습니다.

오주연문장전산고 五洲衍文長箋散稿

〈五 다섯 오 洲 섬 주〉 호 衍 넘치다 연 文 글 문 長 길다 장 箋 (글을) 풀이하다 전 散 흩어지다 산 稿 원고 고

이규경이[五洲] 자료를 수시로 모아[散稿] 길게 풀어 쓴[長箋] 책[衍文]

'五洲'는 이규경李圭景(1788~?)의 호이고, '衍文'은 '글 가운데 낀 쓸데없는 글귀'라는 뜻으로 저자가 겸손하게 표현한 것이고, '散稿'는 저자가 수시로 자료를 아무 데서나 모았기 때문에 쓴 표현입니다.
《오주연문장전산고》는 이덕무李德懋의 손자 이규경이 우리나라와 중국 등 외국 여러 나라의 고금古今의 사물에 대해 고증하여 백과사전식으로 만든 책입니다.

실학 實學

實 실제 실 學 배우다, 학문 학

실제 생활에 필요한[實] 학문[學]

실학은 성리학이 농업 및 상공업의 발달, 신분제의 동요 등과 같은 사회 변화에 대응하지 못하자, 조선 후기 사회의 개혁을 주장하며 등장한 학문으로, 실제 생활에 필요한 부분에 대한 연구에 중점을 두었습니다. 그리고 크게 경세치용經世致用, 이용후생利用厚生, 실사구시實事求是의 세 개 학파로 나뉘어, 각 분야에 학문적 발전을 이루어 나갔습니다.

고증학 考證學

考 헤아리다, 고증考證한 글 고 證 증명하다 증 學 배우다, 학문 학

살피고[考] 증명하는[證] 학문[學]

고증학은 중국 청나라 때에 송宋·명明의 성리학·양명학에 반발하여 일어난 학풍學風으로, 경전의 해석을 정확히 살피고 증명하자는 주장을 하였습니다. 우리나라에서는 조선 후기에 성리학이 공리공론空理空論과 독단적인 해석을 일삼자 실학자들이 이를 받아들였습니다.

경세치용 經世致用

經 날실, 다스리다 경 世 세상 세 致 (~에) 이르다 치 用 사용하다 용

나라를[世] 다스릴[經] 때 실제 쓸모 있는[用] 제도를 만들어야 함[致]

경세치용은 성리학이 이론에 그치고 실생활에 이용되지 못하자 조선 후기에 생겨난 한 경향입니다. 이 경향은 유형원에서 시작되어 이익, 정약용丁若鏞으로 계승되었는데, 농촌 경제의 안정 여부가 사회의 안위와 국가의 존폐에 직결되었기 때문에, 주로 농업과 관련된 폐단을 고치려고 했습니다. 그래서 **중농학파**重農學派라고도 합니다.

◐ 重農學派 [重 무겁다, 중요하다 중 農 농사 농 學 배우다, 학문 학 派 갈래 파] 모든 산업에서 농업을[農] 가장 중요하게[重] 여기는 학문의 갈래[學派].

반계수록 磻溪隨錄

〈磻 강 이름 반 溪 시냇물 계〉 호 隨 따라가다 수 錄 기록하다 록

유형원이[磻溪] 수시로[隨] 기록한[錄] 책

'磻溪'는 유형원의 호號이고, '隨錄'은 '수시로 기록해 두다'라는 뜻입니다.

《반계수록》은 유형원柳馨遠(1622~73)이 지은 것으로, 52세까지 22년간에 걸쳐 책을 읽다가 수시로 기록해 두었다는 의미로 '隨錄'이라 했지만 매우 체계적인 책입니다. 여기에는 통치 제도에 대한 개혁안, 특히 균전론均田論이 실려 있습니다.

字, 號, 諡號

《예기禮記》에 "남자는 20세에 관례冠禮를 하고 자字를 짓는다. 여자는 혼인을 약속하면 계례笄禮〈笄 비녀 계〉를 행하고 자를 짓는다" 하는 내용이 실려 있습니다. 이는 선인들이 태어날 때 부모나 조상이 지어진 이름을 소중히 여기는 관념이 있었기 때문입니다. 그래서 성

인이 된 사람에게는 본래 이름 외에 누구나 널리 부를 수 있는 다른 이름인 자를 지었습니다.

호號는 이름이나 자 외에 누구나 허물없이 부를 수 있도록 지은 호칭입니다.

이름이나 자는 부모나 스승 혹은 존경하는 분들이 지어 주지만, 호는 자신의 이상理想·성정性情·거처居處·처지處地 등을 상징하는 명칭을 본떠 본인이 짓기도 하지만 타인이 지어 주기도 합니다. 호를 짓는 이유는 숨어 사는 선비들이 자신의 이름을 남에게 드러내지 않으려고 호를 짓기 시작하면서 풍조가 만들어졌습니다.

호에 시호諡號라는 것이 있는데, 일반적 호와는 달리 죽은 뒤에 살아 있을 때의 행적을 참작하여 국가에서 내려주는 이름입니다. 즉 왕을 비롯하여 국가에 큰 공이 있는 사람에게 본래 이름 대신 부르는 호칭입니다.

균전론 均田論

均 균등하다 균 田 밭 전 論 논의하다 론

토지를[田] 고르게[均] 분배해야 한다는 이론[論]

균전론은 조선 후기 실학자 유형원柳馨遠이 주장한 토지 개혁안으로, 모든 토지를 국유지로 한 뒤, 관리·선비·농민 등에게 차등을 두어 토지를 고르게 재분배함으로써 자영농을 육성해야 한다는 주장입니다.

성호 학파 星湖學派

〈星 별 성 湖 호수 호〉 호 學 배우다, 학문 학 派 갈래 파

이익과[星湖] 그의 학문을[學] 따르는 갈래[派]

'星湖'는 이익李瀷(1681~1763)의 호號입니다.

성호 학파는 이익이 경기도 광주에서 평생 학문을 연마하여 많은 제자를 키웠는데, 그와 그의 제자들을 부르는 말입니다. 여기에 소속되는 인물로는 이중환李重煥(1690~1756), 안정복安鼎福(1712~1791), 이가환李家煥(1742~1801), 정약용丁若鏞(1762~1836) 등이 있습니다.

한전론 限田論

限 한계 한 田 밭 전 論 논의하다 론

매매할 수 있는 토지에[田] 한계를[限] 두자는 이론[論]

한전론은 조선 후기 실학자 이익李瀷이 주장한 토지 개혁안으로, 한 가

정이 생활을 유지하는 데 필요한 일정한 토지를 **영업전**永業田으로 정해 놓고 매매를 할 수 없게 한계를 지어 놓은 다음, 그 밖의 토지는 매매할 수 있게 하여 점진적으로 토지 소유의 평등을 이루자는 주장입니다.

○ 永業田 [永 영원하다 영 業 일 업 田 밭 전] 영원히[永] 농사를 지을 수 있게[業] 해 주는 토지[田].

목민심서 牧民心書

牧 기르다, 다스리다 목 民 백성 민 心 마음 심 書 책 서

백성을[民] 다스리는[牧] 마음을[心] 가지고 쓴 책[書]

'牧民'은 '백성을 다스린다'는 말로, 목민관이라 하면 지방 장관을 달리 부르는 말입니다. '心書'라고 한 이유는 목민할 마음은 있지만 귀양 가 있는 몸이라 몸소 실천할 수 없었기 때문이었다고 합니다.

《목민심서》는 정약용丁若鏞(1762~1836)이 전라도 강진에 귀양살이를 하던 1818년(순조 18)에 완성한 것으로, 예로부터 지방 장관의 부정부패를 일일이 수록하고 올바른 도리를 지적하였습니다. 이 책으로 부패가 극심했던 조선 후기의 실상을 엿볼 수 있습니다.

경세유표 經世遺表

經 날실, 다스리다 경 世 세상 세 遺 남기다 유 表 겉, 밝히다 표

세상을[世] 다스리는[經] 내용으로 임금께 올리는 글[遺表]

'經世'는 '세상을 다스리다'라는 뜻이고, '遺表'는 '신하가 죽음에 즈음하여 임금에게 올리는 글'을 말합니다.

《경세유표》는 1817년(순조 17)에 정약용丁若鏞(1762~1836)이 당시 정치 제도의 폐해를 지적하고 개혁의 의견을 서술한 책으로, 임금의 통치를 위해 남기는 국가 제도의 전면 개혁론입니다.

여전론 閭田論

閭 마을 려 田 밭 전 論 논의하다 론

마을[閭] 단위로 토지를[田] 공동 소유, 경작하자는 이론[論]

여전론은 정약용丁若鏞이 주장한 토지 개혁안으로, 한 마을을 단위로 하

여 토지를 공동 소유·경작하고, 그 수확량을 노동량에 따라 분배하는 일종의 공동 농장 제도입니다. 이 주장은 1799년에 집필한 〈전론田論〉에 실린 것으로 당시로서는 획기적인 방안이었습니다.

이용후생 利用厚生

利 이롭다 리 用 사용하다 용 厚 두텁다 후 生 살다 생

쓰임을[用] 이롭게[利] 하고 생활을[生] 풍요롭게[厚] 함

 이용후생은 조선 후기 실학의 한 경향으로, 당시 농업에만 치우친 관심을 상공업과 기술 개발 쪽으로 돌려 청淸의 문화와 청을 통하여 들어온 서양의 발전된 물질 문화를 받아들이자는 주장입니다. 그래서 이들을 북학파, **중상 학파**重商學派라고도 합니다.

◐ 重商學派 [重 무겁다, 중요하다 중 商 장사하다 상 學 배우다, 학문 학 派 갈래 파] 모든 산업에서 상업을[商] 가장 중요하게[重] 여기는 학문의 갈래[學派].

북학 北學

北 북쪽 북 學 배우다, 학문 학

북쪽을[北] 배움[學]

 북학은《맹자孟子》〈등문공장藤文公章〉에 나오는 말로, 17,8세기 우리나라 북쪽에 있는 청나라의 문물 제도를 배우자는 말입니다. 이 말은 조선 후기 실학자 박제가가 《북학의北學議》라는 책을 만들면서 사용했는데, 이후에 청나라 문명의 우수성을 인식하고 그것을 배우려는 경향에 대해 사용하였습니다. 북학을 이용후생지학利用厚生之學이라고도 합니다.

◐ 陣良 楚産也 悅周公中尼之道 北學於中國 – 진량은 초나라 출신인데 주공과 공자의 도를 좋아하여 북쪽으로 중국에 가서 공부하다.〈등문공장藤文公章 上 4〉(옛날에는 중국 대륙의 중심부만 중국이라고 했으며, 초나라는 춘추 전국 시대 중국의 남쪽에 있던 나라.)

우서 迂書

迂 멀다, 세상 일에 어둡다 우 書 책 서

세상 일에 어두운[迂] 책[書]

迂는 '세상 일에 어둡다'는 뜻으로, 자신의 저서에 대해 겸손하게 표현한 말입니다.

《우서》는 조선 영조 때 실학자 유수원柳壽垣(1694~1755)이 1729~1737년 사이에 사회 개혁안에 대해 기록한 책으로, 4민民(양반·농민·수공업자·상인)의 평등 사상이 담겨 있고, 상인의 중요성을 강조하여 당시 사회에 흥미를 불러일으킨 책입니다.

임하경륜 林下經綸

林 수풀 림 下 아래 하 經 날실, 다스리다 경 綸 굵은 줄, 총괄하다 륜

은거하며[林下] 쓴 천하를 다스리는 방책[經綸]

'林下'는 '은거하다'라는 뜻이고, '經綸'은 '천하를 다스리는 방책'이라는 뜻입니다.

《임하경륜》은 홍대용洪大容(1731~1783)이 행정, 경제, 군사 등 여러 분야의 개혁안을 제시한 글로《담헌서湛軒書》에 실려 있으며, 이를 통해 그의 **경세제민**經世濟民의 포부와 그 방안을 엿볼 수 있습니다.

◐ **經世濟民** [經 날실, 다스리다 경 世 세상 세 濟 구제하다 제 民 백성 민] 세상을 다스리고 백성을 구제함.

의산문답 毉山問答

〈毉·醫(병 고치다 의)와 같은 자 山 산 산〉 산 이름 問 묻다 문 答 대답하다 답

의산에서의[毉山] 문답[問答].

'毉山'은 이 글의 두 등장 인물이 대화를 나눈 장소로, '산 이름'입니다.

《의산문답》은 홍대용洪大容(1731~1783)이 1766년 북경을 방문했다 귀국한 후, 자신의 경험과 사상을 **허자**虛子(전통적인 조선 학자)와 **실옹**實翁(서양 과학을 받아들인 학자)의 문답을 통해 나타내, 이전의 잘못된 우주관을 지적한 글로《담헌서湛軒書》에 실려 있습니다.

◐ **虛子** [虛 비다 허 子 아들, 존칭 사]
◐ **實翁** [實 실제, 가득 차다 실 翁 늙은이 옹]

과농소초 課農小抄

課 (세금을) 부과하다, 조사하다 과 農 농사 농 小 작다 소 抄 빼내다,
필요한 것만 뽑아 기록하다 초

농사에[農] 부과할 세금과[課] 관련된 사항을 조금씩[小] 뽑아 기록함[抄]

《과농소초》는 북학파의 박지원朴趾源(1737~1805)이 1799년 정조의 명령으로 당시 농사 상황을 조사하고, 이미 구상해 두었던 초고를 덧붙여 지은 책으로, 농업 생산력을 높이기 위해 농업 기술과 농업 정책을 논하고 그 개혁책으로 한전법限田法(토지 소유를 제한하는 법)을 제시하는 내용이 실려 있습니다.

북학의 北學議

北 북쪽 북 學 배우다, 학문 학 議 의논하다, 의견 의

북학에[北學] 대한 의견[議]

《북학의》는 조선 정조正祖 때 박제가朴齊家(1750~1815)가 지은 기행문紀行文 종류의 책으로, 청나라의 풍속風俗과 제도를 시찰하고 돌아와서, 그 때 보고 배운 새로운 지식을 바탕으로 우리나라가 개선해야 할 사항을 저술하였습니다.

실사구시 實事求是

實 실제 실 事 일 사 求 구하다 구 是 옳다 시

실질적인[實] 일에서[事] 옳음을[是] 구함[求]

실사구시는 《한서漢書》 〈하간헌왕덕전河間獻王德傳〉에 실려 있는 「**수학호고**修學好古 **실사구시**實事求是」에서 유래된 말로, 공리공론空理空論만을 일삼던 당시의 성리학, 양명학 등의 이론을 배격한 조선 후기 실학의 한 경향이며, 청나라의 고증학파가 내세운 표어이기도 합니다.

이 경향은 문헌을 연구할 때 과학적이고 객관적으로 사실을 정확하게 밝혀 내는 학문 연구의 태도를 가졌으며, 조선 후기 실학자들 중에 이러한 학문의 경향을 중시하는 사람들을 실사구시 학파라고 했습니다.

예를 들어 붓글씨 추사체로 알려진 김정희金正喜(1786~1856)는 북한산비北漢山碑와 함경도 함흥 황초령黃草嶺의 진흥왕 순수비眞興王巡狩碑를 비교하여 두 비석이 서로 닮은 것을 알고 《삼국사기三國史記》 등의 여러 책

을 근거로 분석한 결과 이 비석도 진흥왕 순수비임을 밝혔는데, 이런 것이 바로 실사구시 학문 태도입니다.

○ **修學好古 實事求是** [修 닦다 수 學 배우다 학 好 좋다 호 古 옛 고] 학문을 닦아 옛것을 좋아하고, 사실에서 옳음을 구함.

판소리

판 + 소리

'판'의 의미에 대해서는 다양한 설이 제기되고 있으며, 여기서는 가장 설득력을 가지고 있는 두 가지 설을 소개하겠습니다. 첫번째는 '판'을 '여러 사람이 모인 곳'으로 보아 '많은 사람이 모인 놀이판에서 부르는 노래'라고 풀이하는 경우입니다. 두번째는 '판'을 '악조樂調'라는 의미로 보아, '변화 있는 악조로 구성된 노래'라고 하는 경우입니다.

현재 판소리는 광대 한 사람이 고수鼓手(북 치는 사람)의 북 장단에 맞추어 서사적인 사설辭說을 노래와 말과 몸짓을 섞어 창극조로 부르는 것을 말합니다.

홍길동전 洪吉童傳

〈洪 홍수 나다, 성씨 홍 吉 운이 좋다 길 童 아이 동〉 사람 이름 傳 전하다, 전기傳記 전

홍길동의[洪吉童] 이야기[傳]

〈홍길동전〉은 조선 중기 허균許筠이 지은 고전 소설로, 서자 홍길동을 주인공으로 한 영웅 소설입니다. 이전에는 최초의 한글 소설로 인정받고 있었으나, 이보다 100년이 앞선다는 채수蔡壽(1449~1515)의 〈설공찬전薛公瓚傳〉이 발견되어 학계의 비상한 관심을 모으고 있습니다.

춘향전 春香傳

〈春 봄 춘 香 향기 향〉 사람 이름 傳 선하나, 전기傳記 진

춘향의[春香] 이야기[傳]

〈춘향전〉은 작자·연대 미상의 고전 소설로, 남원 부사의 아들 '이몽룡'과 기생의 딸 '춘향'이라는 두 주인공의 신분의 차이를 극복한 사랑 이야

기로 꾸며져 있습니다.

사씨남정기 謝氏南征記

〈謝 사례하다 사 氏 성씨 씨〉 성씨 南 남쪽 남 征 싸우러 가다 정 記 기록하다 기

사씨가[謝氏] 남쪽으로[南] 쫓겨 가는[征] 이야기[記]

'南征'은 주인공 사씨가 남편에게 쫓겨나 '남쪽으로 유랑을 떠나 가다' 라는 뜻입니다.

〈사씨남정기〉는 김만중이 쓴 고전 소설로, 사씨와 그 남편 유한림劉翰林 (이름은 연수延壽 - 15세에 장원 급제하여 한림학사翰林學士가 됨), 그리고 첩 교씨喬氏 사이에 일어난 일로 구성되어 있습니다. 이 글은 당시 숙종이 인현왕후를 **폐출**廢黜하고 장희빈을 중전으로 책봉하자 이 사건을 풍자하기 위해서 썼다고 합니다.

◐ **廢黜** [廢 쓸모없다, 버리다 폐 黜 물리치다, 쫓아 내다 출] 벼슬을 떼고 내쫓음.

구운몽 九雲夢

九 아홉 구 雲 구름 운 夢 꿈 몽

아홉[九] 사람의[雲] 꿈속[夢] 이야기.

'九雲'은 주인공 성진性眞과 8선녀를 합한 말로, 9명이 아닌 '雲'을 쓴 이유는 이 말이 인생무상을 나타내기 때문입니다.

조선 숙종 때 효성이 지극했던 김만중金萬重이 어머니를 위로하기 위하여 지은 고전 소설로, 육관 대사六觀大師의 수제자 성진이 8선녀를 차례로 만나 정을 나누고 부귀영화를 누리나 결국 하룻밤 꿈이었음을 알게 돼 '인생의 부귀영화는 한갓 꿈에 지나지 않는다'는 깨달음을 얻는 내용입니다.

장화홍련전 薔花紅蓮傳

〈薔 장미 장 花 꽃 화 · 紅 붉다 홍 蓮 연꽃 련〉 사람 이름 傳 전하다, 전기傳記 전

장화와[薔花] 홍련의[紅蓮] 이야기[傳]

장화와 홍련은 장미꽃 · 붉은 연꽃이란 뜻의 주인공 이름입니다.

〈장화홍련전〉은 작자 · 연대 미상의 고전 소설로, 장화 · 홍련과 계모 사이에 벌어지는 일이 그 내용입니다.

콩쥐팥쥐전 콩쥐팥쥐傳

傳 전하다, 전기傳記 전

콩쥐 팥쥐의 이야기[傳]

〈콩쥐팥쥐전〉은 조선 후기 작자 미상의 고전 소설로, 주인공 콩쥐와 서모의 딸인 팥쥐가 등장하는 이야기이며, 신데렐라 이야기의 유형으로 권선징악勸善懲惡이 주제입니다.

양반전 兩班傳

兩 양쪽 량 班 나누다, 줄 서다 반 傳 전하다, 전기傳記 전

양반의[兩班] 이야기[傳]

〈양반전〉은 연암燕巖 박지원朴趾源(1737~1805)의 《연암별집燕巖別集》〈방경각외전放璚閣外傳〉에 실린 것으로, 저작 연대는 알 수 없으며, 당시 양반의 위선을 풍자한 이야기입니다.

[참고] 양반

허생전 許生傳

許 허락하다, 성씨 허 生 살다, 생원生員 생 傳 전하다, 전기傳記 전

허씨[許] 성을 가진 생원의[生] 이야기[傳]

'許生'은 성姓이 '허許'이며, 생원生員이란 호칭을 갖고 있던 사람입니다.

〈허생전〉은 박지원朴趾源의 《열하일기熱河日記》〈옥갑야화玉匣夜話〉에 수록되어 있는 것으로, 1780~1793년 사이에 쓰여졌으며, 허생이라는 몰락 양반을 주인공으로 등장시켜 당시 사회 문제를 풍자한 이야기입니다.

○ 生員 조선 시대 소과(생원과)에 급제한 사람.

민옹전 閔翁傳

閔 성씨 민 翁 늙은이 옹 傳 전하다, 전기傳記 전

민씨[閔] 성을 가진 늙은이의[翁] 이야기[傳]

〈민옹전〉은 1757년(영조 33)에 박지원朴趾源이 실존 인물인 민유신閔有

信이 죽은 뒤, 그가 남긴 몇 가지 일화와 자신과 만났던 일들을 기록한 글로, 《연암별집燕巖別集》〈방경각외전放璚閣外傳〉에 실려 있으며, 조선 말기의 불우한 무반武班의 삶을 풍자적으로 쓴 글입니다. 민옹이라고 한 이유는 민유신이 노인이었을 때 만났기 때문입니다.

호질 虎叱

虎 호랑이 호 叱 꾸짖다 질

호랑이가[虎] 꾸짖음[叱]

〈호질〉은 박지원朴趾源이 한문으로 지은 단편 풍자소설로, 《열하일기熱河日記》에 실려 있습니다. 이 이야기는 호랑이가 부패한 양반을 꾸짖는 내용인데, 이를 통해 당시 부패하고 위선적인 유생들의 모습을 폭로하였습니다.

시사 詩社

詩 시 시 社 모이다 사

시인들의[詩] 모임[社]

시사는 조선 후기 서민들의 문학 창작 활동이 활발해지면서 중인은 중인끼리, 상민은 상민끼리 조직한 모임입니다. 대표적인 시사로는 천수경千壽慶(?~1818)과 장혼張混(1759~1828)을 중심으로 한 송석원 시사松石園詩社(=옥계 시사玉溪詩社)와 최경흠崔景欽의 직하 시사稷下詩社 등이 있었으며, 이들 시사에서는 《소대풍요昭代風謠》《풍요속선風謠續選》 등을 간행하기도 하였습니다.

침구경험방 鍼灸經驗方

鍼 침 침 灸 뜸 구 經 날실, 경험 경 驗 경험하다 험 方 방향, 병 고치다 방

침과[鍼] 뜸을[灸] 통한 치료 경험에서[經驗] 나온 처방[方]

'鍼灸'는 '침과 뜸을 사용하여 인체의 각종 질병을 고치는 치료 방법'이란 뜻이고, '經驗'은 작자가 자신의 경험을 정리하였기 때문에 쓴 말입니다. 《침구경험방》은 1644년(인조 2) 허임許任이 지은 침구에 관한 의학서입니다.

마과회통 麻科會通

麻 삼(풀 종류), 마비되다 마 科 과목 과 會 모이다 회 通 통하다 통

마진에[麻] 관해[科] 치료 방법을 설명한[會通] 의학서

'麻'는 '홍역'을 가리키고, '會通'은 ≪역경易經≫에 나온 말로 '이치를 얻어 막힘이 없다'는 말입니다.

《마과회통》은 홍역에 관해 설명한 의학서로, 1789년(정조 22)에 정약용丁若鏞(1762~1836)이 지은 책입니다.

종두법 種痘法

種 종류, 씨 뿌리다 종 痘 천연두 두 法 법 법

우두牛痘를[痘] 접종하는[種] 방법[法]

종두법은 **천연두**天然痘 면역을 위하여 사람 몸에 **우두**牛痘를 접종하는 일로, 지석영池錫永(1885~1935)에 의해 연구·보급되어 국민 보건에 공헌을 하게 되었습니다.

○ **天然痘** [天 하늘 천 然 그러하다 연 痘 천연두 두] 열이 나고 두통이 나며 온몸에 종기가 생겨서 자칫하면 얼굴 곳곳에 홈이 생기게 되는 전염병.

○ **牛痘** [牛 소 우 痘 천연두 두] 천연두의 예방약으로, 소의 몸에서 뽑아 낸 면역 물질. 우두는 본래 소에서 전염되는 급성 전염병으로, 여기서 나온 병원체를 이용하여 천연두의 예방약을 만든 것이 바로 우두임.

동의수세보원 東醫壽世保元

東 동쪽 동 醫 병 고치다 의 壽 목숨, 오래 살다 수 世 세상 세 保 보호하다 보 元 으뜸, 근본 원

우리나라[東] 의학으로[醫] 세상[世] 사람들을 오래 살게 하고[壽] 근본을[元] 보존하게[保] 함

'東醫'는 중국의 의학과 구분하기 위해서 쓴 표현이고, '壽世'는 '온 세상 인류의 수명을 연장시킨다'는 뜻이고, '保元'은 '만물의 근본의 도를 보전한다'는 뜻입니다.

《동의수세보원》은 이제마李濟馬(1838~1900)가 저술한 대표적인 의학서로, 1894년에 완성되었으며, 여기엔 그의 대표적 학설인 사상의학四象醫學이 실려 있습니다.

사상의학 四象醫學

四 넷 사 象 코끼리, 모양 상 醫 병 고치다 의 學 배우다, 학문 학

사람의 체질을 네 가지[四] 형태로[象] 분류한 의학[醫學]

'四象' 이란 본래 《주역周易》에 나오는 말로, '태극은 음양을 낳고 음양은 사상을 낳는다' 에서 유래했습니다.

사상의학은 이제마李濟馬(1838~1900)가 창안한 것으로, 사람의 체질을 네 가지 형태로 분류하여 병을 고치는 의학이며 질병 치료에 있어 이전의 음양오행설의 공론에 따르지 않고 환자의 체질에 중점을 둔 획기적인 치료 방법이었습니다. 1894년(고종 31) 편찬된 《동의수세보원東醫壽世保元》에 처음 소개되었습니다.

구체적으로 사상四象은 태양太陽 · 태음太陰 · 소양小陽 · 소음小陰이며, 이 책에서는 이를 사람의 체질에 연결시켜 태양인 · 태음인 · 소양인 · 소음인으로 분류하고, 체형 · 성격 · 몸에 맞는 음식 등을 제시하였습니다.

농가집성 農家集成

農 농사 농 家 집 가 集 모으다 집 成 이루다 성

농가에서[農家] 알아 둬야 할 내용을 모두 모아[集] 이루어 놓은[成] 책

《농가집성》은 조선 인조 때 신속申洬(1600~1661)이 《농사직설農事直說》 《금양잡록衿陽雜錄》 《사시찬요四時纂要》 등을 모아 1655년에 간행한 농사 서적입니다. 이 책은 이앙법의 보급에 공헌하였고, 곡물 재배 기술에 관해서만 설명이 되어 있습니다.

색경 穡經

穡 거두다, 농사 색 經 날실, 경전 경

농사에[穡] 관한 경전[經]

《색경》은 조선 현종 때 서계西溪 박세당朴世堂(1629~1703)이 지은 것으로, 《서계집西溪集》 제 7권에 들어 있습니다. 이 책엔 곡물 재배법 외에 채소 · 과수 · 화초의 재배법과 목축 · 양잠 기술에 대해 소개한 내용이 들어 있습니다.

- I 선사 문화의 국가 형성 · 11
- II 고대 사회의 발전 · 25
- III 중세 사회의 발전 · 53
- IV 근세 사회의 발달 · 119
- V 근대 사회의 태동 · 195
- **VI 근대 사회의 전개**
- VII 민족의 독립 운동 · 291
- VIII 현대 사회의 발전 · 309

찾아보기 · 321

1. 근대 사회로의 진전

제국주의 帝國主義

帝 황제 제 國 나라 국 主 주인, 주장하다 주 義 옳다 의

자신의 나라가 황제의[帝] 나라가[國] 되겠다는 주의[主義]

'제국'의 어원은 라틴어의 imperator(황제), imperium(제국)입니다. 그러나 이 말은 프랑스의 나폴레옹이 로마 제국을 재현하려는 시도, 즉 다른 국가를 정복하려는 시도와 접목되면서 의미가 바뀌었습니다. 그래서 제국주의는 일반적으로 군사·경제상 타국 또는 후진 민족을 정복하여 대 국가를 건설하고자 하는 침략적 경향을 가리키는 말입니다. 그리고 역사학적으로는 19세기 말 축적된 자본을 가진 강대국들이 이윤을 찾아 미개발 지역을 지배하려는 경향을 말합니다.

흥선 대원군 興宣大院君

⟨興 일으키다 흥 宣 베풀다 선⟩ 호칭 大 크다 대 院 집, 궁궐 원 君 임금 군

흥선 대원군의 본명은 이하응李昰應(1820~1898)이며, 고종의 친아버지입니다. 고종이 어린 나이로 왕위에 오르자, 그가 정치적 실권을 잡고 세도 정치 타파, 군제 및 교육 개혁 등을 실시했으며, 열강으로부터 조선을 지키기 위해 쇄국 정책을 펼쳤습니다.

왕실 호칭

◎ **왕비王妃**
- 왕비王妃, 왕후王后 – 왕의 부인
- 대비大妃 – 왕의 어머니
- 대왕대비大王大妃 – 왕의 할머니
- 왕대비王大妃 – 3대 선왕先王의 부인(증조할머니, 할머니, 어머니)이 동시에 살아 있을 경우, 이를 구분하는 호칭으로, 서열에 따라 대왕대비·왕대비·대비로 구분함.

내명부內命婦, 외명부外命婦

내명부는 궁 안에서 품계品階를 가진 여인을 가리키는 말로, 후궁과 상궁이 이에 포함됩니다. 외명부는 내명부 외에 왕족·종친의 여자·처 및 문무 관리의 처로, 공주·옹주가 가장 높고, 남편의 품계에 따라 부인들에게도 직책이 주어졌습니다. 내명부와 외명부는 모두 왕비가 관리했습니다.

◎ 후궁後宮

- 빈嬪 – 정1품 예)장희빈
- 귀인貴人 – 종1품
- 소의昭儀 – 정2품
- 숙의淑儀 – 종2품
- 소용昭容 – 정3품
- 숙용淑容 – 종3품
- 소원昭媛 – 정4품
- 숙원淑媛 – 종4품

중국 당唐나라 때의 미인 양귀비도 실제 이름은 양옥환梁玉環이고 현종의 총애를 받아 신분이 상승하면서 황후皇后는 되지 못하고 다음 지위인 귀비貴妃에 이르렀기 때문에 양귀비라고 합니다.

◎ 궁녀宮女

- 궁녀宮女 – 궁중에서 대전大殿·내전內殿을 모시던 내명부內命婦의 총칭으로, 나인(=내인)內人이라고도 하며, 정5품 이하의 직급이 주어짐. 이중 극히 일부는 왕의 총애를 받아 후궁으로 승격되기도 함. 보통 4·5살에 입궁하여, 늙고 병들면 궁 밖으로 나가 혼인을 못한 채 살아야 함.
- 상궁尙宮 – 궁인직宮人職으로 내명부의 정5품 벼슬.
- 무수리(수사水賜) – 궁중에서 나인의 세숫물을 드리는 일을 맡은 계집종으로, 이 말은 원래 몽고어로서 소녀라는 뜻이었다고 함.

◎ 내시內侍

'안에서(內) 모시다(侍)'라는 뜻으로 정식 관직 호칭이며, 환관宦官이라고도 부름. 여성과 문제를 일으키지 않기 위해 고자여야 하며, 궁안의 잡일을 맡아 함.
- 宦官 [宦 벼슬, 내시 환 官 벼슬 관] 宦官 중 '宦'은 '집안에서(宀) 신하(臣) 일을 한다'는 뜻으로, 환관은 고려 시대 이래 궁 안에서 잡일을 담당하는 '고자'를 가리키는 말로 쓰임.

◎ 왕자와 공주 왕자

- 대군大君 – 왕후가 낳은 왕자
- 군君 – 후궁이 낳은 왕자. '君'은 왕의 가까운 친척, 공이 큰 신하, 왕위에 있다가 쫓겨난 임금에게도 씀.

- 공주公主 - 왕후가 낳은 딸
- 옹주翁主 - 후궁이 낳은 딸.

◎ **대원군과 부원군**
- 대원군大院君 - 왕이 아들 없이 죽는 경우 가까운 친척 중에서 사람을 뽑아 왕위를 계승했는데, 이때 새로 왕이 된 사람의 친아버지를 대원군이라 부름. 조선 시대에는 선조, 인조, 철종, 고종이 이에 해당하며, 이 중 고종의 친아버지인 흥선 대원군興宣大院君만 생존해 있었기 때문에 흔히 '대원군' 하면 '흥선 대원군'을 가리키게 되었음.
- 부원군府院君 [府 관청 부] 왕의 장인, 왕비의 아버지, 공신功臣에게 주던 칭호. 조선 선조 때 이항복은 임진왜란 당시 선조를 잘 모신 공으로 오성부원군鰲城府院君으로 책봉되었음.

대전회통 大典會通

大 크다 대 典 책 전 會 모이다 회 通 통하다 통

《대전통편》을 근간으로 만든[大典] 이치가 잘 통하는[會通] 책

'會通'은 《역경易經》에 나오는 말로 '이치를 얻어 막힘이 없다'는 말입니다.
《대전회통》은 《대전통편大典通編》을 근간으로 하고 이후 90년간의 여러 내용을 보완한 조선 시대 최후의 법전입니다. 조선 후기의 정치 기강의 문란, 극도의 사회 혼란 등을 수습하기 위하여 과감한 개혁이 요구됨에 따라, 법제의 개편 필요성을 느끼고 1865년(고종 2)에 만들었습니다.

육전조례 六典條例

六 여섯 륙 典 책 전 條 조목 조 例 예를 들다 례

육조六曹의[六典] 행정 법규와[條] 그 사례[例]

'六典'은 '육조六曹'를 가리킵니다.
《육전조례》는 각 관아의 사무 처리에 필요한 행정 법규와 사례를 편집한 행정 법전으로, 1865년에 완성한 《대전회통大典會通》의 행정 법규집에 빠진 사례가 많아 실제 법 실행에 문제가 많아지자, 행정 법규와 관례를 일괄 정리할 목적으로 1866년(고종 3)에 만들어졌습니다.

원납전 願納錢

願 원하다 원 納 바치다 납 錢 돈 전

자신이 원하여[願] 바치는[納] 돈[錢]

원납전은 1865년(고종 2) 흥선 대원군이 임진왜란 때 불타 버린 경복궁의 중건 비용을 마련하기 위해 받아들인 기부금입니다. 시행 결과 징수 실적이 부진하자, 흥선 대원군은 원납전을 바치는 사람들에게 벼슬을 남발했습니다. 또한 노동력을 강제 동원했으며, 결두전結頭錢·문세門稅 등을 신설하고, 당백전을 발행하여 국가 경제에 혼란을 초래하는 등 많은 부작용을 초래하였습니다. 그래서 이후 **원납전**怨納錢이라는 별칭을 남기고 1873년에 폐지되었습니다.

○ **怨納錢** [怨 원망하다 원 納 바치다 납 錢 돈 전] 원망하며 바치는 돈.

당백전 當百錢

當 마땅하다, ~에 해당하다 당 百 일백 백 錢 돈 전

원래 돈의 백배에[百] 해당하는[當] 돈[錢]

당백전은 1866년(고종 3) 11월 이후 6개월 동안 사용된 것으로, 흥선 대원군이 실추된 왕실의 권위를 세우고 경복궁 중건에 필요한 재정을 확충하기 위해 새롭게 만든 화폐입니다. 당백전이란 말은 당시 흔히 사용되던 돈으로 상평통보가 있었는데, 상평통보가 1,000원 짜리 지폐라면 당백전은 이것의 백 배에 해당하는 10만 원짜리 지폐에 해당되기 때문에 붙여졌습니다. 그러나 고액의 화폐가 유통되면서 미곡 가격이 약 6배나 오르고, 그 여파로 경제적 혼란을 가져왔습니다.

화폐 단위

상평통보 1개는 1푼[分], 10푼은 1전錢, 10전이 1냥兩, 10냥은 1관貫

병인박해 丙寅迫害

〈丙 셋째 천간 병 寅 셋째 지지 인〉 연도 迫 다그치다 박 害 해치다 해

병인년에[丙寅] 일어난 박해[迫害]

병인박해는 1866년 한 해가 아니라, 1866년에서부터 6년간에 걸쳐 흥선 대원군에 의해 추진된 네 차례의 천주교인에 대한 박해를 아울러 가리킵니다. 흥선 대원군은 처음에 천주교에 대해 비판적이지 않았지만, 당시 몇 가지 천주교 관련 사건의 영향으로 천주교인들을 박해하게 되었습니다. 그중 가장 큰 이유는 첫째, 러시아가 천주교인들의 힘을 빌어 남하 정책을 수행하려 했는데, 마침 청나라에서 천주교를 탄압한다는 소식이 전해지자 흥선 대원군을 반대하는 세력이 정치적 공세를 펼쳤기 때문이고, 둘째, 운현궁 雲峴宮(흥선 대원군의 집)에도 천주교를 믿는 사람이 생겼다는 소문을 듣자 천주교를 탄압할 쪽으로 생각을 바꾸면서 박해가 일어났습니다.

이때 프랑스 선교사 12명 중 9명, 그리고 신도 8,000여 명이 학살을 당하는 등 처참한 상황이 벌어졌고, 이 때문에 병인양요가 일어납니다.

병인양요 丙寅洋擾

〈丙 셋째 천간 병 寅 셋째 지지 인〉 연도 洋 바다, 서양 양 擾 어지럽히다 요

병인년에[丙寅] 프랑스[洋] 함대가 우리나라를 어지럽힌[擾] 사건

병인양요는 병인박해 때(1866) 죽은 프랑스 신부들을 구실로 프랑스 함대가 강화도에 침범하여 정국을 어지럽힌 사건으로, 서구 세력이 무력으로 조선을 침입한 최초의 사건입니다. 우리나라는 이 싸움에서 관민 일체가 되어 프랑스군을 물리쳤으며, 이로 말미암아 흥선 대원군은 **쇄국**鎖國을 더욱 강화했습니다.

- 鎖國 [鎖 잠그다 쇄 國 나라 국] 자기 나라의 외교 통로를 막고 다른 나라와 서로 통하지 않는 정책.

신미양요 辛未洋擾

〈辛 맵다, 여덟째 천간 신 未 아니다, 여덟째 지지 미〉 연도 洋 바다, 서양 양 擾 어지럽히다 요

신미년에[辛未] 미국[洋] 군함이 우리나라를 어지럽힌[擾] 사건

신미양요는 1871년 미국 군함이 강화도에 쳐들어와 정국을 어지럽힌 사건으로, 이때 미국은 강화도를 점령하고 개항을 요구했지만, 흥선 대원군의 강한 쇄국 정책 때문에 포기하고 돌아갔습니다.

척화비 斥和碑

斥 물리치다 척 和 화합하다 화 碑 비석 비

화의를[和] 배척하는[斥] 주장이 새겨진 비[碑]

척화비는 1871년 프랑스와 미국의 침공을 격퇴한 흥선 대원군이 서양을 배척하는 내용을 새겨 세운 비입니다. 그 내용은 '양이침범洋夷侵犯, 비전즉화非戰則和, 주화매국主和賣國 : 서양 오랑캐가 침범함에 싸우지 않으면 **화의**和議하는 것이요, 화의를 주장함은 나라를 파는 것이다' 입니다.

◐ **和議** [和 화합하다 화 議 의논하다 의] 화합하고 의논하다.

강화도 조약 江華島條約

〈江 강 강 華 화려하다 화 島 섬 도〉 지명 條 조목 조 約 약속하다 약

강화도에서[江華島] 맺은 조약[條約]

강화도 조약은 1876년 조선과 일본 두 나라 사이에 맺어진 수호 조약으로, 해외 진출을 시도하던 일본이 조선의 문호 개방을 강요하면서 맺게 되었습니다. 이 조약은 일본이 조선의 침략을 용이하게 하는 등, 여러 면에서 조선에게 불리하게 이루어진 불평등 조약이었습니다.

조 · 일 통상 장정 朝日通商章程

〈朝 아침 조 · 日 해 일〉 조선과 일본 通 통하다 통 商 장사하다 상 章 문장, 법 장 程 (~하는) 과정, 법 정

조선과[朝] 일본의[日] 통상에[通商] 관한 여러 규정[章程]

'通商'은 '나라와 나라 사이에 상업을 통하게 한다'는 뜻이고, '章程'은 '여러 조목을 나누어 정한 규정'이라는 뜻입니다.
조 · 일 통상 장정은 1876년(고종 13) 강화도 조약 이후 조선과 일본이 맺은 전반적인 통상에 관한 법입니다.

조선책략 朝鮮策略

〈朝 아침 조 鮮 신선하다 선〉 나라 이름 策 계책 책 略 간략하다 략

조선이[朝鮮] 앞으로 취해야 할 계책을[策] 간략히[略] 쓴 책

《조선책략》은 조선이 앞으로 취해야 할 계책에 대하여 1880년경 청나라 사람인 황준헌黃遵憲이 쓴 책입니다. 여기에 러시아의 남하를 막기 위해 조선은 일본 · 청 · 미국과 협조해야 하고, 서양의 기술을 배워야 한다는 내용이 실려 있습니다.

조 · 미 수호 통상 조약 朝美修好通商條約

〈朝 아침 조 · 美 아름답다 미〉 조선과 미국 修 닦다 수 好 좋다 호 通 통하다 통 商 장사하다 상 條 조목 조 約 약속하다 약

조선과[朝] 미국이[美] 국교와[修好] 통상을[通商] 목적으로 맺은 조약[條約]

'修好'는 '나라와 나라 사이에 사이 좋게 지내다'라는 뜻이고, '通商'은 '나라와 나라 사이에 상업을 통하게 한다'는 뜻이고, '條約'은 '문서에 의한 국가간의 합의'를 뜻하는 말입니다.

조미 수호 통상 조약은 1882년(고종 19) 조선과 미국이 국교와 통상을 목적으로 맺은 조약으로, 조선이 서양 여러 나라와 맺은 최초의 조약입니다. 러시아와 일본 세력을 견제하고 조선에 대한 종주권을 국제적으로 승인 받을 수 있는 기회를 노리던 청나라의 알선으로 이루어진 이 조약도 영사 재판에 의한 **치외법권**治外法權과 **최혜국**最惠國 대우를 규정한 불평등 조약이었습니다.

◯ **治外法權** [治 다스리다 치 外 바깥 외 法 법 법 權 권세 권] 국제법에서, 외국에 있으면서 그 나라의 법률[法] 적용을[治] 받지 않고[外] 자기 나라의 주권을 행사할 수 있는 권리[權].

◯ **最惠國** [最 가장 최 惠 은혜 혜 國 나라 국] 통상 조약을 맺은 여러 나라 중 가장[最] 유리한 취급을[惠] 받는 나라[國].

2. 근대 의식의 성장과 민족 운동의 전개

양무 운동 洋務運動

洋 바다, 서양 양 務 일하다 무 運 운전하다 운 動 움직이다 동

서양(유럽)의[洋] 문물을 수용하기[務] 위한 근대화 운동[運動]

양무 운동은 중국 청나라 말기인 1860년경부터 90년대에 실시되었던 운동으로, 태평 천국 운동을 진압했던 관료 층은 진압 과정에서 서양 무기의 우수함을 깨닫고 이 시기에 서양(유럽)의 문물을 수용하기 위한 근대화 운동을 추진하였습니다.

수신사 修信使

修 닦다 수 信 믿다 신 使 시키다, 사신 사

신의를[信] 닦는[修] 사신[使]

수신사는 조선 후기 일본에 파견된 외교 사절로, 1876년(고종 13)에 강화도 조약을 맺으면서 이전의 통신사通信使를 바꿔 부른 이름입니다.
개항 후, 조선 정부는 제1차 수신사 김기수金綺秀(1832~?)와 제2차 수신사 김홍집金弘集(1842~1896)을 일본에 파견했는데, 그들이 일본의 발전상과 세계 정세의 변화를 전하자, 정부는 개화의 필요성을 절실히 느꼈습니다.

통리기무아문 統理機務衙門

統 거느리다, 도맡아 다스리다 통 理 이치, 다스리다 리 機 기계, 비밀 기 務 일하다 무 衙 관청 아 門 문 문

국가의 중요한[機] 업무를[務] 맡아 다스리는[統理] 관청[衙門]

통리기무아문은 당시 변화하는 국내외 정세에 대응하기 위해 1880년(고종 17)에 설치하였습니다. 이후 이 기관은 개화 정책뿐만 아니라 국내외의 주요 업무까지 총괄하는 임무를 맡게 됩니다.

무위영 武衛營

武 무기 무 衛 호위하다 위 營 경영하다, 군인이 있는 곳 영

군인이[武] 지키는[衛] 기관[營]

무위영은 1881년 개화 정책의 추진을 위해 이전의 군사 조직인 5군영(훈련도감·어영청·총융청·수어청·금위영) 중 훈련도감訓鍊都監·수어청守禦廳을 통합하여 설치한 기관으로, 왕궁을 지키는 임무를 띠었으며, 1882년 흥선 대원군에 의해 폐지됩니다.

장어영 壯禦營

壯 씩씩하다 장 禦 방어하다 어 營 경영하다, 군인이 있는 곳 영

씩씩한[壯] 군인이 지키는[禦] 기관[營]

장어영은 1881년 개화 정책의 추진을 위해 이전의 군사 조직인 5군영(훈련도감·어영청·총융청·수어청·금위영) 중 어영청御營廳·총융청摠戎廳·금위영禁衛營을 통합하여 설치한 기관으로, 수도 방위의 임무를 띠었으며, 1882년 흥선 대원군에 의해 폐지됩니다.

별기군 別技軍

別 따로 별 技 재주 기 軍 군사 군

특별한[別] 군사 기술을[技] 가르치는 군대[軍]

별기군은 1881년에 개화 정책의 추진을 위해 설치된 신식 군대로, 일본인 교관을 채용하여 근대적 군사 훈련을 시키고, 사관 생도를 양성하였습니다. 그러나 이들을 우대하고 이전의 구식 군대를 차별하면서 임오군란이 일어났고, 이로 인하여 폐지됩니다.

신사 유람단 紳士遊覽團

紳 예복을 갖추어 입을 때 두르는 띠 신 士 선비 사 遊 놀다 유 覽 보다 람 團 단체 단

신사복을[紳士] 입고 유람을[遊覽] 다닌 단체[團]

'紳士'는 서양의 시민 계급을 가리키는 개념이었지만, 우리나라에서는 개화 정신을 지닌 김옥균金玉均(1851~1894), 윤치호尹致昊(1865~1945)

등과 같은 사람이 신사복을 입자 '紳士'라 불렀는데, 이후 이런 사람을 '紳士'로 지칭하였습니다. '遊覽'은 단순히 놀고 보는 것이 아니라, 그곳의 사정과 문물을 자세히 살피는 것을 말합니다.

신사 유람단은 조선 말(1881, 고종 18) 강국으로 성장한 일본의 국내 사정 및 문물을 시찰하도록 약 4개월간 일본에 보낸 사람들을 말합니다.

영선사 領選使

領 우두머리, 거느리다 령 選 가려 뽑다 선 使 시키다, 사신 사

가려 뽑은[選] 유학생을 거느리고[領] 가는 사람[使]

영선사는 조선 정부가 1881년(고종 18) 청나라의 톈진 기기창機器廠의 신식 무기 제조법과 근대적 군사 훈련법을 배워 오게 할 목적으로 유학생을 뽑고, 이들을 인솔한 사람을 말합니다. 조선 정부는 김윤식金允植(1835~1922)을 영선사로 임명하여 청나라에 파견했으나, 소기의 성과를 거두지 못하고 1년 만에 돌아왔습니다. 그러나 이를 계기로 조선에도 신식 무기를 만드는 기기창이 설치되었습니다.

[참고] 기기창

위정 척사 衛正斥邪

衛 호위하다 위 正 바르다 정 斥 물리치다 척 邪 간사하다 사

정학은[正] 지키고[衛] 사학은[邪] 배척함[斥]

위정 척사는 정학正學과 정도正道인 유교적인 질서는 지키고, 사학邪學인 유학 이외의 모든 종교와 사상은 배척한다는 주장입니다. 이 주장은 1860년대에는 서양의 통상 요구에 대응하여 서양과의 교역을 반대하는 통상 반대 운동으로 전개되었고, 이어서 서양의 무력 침략에 대항하여 척화 주전론斥和主戰論으로 나타나 흥선 대원군의 쇄국 정책을 강력히 뒷받침하였습니다. 그리고 1870년대의 문호 개방을 전후해서는 왜양 일체론倭洋一體論, 개항 불가론을 들어 개항 반대 운동을 전개했으며, 1880년대에는 정부의 개화 정책 추진과 《조선 책략朝鮮策略》의 유포에 반발하여, 영남 만인소萬人疏로 대표되는 개화 반대 운동을 전개하였습니다. 나아가 1890년대 이후로는 일본의 침략에 저항하는 항일 의병 운동으로 계승되었습니다.

이 운동은 우리나라의 자주 국권을 지키겠다는 긍정적인 의도도 있지만, 양반 중심의 봉건 체제를 정당화하여 역사 발전을 가로막는 역기능도 가지고 있었습니다.

척화 주전론 斥和主戰論

斥 물리치다 척 和 화합하다 화 主 주인, (부차적이 아닌) 주로 하다 주
戰 싸우다 전 論 논의하다 론

외국과 화합을[和] 배척하고[斥] 전쟁을[戰] 주로 하여[主] 대항하자는 이론[論]

왜양 일체론 倭洋一體論

倭 일본 왜 洋 바다, 서양 양 一 하나 일 體 몸 체 論 논의하다 론

일본과[倭] 서양은[洋] 똑같다는[一體] 주장[論]

왜양 일체론은 일본과 서양은 조선에 해를 끼치는 똑같은 존재라는 주장입니다. 1876년 불평등한 강화도 조약을 일본과 강제로 맺게 되면서 조선인들은 일본에 대해 좋지 않은 감정을 갖게 되었는데, 게다가 서양의 여러 나라가 개방을 요구해 오자 일본과 서양에 대해 똑같이 반감을 갖게 되었습니다.

만인소 萬人疏

萬 일만 만 人 사람 인 疏 트이다, 상소 소

많은 선비들이[萬人] 올린 상소[疏]

만인소는 조선 시대에 많은 선비들이 **연명**連名하여 올리던 상소를 말합니다.

조선은 모든 권한이 임금에게서 나오고 모든 사람이 이를 따라야 하는 국가(전제 군주 국가)이지만, 선비들에게 올바른 생각을 펼 수 있는 기회를 주는 '상소' 라는 제도가 있었습니다. 이 상소가 이전에는 성균관 유생들을 중심으로 소규모로 일어났는데, 지방 유생들이 참여하면서 갈수록 집단화되었습니다.

만인소라는 말은 1823년(순조 23)에 선비 약 만 명이 서자庶子도 벼슬을 할 수 있도록 상소를 올리는 사건에서 유래했습니다. 가장 유명한 것은 1881년 수신사로 일본에 갔던 김홍집金弘集(1842~1896)이 청나라 사람 황준헌黃遵憲의 《조선 책략朝鮮策略》을 가져와 고종에게 바치고 개화 정책의 추진을 청한 일에 대해, 이만손李晚孫(1811~1891)을 중심으로 한 경상도 지방의 보수적인 양반 유생들이 개화파를 비판하기 위해 올린 '영남 만인소' 가 있습니다.

○ **連名** [連 연결하다 련 名 이름 명] 두 사람 이상의 이름을 한곳에 잇대어 씀.

임오군란 壬午軍亂

〈壬 아홉째 천간 임 午 일곱째 지지 오〉 연도 軍 군사 군 亂 어지럽다 란

임오년에[壬午] 구식 군대가[軍] 일으킨 난[亂]

임오군란은 1882년 구식 군대가 일으킨 난으로, 민씨 정권이 신식 군대를(별기군別技軍) 우대하고 구식 군대를 차별 대우하자 일어났습니다. 이 사건은 청의 군사가 개입하여 실패로 끝났으며, 이후 조선에 대한 청의 영향력이 강해졌고 개화 정책은 전반적으로 후퇴하게 되었습니다.

제물포 조약 濟物浦條約

〈濟 구제하다 제 物 물건 물 浦 나루터 포〉 지명 條 조목 조 約 약속하다 약

제물포(지금의 인천)[濟物浦]에서 맺은 조약[條約]

제물포 조약은 1882년(고종 19) 임오군란의 사후 처리에 관해 조선과 일본 사이에 맺은 조약입니다. 임오군란 당시 구식 군대는 별기군의 일본인 교관을 죽이고 일본 공사관을 습격했었는데, 조선은 이에 대한 배상금을 물고, 일본 공사관의 경비병 주둔을 인정하였습니다.

상민 수륙 무역 장정 商民水陸貿易章程

商 장사하다 상 民 백성 민 水 물 수 陸 육지 륙 貿 무역하다 무 易 바꾸다 역 章 문장, 법 장 程 (~하는) 과정, 법 정

청나라 상인과[商民] 바다나 육지에서[水陸] 이루어지던 무역에[貿易] 관한 법률[章程]

'章程'은 '여러 조목을 나누어 정한 규정'이라는 뜻입니다.
상민 수륙 무역 장정은 청나라 상인이 조선에서 무역을 하는 데, 거주·여행·영업 등에서 아무런 제약 없이 활동할 수 있게 만든 법률로, 조선과 청 사이에 맺이진 무역 협정입니다. 이 협정의 체결로 조선은 청나라 상인의 통상 특권을 허용하게 되었고, 경제적 침략을 받게 되었습니다.

한성순보 漢城旬報

〈漢 나라 이름 한 城 성곽 성〉 지명 旬 열흘 순 報 갚다, 알리다 보

한성이라는[漢城] 이름으로 열흘에[旬] 한 번 나오는 신문[報]

'漢城'은 '서울'의 옛 이름이고, '旬報'는 '열흘에 한 번 나오는 신문'을 말합니다.

《한성순보》는 박영효朴泳孝(1861~1939)가 일본에 수신사로 다녀와서 국민을 계몽시킬 필요성을 절감하고, 1883년 10월 1일에 창간한 우리나라 최초의 근대 신문으로, 박문국博文局에서 10일에 한 번 간행한 관보官報입니다.

발행주기에 따른 구분

- 1일 – 일간日刊(일보日報).
- 7일 – 주간週刊(주보週報).
- 10일 – 순간旬刊(순보旬報).
- 30일 – 월간月刊(월보月報).
- 1년에 4번 – 계간季刊.

갑신정변 甲申政變

〈甲 첫째 천간 갑 申 펼쳐 알리다, 아홉째 지지 신〉 연도 政 정치 정 變 변하다 변

갑신년에[甲申] 일어난 정치적[政] 변화[變]

갑신정변은 일본의 발전상을 보고 국정 개혁의 시급함을 느낀 개화당의 김옥균金玉均(1851~1894)·박영효朴泳孝(1861~1939)·홍영식洪英植(1855~1884)이, 임오군란壬午軍亂을 계기로 청나라의 간섭이 심해지자 청나라가 프랑스와 전쟁을 일으키는 틈을 타서 1884년에 일으킨 정변입니다. 이들은 우정국 개국 축하 만찬회 때, **친청수구**親淸守舊 세력의 요인들을 살해하고 새 정부의 성립을 선포한 뒤, 14개 개혁 법안을 발표하였습니다. 그러나 이를 공포하기도 전에 위안스카이(원세개袁世凱)의 청나라 군인에게 공격당하여 집권은 3일 천하로 끝났습니다.

세 사람은 거사가 실패하자 모두 일본으로 망명을 떠났다가, 김옥균은 암살을 당하고 서재필은 일본 역시 위험하다 여겨 미국으로 귀화했으며, 박영효는 반역죄가 사면되면서 다시 귀국했습니다.

○ 親淸守舊 [親 친하다 친 淸 맑다, 나라 이름 청 守 지키다 수 舊 옛 구] 청나라와 친하고 옛것을 지킴.

개혁 법안의 대략적인 내용

◎ 청에 대한 사대事大 관계의 폐지.
◎ 인민 평등권의 확립.
◎ 지조법地租法의 개혁.
◎ 모든 재정의 호조 관할.
◎ 경찰 제도의 실시.

한성 조약 漢城條約

〈漢 나라 이름 한 城 성곽 성〉 지명 條 조목 조 約 약속하다 약

한성(지금의 서울)에서[漢城] 맺은 조약[條約]

한성 조약은 갑신정변의 뒤처리를 위해 1884년(고종 21) 한성漢城에서 조선과 일본 사이에 맺은 조약으로, 일본은 배상금 지불과 공사관 신축비 등을 강요했습니다.

톈진 조약 天津條約

〈天 하늘 천 津 나루터 진〉 지명 條 조목 조 約 약속하다 약

톈진에서[天津] 맺은 조약[條約]

'톈진'은 중국의 지명으로, 우리나라 방식의 독음은 '천진'입니다.
톈진 조약은 1885년 중국 톈진에서 청나라와 일본이 맺은 조약으로, 갑신정변 이후 조선에 관한 문제를 다루었는데, 이 조약의 결과 일본은 청淸과 동등하게 조선에 대한 파병권을 얻었습니다.

교조 신원 운동 敎祖伸寃運動

敎 가르치다 교 祖 할아버지 조 伸 펴다, 풀다 신 寃 원통하다 원 運 운전하다 운 動 움직이다 동

교조의[敎祖] 억울함을[寃] 풀어 주려는[伸] 운동[運動]

'敎祖'는 '한 종교나 종파를 처음 세운 사람'을 말하고, '伸寃'은 '가슴에 맺힌 원한을 풀거나 억울한 누명을 씻어 버린다'는 뜻입니다.

교조 신원 운동은 교조인 최제우가 처형을 당한 뒤, 최제우가 억울하게 죽었다는 것을 정부가 인정하게 하여 그 원한을 풀어 주고, 동학東學을 공인 받으려는 운동입니다. 이 요구가 받아들여지지 않았지만, 이 운동은 종교적 운동이나, 참여자의 성향과 요구에 따라 점차 농민 운동의 성격을 띠어 1894년 대규모 농민 전쟁을 일으키는 데 중요한 계기가 되었습니다.

포접제 包接制

包 감싸다, 꾸러미 포 接 접근하다, 단체 접 制 만들다, 제도 제

'포'와[包] '접'으로[接] 묶은 체제[制]

포접제는 동학의 조직 체제로, '接'은 한 사람이 지역에 관계없이 포교를 하여 10사람을 입교시키면 접주接主가 되고, 접이 10개 모인 것이 '包'로 포주包主를 대접주라고도 합니다.

보국안민 輔國安民

輔 바퀴살의 힘을 돕는 나무, 돕다 보 國 나라 국 安 편안하다 안 民 백성 민

국가를[國] 돕고[輔] 백성을[民] 편안하게 함[安]

보국안민은 '국가를 돕고 백성을 편안하게 한다'는 뜻으로, 동학의 중심 사상입니다. 輔를 '正'의 의미로 보아, 輔國을 '나라를 바로 잡다'의 의미로 풀이하기도 합니다.

제폭구민 除暴救民

除 버리다 제 暴 사납다 폭 救 구원하다 구 民 백성 민

폭정을[暴] 제거하고[除] 백성을[民] 구원함[救]

제폭구민은 '폭정을 제거하고 백성을 구원한다'라는 뜻으로, 동학의 중심 사상입니다. 폭정을 포악으로 풀이하여 '제포구민'이라고도 합니다.

전주 화약 全州和約

〈全 전체 전 州 고을 주〉 지명 和 화합하다 화 約 약속하다 약

전주에서[全州] 화해하며[和] 맺은 약속[約]

'和約'은 '화해하며 맺는 약속'입니다.
전주 화약은 1894년 5월 7일(음력) 전주에서 동학군과 정부가 맺은 것으로, 정부가 농민군의 폐정 개혁안 12개조를 받아들이는 것을 그 내용으로 하고 있습니다. 이 조약이 체결된 후 농민들은 믿고 모두 해산했으나, 정부는 이를 배반하고 청淸에 군사를 요청해 진압하려 했습니다.

집강소 執綱所

執 잡다 집 綱 벼리(그물을 버티게 하는 테두리의 굵은 줄), 중요하다 강 所 장소, 관청 소

집강이[執綱] 지휘했던 자치 기관[所]

'執綱'은 동학의 교단 조직인 포접제에서 접의 우두머리를 접주接主, 혹은 집강이라고 부른 데서 유래한 말입니다. 집강소는 1894년(고종 31) 동학 농민 운동 때 농민군이 전라도와 충청도·경상도 일대의 지방 관아 안에 설치하고 집강이 지휘했던 농민 자치 기구입니다.

폐정 개혁안 弊政改革案

弊 폐단 폐 政 정치 정 改 고치다 개 革 가죽, 고치다 혁 案 의견 내다 안

잘못된 정치는[弊政] 개혁되어야[改革] 한다는 안건[案]

폐정 개혁안은 1894년 6월 전주 화약全州和約 때 잘못된 정치를 폐하고 새로 고칠 것을 정부에 요구한 12개 안건입니다. 대체적인 내용은 수취 체제의 모순, 봉건적 신분 질서의 모순 등으로, 폐정의 내적·외적 요인을 모두 제거해 줄 것을 요청하였습니다.

천도교 天道教

天 하늘 천 道 길, 올바른 길 도 教 가르치다, 종교 교

천지 자연의[天] 도리를[道] 따르는 종교[教]

'天道'는 '천지 자연의 도리'란 뜻입니다.

천도교는 하늘과 사람이 하나의 도로 합해지는 것을 목적으로, 동학에서 만들어진 종교입니다. 2대 교주인 최시형崔時亨(1827~1898)을 이은 손병희孫秉熙(1862~1922)는 처음에 정·교 일치를 주장하며 교단을 이끌려고 했으나 일제에 이용당하는 등 실패하자, 정교 분리를 내세우며 순수한 종교로서의 동학을 만들기 위해 천도교라는 명칭으로 교단을 새롭게 만들었습니다.

갑오개혁 甲午改革

〈甲 첫째 천간 갑 午 일곱째 지지 오〉 연도 改 고치다 개 革 가죽, 바꾸다 혁

갑오년에[甲午] 일어난 개혁[改革]

갑오개혁은 1894년에 일본의 강압에 의해 개화파가 추진한 근대적 제도 개혁입니다.
갑오개혁 이전에 정부는 이미 국정 전반에 걸친 개혁의 필요성을 느끼고, 국왕의 명을 받아 교정청校正廳을 설치하여 자주적인 개혁을 하려 했습니다. 그러나 일본은 경복궁을 점령하고 민씨 정권을 붕괴시킨 뒤, 김홍집金弘集(1842~1896)·김윤식金允植(1835~1922)을 중심으로 한 친일 개화 정부를 구성하여 마음대로 조선의 내정 개혁을 추진하였습니다. 그리고 개혁을 추진하기 위해 군국기무처軍國機務處를 세우고 근대적 개혁을 단행하였는데, 이것이 제1차 개혁인 갑오개혁입니다.

교정청 校正廳

校 학교, 바로잡다 교 正 바르다, 바로잡다 정 廳 관청 청

잘못된 정치를 바로잡는[校正] 관청[廳]

교정청은 잘못된 정치를 바로잡기 위해 1894년에 설치한 임시 관청입니다.

군국기무처 軍國機務處

軍 군사 군 國 나라 국 機 기계, 비밀 기 務 일하다 무 處 곳, 관청 처

군사와[軍] 국정에[國] 관한 중요한[機] 사무를[務] 처리한 기관[處]

군국기무처는 갑오개혁 이후에 중앙 관제와 지방 행정을 비롯한 행정·사법에 관한 모든 규칙, 그리고 교육·재정·상업에 관한 일체의 사무를

심의한 기관입니다.

을미개혁 乙未改革

〈乙 둘째 천간 을 未 아니다, 여덟째 지지 미〉 연도 改 고치다 개 革 가죽, 바꾸다 혁

을미년에[乙未] 일어난 개혁[改革]

을미개혁은 1895년에 갑오개혁甲午改革에 이어 일어난 2차 개혁으로, 그 내용은 다음과 같습니다. 청淸·일日 전쟁에서 승기를 잡은 일본은 조선의 내정 개혁에 더욱 적극적으로 개입하였습니다. 그래서 일본은 갑오 1차 개혁을 추진한 군국기무처를 폐지하고 갑신정변의 주동자로 일본에 망명해 있던 박영효朴泳孝(1861~1939)를 귀국시켜 김홍집金弘集과 함께 연립 내각을 구성하게 하고 2차 개혁을 시작하였습니다.

이에 고종은 문무 백관을 거느리고 종묘에 나가 독립 서고문獨立誓告文을 바치고 홍범 14조洪範十四條를 반포하였습니다. 이는 우리나라 최초의 헌법적 성격을 띠었지만, 일본의 간섭으로 근본적인 개혁은 이루지 못한 채 일본의 한반도 침략에 도움만 주었습니다. 이후 삼국 간섭으로 러시아 세력이 커지자 민씨 일파는 박영효를 제거하고 러시아와 손을 잡고 친러 정권을 성립시켰습니다. 이에 일본은 명성 황후(민비)를 시해하는 을미사변을 일으키고 다시 김홍집을 중심으로 한 친일 정부를 구성하고 3차 개혁을 단행하였습니다. 그러나 명성 황후 시해와 3차 개혁에서 추진된 단발령에 반발해 전국 곳곳에서 항일 의병이 일어나고 정국이 어수선한 틈을 타 고종이 러시아 공사관으로 피신(아관 파천 1896. 2)하면서 친일 정권은 붕괴되고 개혁도 중단되었습니다.

독립 서고문 獨立誓告文

獨 홀로 독 立 서다 립 誓 맹세하다 서 告 알리다 고 文 글 문

독립 국가임을[獨立] 맹세하고[誓] 알리는[告] 글[文]

독립서고문은 조선이 외세에 간섭을 받지 않는 독립 국가임을 선포하는 글입니다.

홍범 14조 洪範十四條

洪 홍수 나다, 크다 홍 範 모범 범 十 열 십 四 넷 사 條 조목 조

천지 사이의 큰[洪] 법[範] 14 조목[條]

洪範은 《서경書經(=상서尙書)》 1편의 이름으로, 여기에는 유가儒家의 세계관에 의거한 정치 철학이 담겨 있으며, 천지 사이의 큰 법이란 뜻입니다.
홍범 14조는 갑오개혁 이후에 고종이 선포한 정치 혁신의 기본 강령입니다.

을미사변 乙未事變

〈乙 둘째 천간 을 未 아니다, 여덟째 지지 미〉 연도 事 일 사 變 변하다, 재앙 변

을미년에[乙未] 일어난 사변[事變]

'事變'은 '전쟁까지는 이르지 아니하였으나, 경찰의 힘으로는 막을 수 없어 병력을 사용하게 되는 난리'를 말합니다.
을미사변은 1895년 일본 공사 미우라三浦梧樓 등이 명성 황후를 살해한 사건을 말합니다. 청·일 전쟁 승리 후, 조선 침략을 노골적으로 추진하던 일본의 기세는 러시아가 주도한 삼국 간섭으로 꺾였습니다. 이에 민씨 일파는 급격히 친러적인 성향으로 기울어 친일 정권을 무너뜨리고 이범진李範晉(1852~1910)·이완용李完用(1858~1926)이 중심이 된 친러 정권을 세웠습니다. 그러자 일본은 정세를 역전시키기 위해 흥선 대원군과 손잡고 명성 황후明成皇后(민비閔妃, 1851~1895)를 살해하였습니다. 이는 한 나라의 왕비를 일본 깡패들이 침실까지 침입하여 살해하고, 시체에 석유를 뿌린 후 뒷산에 묻어 버리는 참혹하고 치욕적인 사건이었습니다. 이 일이 있은 후 친일 내각이 들어서 단발령 등의 개혁을 단행하였습니다. 그러자 백성들은 의병을 일으켰고(을미 의병), 친러파는 러시아와 손잡고 고종과 왕세자를 러시아 공사관으로 옮기는 아관 파천을 행하였습니다.

단발령 斷髮令

斷 끊다 단 髮 머리카락 발 令 명령하다 령

머리를[髮] 자르라는[斷] 명령[令]

단발령은 1895년(고종 32) 을미사변 후 정권을 잡은 친일 김홍집金弘集 내각의 개혁 추진 과정에서 나온 정책입니다. 우리나라는 오래 전부터 머리를 기르고 상투를 해 왔는데, 개혁의 명분 아래 머리카락 마저 서양을 따

르도록 요구하였습니다. 이때 고종高宗은 솔선수범하여 머리를 잘랐으며, 유길준兪吉濬(1856~1914)은 관리들로 하여금 강제로 백성의 머리를 자르도록 하였습니다. 이 때문에 반일 감정은 더욱 고조되었고, 유생들은 의병을 일으켰으며(을미 의병), 결국 김홍집은 피살되고 친일 내각은 무너졌습니다.

 단발령 斷髮嶺 [嶺 산봉우리 령]

마의태자麻衣太子가 머리 깎고 출가한 고사가 전해 내려오는 고개 이름.

아관 파천 俄館播遷

俄 갑자기, 나라 이름 아 館 집 관 播 뿌리다, 달아나다 파 遷 옮기다 천

러시아 공사관으로[俄館] 옮김[播遷]

러시아를 한자로 옮기면 아라사俄羅斯로, '俄館'은 '러시아 공사관'의 준말입니다. '播遷'은 본래 임금이 서울을 떠나 난을 피할 때 쓰는 말입니다.

을미사변 이후 정권을 잡은 친일파 세력은 단발령, 양력 사용 등 급진적인 개혁을 하려했으나, 명성황후 살해로 백성들 사이에 있던 반일 감정을 더욱 자극해 여러 지역에서 의병이 일어나기 시작했습니다. 이런 어수선한 틈을 타서 친러시아파는 러시아 공사 베베르와 짜고 신변의 위협을 느끼던 고종과 왕세자를 1896년 2월 11일 정동貞洞의 러시아 공사관으로 옮겼고, 도착 후 고종은 즉시 친일파를 처단하게 하였습니다.

이로써 친일파 정권은 무너지고 친러시아파 정권이 구성되었으나, 이번에는 러시아가 조선을 위협하여 삼림 채벌권, 채광권 등 여러 권리를 빼앗았습니다. 러시아의 보호를 받아 오다 1년 만에 고종은 여러 곳의 권유와 압력으로 지금의 덕수궁德壽宮으로 돌아왔고, 그 후 국호를 대한 제국大韓帝國으로 고친 뒤, 황제 즉위식을 거행했습니다.

탁지부 度支部

度 (헤아린) 정도 도, 헤아리다 탁 支 갈라서 나오다, (값을) 치르다 지 部 부분, 부서 부

재정[支] 사무를 맡아 보던[度] 관청[部]

탁지부는 조선 말에 재정 사무를 맡아 보던 관청입니다.

독립신문 獨立新聞

獨 홀로 독 立 서다 립 新 새롭다 신 聞 듣다 문

독립을[獨立] 기원하는 신문[新聞]

《독립신문》은 1896년(고종 33) 4월 7일에 창간된 것으로 민간이 발행한 첫 신문입니다. 이에 반해 1883년 창간한 《한성순보漢城旬報》는 관보官報입니다.

독립 협회 獨立協會

獨 홀로 독 立 서다 립 協 협력하다 협 會 모이다 회

독립을[獨立] 기원하는 모임[協會]

독립 협회는 1896년(고종 33) 7월에 조직된 사회·정치 단체로, 외국에 의존하는 정책에 반대하는 개화 지식층 30여 명이 우리나라의 자주 독립과 내정 개혁을 표방하여 결성했습니다. 협회의 지도층은 우선 이전의 개혁 실패가 민중의 지지 기반이 없어 실패한 것으로 보고, 민중을 일깨우기 위한 운동을 벌였습니다. 첫 사업으로는 국민의 성금을 모아 영은문迎恩門 자리에 자주 독립의 상징인 독립문獨立門을 세우고, 모화관慕華館을 독립관獨立館으로 고치는 등 국민의 자주 독립 의식을 고취시켰습니다.

영은문 迎恩門

迎 맞이하다 영 恩 은혜 은 門 문 문

천자의 은혜를[恩] 맞아들이는[迎] 문[門]

영은문은 조선 시대 중국 명나라 사신을 맞이하는 모화관 앞에 세웠던 문입니다.

독립문 獨立門

獨 홀로 독 立 서다 립 門 문 문

독립을[獨立] 선언하며 세운 문[門]

독립문은 1896년(고종 33) 독립 협회가 우리나라의 영구 독립을 선언하기 위해 영은문을 헐고 기부금을 모아 세운 문입니다.

모화관 慕華館

慕 사모하다 모　華 화려하다, 중국 화　館 집 관

중국을[華] 흠모한다는[慕] 뜻으로 지은 집[館]

　모화관은 조선 시대 명나라와 청나라의 사신을 영접하던 곳으로, 중국 사신이 오면 임금이 이곳까지 마중 나와 맞이했으며, 임금은 중국의 사신에게 굴욕적인 예를 치러야 했습니다. 청·일 전쟁 후 이곳은 폐지되고 1896년 독립관을 세웠습니다.

독립관 獨立館

獨 홀로 독　立 서다 립　館 집 관

독립을[獨立] 기원하는 행사를 치르는 집[館]

　독립관은 1896년 독립 협회가 사대事大의 상징인 모화관을 개수하여 회관으로 사용한 건물로, 독립이나 개화 운동의 모든 행사는 독립관에서 거행되었습니다.

만민 공동회 萬民共同會

萬 일만 만　民 백성 민　共 함께 공　同 같다, 함께 동　會 모이다 회

모든[萬] 백성이[民] 함께하는[共同] 대회[會]

　만민 공동회는 1898년 독립 협회 주최로 열린 민중 대회로, 자주 독립의 수호와 자유 민권을 신장하기 위해 개최했습니다.

관민 공동회 官民共同會

官 벼슬 관　民 백성 민　共 함께 공　同 같다, 함께 동　會 모이다 회

관리와[官] 백성이[民] 함께하는[共同] 대회[會]

　관민 공동회는 독립 협회가 의회 설립에 의한 국민 참정 운동과 국정 개혁 운동을 전개하면서, 만민 공동회에 정부 대신들을 참여시킨 대회입니다. 이 대회에서 국권 수호와 민권 보장 및 정치 개혁을 내용으로 하는 **헌의 6조**獻議六條가 결의되었으며, 그 실시를 고종에게까지 약속을 받았으나 정부 내 보수파의 반대로 결국 무산되었습니다.

○ **獻議** [獻 바치다 헌 議 의논하다 의] 윗사람에게 의논을 드림.

황국 협회 皇國協會

皇 황제 황 國 나라 국 協 협력하다 협 會 모이다 회

황제가[皇] 다스리는 나라의[國] 협회[協會]

'皇國'은 독립 협회가 입헌 군주제를 모방한 정치 조직을 추구하자, 이에 대해 전제 군주제를 고집하는 사람들이 자신들의 성격을 나타내기 위해 쓴 말입니다. 황국 협회는 자유·자주·민권을 내세운 독립 협회의 조직이 확대되면서, 전제 왕권과 보수 세력에 위협이 되자, 이에 대항하기 위해 궁정 보수 세력이 주동이 되고 보부상을 앞세워 1898년에 조직한 단체입니다.

대한 제국 大韓帝國

大 크다 대 韓 나라 이름 한 帝 황제 제 國 나라 국

'大'는 우리나라를 높이는 뜻에서 붙었고, '韓'은 우리나라가 '한족韓族('한'은 본래 '어른'을 뜻하던 순우리말임)'이라는 것을 나타내며, '帝國'은 '황제가 다스리는 나라'라는 말입니다.

대한 제국은 아관 파천으로 실추된 왕의 권위를 회복하고 조선이 자주 독립 국가임을 내외에 천명하기 위해 새로 사용한 국가 명칭으로, 1897년 8월 12일에 명칭을 정한 후 1910년 8월 29일 일제 통치에 넘어갈 때까지 사용하였습니다. 고종高宗은 당시 국호를 대한 제국으로 고치면서 연호를 **광무**光武라 하였고, 왕王을 황제皇帝라 칭하여 자주 국가임을 내외에 선포하였습니다. 그리고 **구본신참**舊本新參을 시정施政 방향으로 정하였고, 1899년 **대한국 국제**大韓國國制라는 일종의 헌법을 제정하였습니다. 경제 면에서는 **양전**量田 사업을 위해 **지계**地契를 발급하였습니다.

○ **光武** [光 빛 광 武 무기 무]
○ **舊本新參** [舊 옛 구 本 근본 본 新 새롭다 신 參 참여하다, 참고하다 참] 옛 제도를[舊] 근본으로[本] 하고 새로운 제도를[新] 참작함[參].
○ **大韓國國制** [(大 크다 대 韓 나라 이름 한 國 나라 국) 나라 이름 國 나라 국 制 만들다, 제도 제] 대한 제국의[大韓國] 국가 제도[國制].
○ **量田** [量 질량, 헤아리다 량 田 밭 전] 면적·수확량 등을 측량하여[量] 장부에 빠진 토지를 찾아 내고 정확한 세금 징수를 위해 실시하는 일.
○ **地契** [地 땅 지 契 계약하다 계] 소유권을 법적으로 인정해 주는 문서[契].

간도 間島 = 젠다오
〈間 사이 간 島 섬 도〉 지명

간도는 중국 만주 지린성(길림성吉林省)을 중심으로 랴오닝성(요녕성遼寧省)·헤이룽장성(흑룡강성黑龍江省) 일대 한국인 거주 지역을 통칭하는 말입니다. 우리나라에서는 간도墾島·간토艮土·북간도라고도 합니다. 간도는 동서로 구분되는데 우리나라에서는 주로 동간도를 가리킵니다. 이 곳은 남쪽으로 두만강豆滿江을 사이에 두고 북한과 접하고 있으며 동쪽은 러시아의 연해주沿海州에 접해 있습니다. 원래 여진족의 거주지였다가, 청淸나라 때 조선 사람들이 들어가 미개지를 개척하기 시작하였습니다. 이후 국경 분쟁이 계속되다가 결국 구한말에 일본은 청나라와의 이해 관계 속에 간도 협약을 맺고 청나라에 간도 땅을 넘겨 주었습니다.

간도 협약 間島協約
〈間 사이 간 島 섬 도〉 지명 協 협력하다 협 約 약속하다 약

간도에[間島] 관한 협약[協約]

'協約'은 '협의하여 약속하다'라는 말입니다.
간도 협약은 1909년 우리나라와 청나라의 영토 분쟁이 일던 간도 땅을, 일본이 남만주 안봉선 철도 부설권 등 여러 이권을 청으로부터 얻는 대가로, 청淸에 넘겨 준 조약입니다. 문제는 이 조약이 고종황제가 무효로 선언한 을사 조약을 근거로 했다는 것입니다. 즉 우리나라의 국권을 무시한 것으로 인정될 수 없는 조약입니다.

독도 獨島
〈獨 홀로 독 島 섬 도〉 지명

독도는 우리나라 동해의 가장 동쪽 끝에 있는 섬으로, 경상북도 울릉군 울릉읍 도동리道洞里에 속합니다. 이전에는 여러 다른 명칭으로 불리다가 1881년(고종18)부터 독도라 불렸으며, 홀로 떨어져 있어 그렇게 부른 것으로 추정됩니다. 독도는 주도主島인 동도東島와 서도西島, 그리고 그 주위에 여러 소규모 섬이 있으며, 일본이 자기 나라의 국토라는 그릇된 주장을 계속하고 있는 곳이기도 합니다. 참고로 일본에서는 '다케시마'라고 부릅니다.

활빈당 活貧黨

活 살다 활 貧 가난하다 빈 黨 무리 당

가난한[貧] 사람을 살리는[活] 무리[黨]

활빈당은 을미의병에 가담했다가 해산한 농민 중 일부가 조직한 무장 민중 집단으로, 1900~1904년에 걸쳐 우리나라 남부의 각지에서 반봉건·반침략 운동을 전개하였습니다.

일진회 一進會

一 하나 일 進 나아가다 진 會 모이다 회

하나로[一] 나아가자는[進] 모임[會]

일진회는 1904년에 송병준宋秉畯(1858~1925)·이용구李容九(1868~1912)·윤시병尹始炳(1860~1931) 등이 결성한 한말의 친일 단체로, 일본의 막대한 지원 아래 친일적 민의民意를 조작하는 등 일본의 앞잡이로 매국적 활동을 하였습니다. 특히 을사조약 지지, 고종의 퇴위 강요, 한일 합방 주장 등 일본 정책의 앞잡이가 되어 매국 행동을 자행하던 단체입니다.

정미 의병 丁未義兵

〈丁 넷째 천간 정 未 아니다, 여덟째 지지 미〉 연도 義 옳다 의 兵 군사 병

정미년에[丁未] 일어난 의로운[義] 병사[兵]

정미 의병은 고종의 강제 퇴위, 정미 7조약 체결, 군대 해산을 계기로 1907[丁未]~1910년 사이에 활동한 구국 운동을 총칭하여 부르는 말입니다.

보안회 保安會

保 보호하다 보 安 편안하다 안 會 모이다 회

국가와 사회를 보호하는[保安] 모임[會]

'保安'은 '사회의 안녕과 질서를 보전한다'는 말입니다.
보안회는 1904년 일본의 황무지 개척권 요구에 대항하기 위하여 원세성元世性을 중심으로 조직된 항일 운동 단체입니다.

헌정 연구회 憲政研究會

憲 법 헌 政 정치 정 研 연구하다 연 究 연구하다 구 會 모이다 회

헌법에[憲] 의해 행해지는 정치를[政] 연구하는[研究] 모임[會]

'憲政'은 '헌법에 의해 행해지는 정치'를 말합니다.
헌정 연구회는 1905년 이준李儁(1859~1907)·양한묵梁漢默(1862~1919)·윤효정尹孝定(1858~1939) 등을 중심으로 조직한 한말 애국 계몽 운동 단체입니다. 특히 국가의 헌정에 관한 연구를 주목적으로 하였으며, 뒤에 대한 자강회大韓自强會로 확대 개편됩니다.

대한 자강회 大韓自强會

大 크다 대 韓 나라 이름 한 自 스스로 자 强 강하다 강 會 모이다 회

우리나라[大韓] 스스로[自] 강해지도록[强] 만들자는 모임[會]

대한 자강회는 1906년 장지연張志淵(1864~1921)·윤효정尹孝定 등이 조직한 애국 계몽 단체로, 헌정 연구회를 확대 개편한 것입니다. 개편 취지는 온 국민이 **분려 자강**奮勵自强하여 국력을 배양함으로써 독립을 쟁취하자는 데에 있습니다.

◐ 奮勵自强 [奮 떨치다 분 勵 힘쓰다 려 自 스스로 자 强 강하다 강] 분발하고 힘써 스스로 강하게 되자.

대한 협회 大韓協會

大 크다 대 韓 나라 이름 한 協 협력하다 협 會 모이다 회

대한이라는[大韓] 이름의 협회[協會]

대한 협회는 1907년에 창립된 정치 단체로 대한 자강회가 일제 통감부에 의해 해체된 후, 이전의 대한 자강회 간부들과 천도교 대표가 이토 히로부미[이등박문]의 허락을 받고 만든 단체입니다. 설립 목적은 국가의 부강, 교육과 산업 발달, 관인 폐습의 교정, 근면, 저축, 권리, 의무, 책임, 복종 등 국민 의식을 불어 넣는 데 두었습니다.

신민회 新民會

新 새롭다 신 民 백성 민 會 모이다 회

새로운[新] 백성이[民] 되자는 모임[會]

신민회는 1906년 개화 자강파들이 안창호安昌浩(1878~1938)를 중심으로 국권 회복을 목적으로 비밀리에 만든 독립 운동 단체입니다.

황성신문 皇城新聞

皇 황제 황 城 성곽 성 新 새롭다 신 聞 듣다 문

황성이라는[皇城] 이름의 신문[新聞]

'皇城'은 '황제의 도성'이라는 말입니다.
《황성신문》은 1898년에 장지연張志淵(1864~1921)·남궁억南宮檍(1863~1939) 등이 창간한 신문으로, 국한문 혼용체를 사용했습니다. 이 신문은 1905년 을사조약을 체결한 후, 장지연이 논설 〈시일야 방성 대곡是日也放聲大哭〉을 게재하여 정간停刊 당하기도 합니다.

시일야 방성 대곡 是日也放聲大哭

是 옳다, 이것 시 日 날 일 也 ~이다 야 放 내놓다 방 聲 소리 성
大 크다 대 哭 울다 곡

오늘에[是日也] 이르러 소리 내어[放聲] 통곡하노라[大哭]

〈시일야 방성 대곡〉은 1905년 을사 조약이 체결되자 장지연이 1905년 11월 20일자《황성신문皇城新聞》에 쓴 논설입니다. 장지연은 이 논설에서 을사 조약의 굴욕적인 내용을 폭로하고, 일본의 흉계를 온 나라에 알렸습니다.

대한매일신보 大韓每日申報

大 크다 대 韓 나라 이름 한 每 매번 매 日 날 일 申 펼쳐 알리다 신
報 갚다, 알리다 보

대한이라는[大韓] 이름으로 매일[每日] 발행되는 신문[申報]

'申報'는 본래 '상관에게 보고하다'라는 뜻이지만, 여기서는 신문이라는 뜻입니다.

《대한매일신보》는 1904년 영국인 베델Bethell E. T.[배설裵說]을 발행인으로 양기탁梁起鐸(1871~1938)을 총무로 창간된 신문입니다. 발행인이 영국인이었기 때문에 검열을 받지 않아 당시 가장 영향력 있는 언론 기관의 역할을 하였습니다. 그러나 일제의 탄압으로 한일 합방이 되면서 총독부 기관지인 《매일신보》로 바뀌었습니다.

3. 근대의 경제와 사회

방곡령 防穀令

防 막다 방 穀 곡식 곡 令 명령하다 령

곡물[穀] 수출을 막는[防] 명령[令]

　방곡령은 우리나라의 식량난을 해소하기 위해 곡물을 일본에 싸게 수출하는 것을 금지하는 명령입니다. 개항 이후 일본은 자기 나라의 싼 물건을 비싸게 팔아 막대한 이익을 남겼으며, 우리나라의 곡식은 **입도선매**立稻先賣나 고리대高利貸의 방법으로 곡물을 사들인 뒤, 일본으로 보내는 바람에 국내의 곡물 가격이 폭등하는 등 국내 경제에 심각한 문제가 생겨났습니다. 이 때문에 곡물 수출항인 원산의 관찰사觀察使 조병식趙秉式(1832~1907)은 1889년 9월 콩의 수출을 금지시키는 방곡령을 내려 일본 상인에게 손해를 입혔습니다. 그러자 일본은 이에 항의하였고, 결국 배상금만 물고 실효를 거두지 못하였습니다.

◯ 立稻先賣 [立 서다 립 稻 벼 도 先 먼저 선 賣 팔다 매] 논에 서 있는[立] 벼를[稻] 추수하기도 전에 미리[先] 파는[賣] 행위.
◯ 高利貸 [高 높다 고 利 이롭다, 이자 리 貸 빌리다 대] 고리대금高利貸金을 줄인 말로, 이자를 비싸게 받을 목적으로 빌려 주는 돈.

철시 撤市

撤 걷어치우다 철 市 시장 시

시장[市] 문을 닫음[撤]

　철시는 한말 외국 상인들의 내륙 시장 침투로 인하여 조선 상인들이 타격을 받자 이에 대응한 항거 방법으로, 이때 서울 상인들은 시장 문을 닫고 장사를 하지 않았습니다. 이후 일본은 청·일 전쟁에서 승리하자 조선 상인의 반발 및 청나라 상인과의 경쟁을 모두 물리치고 조선 시장을 독점하였습니다.

역둔토 驛屯土

驛 정거장, 말 갈아타는 곳 역 屯 주둔하다 둔 土 흙 토

역토 + 둔전

역둔토는 '驛土'와 '屯田'를 합친 말로, 역토驛土는 역驛의 경비를 충당하기 위해 국가에서 지급한 토지이고, 둔전屯田은 변방에 주둔하는 군인들이 평상시에는 농사일을 하여 양식을 자체적으로 해결할 수 있도록 개간한 땅을 말합니다.

황국 중앙 총상회 皇國中央總商會

皇 황제 황 國 나라 국 中 가운데 중 央 중앙 앙 總 총괄하다 총 商 장사하다 상 會 모이다 회

우리나라[皇國] 중앙에[中央] 모든[總] 장사하는[商] 모임[會]

'皇國'은 '황제가 다스리는 나라'라는 말입니다.
황국 중앙 총상회는 1898년 서울에서 창립된 시전 상인의 단체로, 청국과 일본 상인들이 서울의 상권을 침탈하자 서울 상인들에 의해 조직되었습니다. 이들은 조직을 통하여 외국인의 불법적인 내륙 상업 활동을 엄단할 것을 요구하며 상권 수호 운동을 전개하였습니다.

국채 보상 운동 國債報償運動

國 나라 국 債 빚지다 채 報 보답하다 보 償 갚다 상 運 운전하다 운 動 움직이다 동

나라의[國] 빚을[債] 갚기 위해[報償] 민중들이 벌인 운동[運動]

국채 보상 운동은 1907년 일본에게 진 나라의 빚을 갚기 위하여 민중들이 벌인 운동입니다. 일제는 통감부를 설치하면서 그들의 식민 시설을 갖추기 위해 우리 정부로 하여금 일본으로부터 거액의 차관을 들여 오게 했습니다. 그 결과 경제는 파탄에 빠지고 외채는 감당할 수 없이 불어났으며 민중들 사이에서 이를 갚기 위해 운동을 펼쳤지만, 일본의 방해로 실패했습니다.

국채 보상 기성회 國債報償期成會

國 나라 국 債 빚지다 채 報 보답하다 보 償 갚다 상 期 기간, 기약하다 기 成 이루다 성 會 모이다 회

국채 보상이[國債報償] 이루어지기를[成] 기약하는[期] 단체[會]

'期成'은 '어떤 일의 성취를 기약한다'는 뜻입니다.
국채 보상 기성회는 국채 보상 운동을 펼치기 위해 설치된 여러 단체 중 서울에서 김성희金成喜 등이 설립한 단체입니다.

'노다지'의 유래

조선 말기에 이권 침탈을 가장 적극적으로 한 나라는 미국이었습니다. 미국은 조선으로부터 금광 채굴권을 얻은 것에 그치지 않고, 금광을 관리하는 미국인들은 이곳에 접근하는 조선인들에게 금을 훔친다는 이유로 총격을 가하기까지 하였습니다. 이때 'NO TOUCH'라는 미국인의 말에서 '노다지'라는 말로 바뀌고, 뒤에 '금'을 가리키는 용어로 사용되었습니다.

4. 근대 문화의 발달

동도 서기론 東道西器論

東 동쪽 동 道 길, 올바른 길 도 西 서쪽 서 器 그릇, 도구 기 論 논의하다 론

동양의[東] 정신 문화는[道] 지키고, 서양의[西] 과학 기술을[器] 받아들이자는 이론[論]

동도 서기론은 17세기 이후 실학자들의 과학 기술에 대한 관심에서 싹트고, 개항 후 서양 과학 기술의 우월성이 인정되면서, 이를 받아들여 사회 발전을 이루어야 한다는 개화기 개화 사상가들의 주장입니다.

박문국 博文局

博 넓다 박 文 글 문 局 관청 국

학문을[文] 넓히는[博] 관청[局]

박문국은 1883년(고종 20)에 박영효朴泳孝(1861~1939)의 건의로 설치된 인쇄 출판 기관으로, 1883년 《한성순보漢城旬報》를 발간하고 이 외에 여러 책을 출판하였습니다.

기기창 機器廠

機 기계 기 器 그릇, 도구 기 廠 관청 창

무기를[機器] 만드는 관청[廠]

기기창은 1884년(고종 24) 신식 무기를 만들기 위하여 설치한 관청으로, 영선사가 청나라 톈진 기기창의 신식 무기 제조법을 배워 오면서 만들어졌습니다.

 機 와 器 의 차이

- 機 – (동력원이 있는) 기계나 장치. 예) 기중기起重機, 세탁기洗濯機
- 器 – 그릇, 기구. 예) 분무기噴霧器, 확성기擴聲器

※ 일반 기계는 '機械'로 쓰지만, 철봉·목마·평행봉·뜀틀·링 등의 운동 기구를 사용하여 하는 기계 체조를 한자로 쓰면 '기계 체조器械體操'로 씁니다.

전환국 典圜局

典 책, 맡다 전 圜 둥글다 환 局 관청 국

화폐[圜] 제조를 맡은[典] 기관[局].

전환국은 조선 말기에 민씨閔氏 정권이 당시 유통되던 중국 화폐를 없애면서 새로운 서양식 화폐를 제조할 목적으로 1885년(고종 22)에 설치한 기관입니다.

우정국 郵征局

郵 우편, (문서를) 보내다 우 征 싸우러 가다 정 局 관청 국

우편을[郵征] 담당한 관청[局]

우정국은 1884년(고종 21)에 우편 사무를 맡아 보기 위해 설치된 기관입니다. 개국 당시 축하연을 베푸는 자리에서 갑신정변이 일어나는 바람에 19일 만에 폐지되었다가 을미개혁 이후 부활되는 우여곡절을 겪었습니다. 현재 체신부遞信部, 우체국郵遞局의 전신입니다.

광혜원 廣惠院

廣 넓다 광 惠 은혜 혜 院 집, 관청 원

널리[廣] 혜택을[惠] 베푸는 기관[院]

광혜원은 1885년 미국 선교사 알렌이 세운 우리나라 최초의 서양 의료 기관입니다. 나중에 **제중원**濟衆院이라 이름이 바뀝니다.

○ **濟衆院** [濟 구제하다 제 衆 많은 사람 중 院 집, 관청 원] 구제하는[濟] 기관[院].

광제원 廣濟院

廣 넓다 광 濟 구제하다 제 院 집, 관청 원

널리[廣] 구제하는[濟] 기관[院]

광제원은 1900년에 설치된 국립 병원으로, 정부는 이곳을 통해 신식 의료 기술을 보급하였습니다.

자혜 의원 慈惠醫院

慈 인자하다 자 惠 은혜 혜 醫 병 고치다 의 院 집 원

사랑과[慈] 은혜를[惠] 베푸는 병원[醫院]

자혜 의원은 정부가 의료 시설 확장을 위해 1909년 지방에 설립한 병원으로, 제중원·대한 의원 다음 세번째로 세워진 국립 병원입니다.

교육 입국 조서 敎育立國詔書

敎 가르치다 교 育 기르다 육 立 서다 립 國 나라 국 詔 (윗사람이 아랫사람에게) 알리다 조 書 책, 글 서

교육을[敎育] 통하여 나라를[國] 세우겠다는[立] 조서[詔書]

'詔書'는 '왕의 말을 국민에게 알리고자 적은 문서'를 말합니다.

교육 입국 조서는 1895년 고종이 교육에 관해 발표한 조서로, "국가의 부강은 국민의 교육에 있다"는 내용이 실려 있습니다. 이 조서가 발표된 이후, 정부는 소학교, 중학교, 사범 학교, 외국어 학교 등 각종 관립 학교를 세웠습니다.

독사신론 讀史新論

讀 읽다 독 史 역사 사 新 새롭다 신 論 논의하다 론

역사를[史] 읽고[讀] 연구하는 새로운[新] 이론[論]

《독사신론》은 신채호申采浩(1880~1936)가 1908년 민족주의 역사학의 연구 방향을 새롭게 제시하기 위해 저술한 최초의 한국 고대사 논문입니다. 이 논문은 미완성이며, 그 완결편은 《조선 상고사朝鮮上古史》와 《조선 상고 문화사朝鮮上古文化史》입니다.

조선 광문회 朝鮮光文會

〈朝 아침 조 鮮 신선하다 선〉 나라 이름 光 빛 광 文 글 문 會 모이다 회

조선의[朝鮮] 문화를[文] 빛내기[光] 위한 모임[會]

　조선 광문회는 조선의 진귀한 서적과 문화재를 일본이 반출하자, 1910년 최남선崔南善(1890~1957) 등이 고문헌을 보존·간행·보급할 목적으로 만든 단체입니다. 이 단체에서는 이 밖에 《동국통감東國通鑑》, 《해동역사海東繹史》, 《대동운부군옥大東韻府群玉》외 여러 편의 책을 간행하기도 했습니다.

서유견문 西遊見聞

西 서쪽 서 遊 놀다 유 見 보다 견 聞 듣다 문

서양의[西] 여러 나라를 돌아다니면서[遊] 보고[見] 들은[聞] 것을 기록한 책

　《서유견문》은 유길준兪吉濬(1856~1914)이 미국에서 유학할 때 유럽의 여러 나라를 돌아다니면서 보고 들으며 느낀 것을 기록한 책으로, 우리나라 최초로 국문과 한문을 섞어 썼습니다. 이 책이 1895년 출판되면서 한글 발전에 큰 영향을 미쳐, 이후에 신문이나 잡지도 국한문을 섞어 쓰게 되었습니다.

신체시 新體詩

新 새롭다 신 體 몸, 문체 체 詩 시 시

새로운[新] 형식의[體] 시[詩]

　신체시는 대한 제국 말기에 생겨난 새로운 형식의 시로, 이전의 한시漢詩, 시조時調, 창가唱歌 등과 다른 형태의 시이기 때문에 신체시라고 했습니다.

혈의 누 血의 淚

血 피 혈 淚 눈물 루

피의[血] 눈물[淚]

　《혈의 누》는 이인직李人稙(1862~1916)이 1906년에 《만세보萬歲報》에

연재했던 신소설입니다. 이 작품은 주인공 옥련이 청·일 전쟁 때 평양 모란봉의 참상이 있은 후부터 10여 년간의 어려운 삶을 그렸습니다. 그래서 제목이 《혈의 누》입니다.

천로역정 天路歷程

天 하늘 천 路 길 로 歷 지나가다 력 程 (~하는) 과정 정

천당[天] 가는 길까지의[路] 과정[歷程]

《천로역정》은 영국의 종교 작가 존 버니언이 쓴 우의寓意 소설입니다. 꿈 이야기 형식으로 되어 있으며, 1부는 주인공이 성서를 들고 멸망의 도시를 떠나 도중의 '낙담의 늪', '죽음의 계곡', '허영의 거리'를 거쳐 '하늘의 도시'에 도달하는 과정을 그렸고, 2부는 가족들이 그를 찾아가는 과정을 그렸습니다. 우리나라에서는 1895년 선교사 J.S. 게일이 번역하고, 김준근 金俊根이 판화를 그렸습니다.

창가 唱歌

唱 노래하다 창 歌 노래 가

노래[唱歌]

창가는 서양의 리듬에 우리말 가사를 붙여 만든 노래입니다. 흔히 창唱은 판소리에서 광대가 부르는 노래이기 때문에 창가도 판소리와 관련 있는 것으로 혼동할 수 있으나, 한자만 같을 뿐입니다.

만세보 萬歲報

萬 일만 만 歲 해 세 報 보답하다, 알리다 보

만세라는[萬歲] 이름의 신문[報]

《만세보》는 대한 제국 말기인 1906년(고종 10)에 천도교 교주 손병희孫秉熙(1862~1922)의 뜻에 의해 만들어진 일간 신문으로, 친일 단체인 일진회一進會를 비판하는 등 민족 의식을 고취하는 신문이었습니다.

만세 만세 만만세

'만세萬歲'는 본래 '만 년이 지나도록 오래 살아라'는 의미로, 흔히 '대한 독립 만세'라고 하면 '대한민국의 독립이 영원토록 지속되어라' 라는 뜻입니다.

만세는 중국의 황제에게 축원하는 의미로 쓰였던 말입니다. 그래서 중국과 동등한 입장을 취하지 못했던 약소국 조선은 '천세千歲'라고 격을 낮추어 사용하다가 고종이 황제로 호칭을 바꾸면서 우리도 '만세'라는 축사를 사용하게 되었습니다.

유교 구신론 儒教求新論

儒 유교 유　教 가르치다 교　求 구하다 구　新 새롭다 신　論 논의하다 론

유교는[儒教] 새로운[新] 이념을 구해야 한다는[求] 이론[論]

유교 구신론은 1909년 3월《서북 학회 월보》에 실린 박은식朴殷植(1859~1925)의 논문에 실려 있는 주장으로, 당시 유교가 외세에 저항하는 반침략적 성격이 강한 것은 좋으나, 시대의 흐름에 지나치게 역행한다는 비판을 받으면서 나왔습니다.

조선 불교 유신론 朝鮮佛教維新論

〈朝 아침 조　鮮 신선하다 선〉 나라 이름　佛 부처님 불　教 가르치다 교　維 굵은 실 유　新 새롭다 신　論 논의하다 론

조선의[朝鮮] 불교를[佛教] 새롭게 해야 한다는[維新] 이론[論]

'維新'은 '새롭게 하다'라는 뜻으로, 여기서 '維'는 아무 뜻이 없습니다.

조선 불교 유신론은 친일화되는 불교 교단을 개혁하고자 1921년에 결성한 조선 불교 유신회에서 내세운 주장으로, 만해(萬海·卍海) 한용운韓龍雲(1879~1944) 선생이 저술한 불교 개혁론에 실려있습니다. 이 주장은 1913년 회동서관에서 책으로 간행되었으며, 당시 한국 불교를 날카롭게 비판하면서 기존의 모든 낡은 습관을 새로운 세대에 맞게 고치자는 뜻이 담겨 있습니다.

[참고] 유신 헌법

대종교 大倧敎

大 크다 대　倧 상고 신인上古神人　종　敎 가르치다, 종교 교

단군을[大倧] 따르는 종교[敎]

　대종교는 한말 구국 운동을 하던 나철羅喆(1863~1916)이 창시한 것으로, 나철은 민족 종교에 뜻을 두고 1909년 단군교를 만든 뒤 교세를 확장하여 1910년에 지금의 대종교로 이름을 바꾸었습니다. 유의해야 할 점은 대종교에서 종을 종교宗敎와 다른 '倧'을 쓴다는 점입니다. '倧'은 '상고 신인上古神人(옛날 신령스러운 사람)'이란 뜻으로 '단군'을 가리킵니다. 이 종교는 일제 시대에는 독립 운동에 적극 가담했고 지금까지 존속되어 오고 있으며, 1984년부터 해마다 개천절에 단군 제례를 전국적으로 실시하고 있습니다.

I 선사 문화의 국가 형성 · 11
II 고대 사회의 발전 · 25
III 중세 사회의 발전 · 53
IV 근세 사회의 발달 · 119
V 근대 사회의 태동 · 195
VI 근대 사회의 전개 · 251
VII 민족의 독립 운동
VIII 현대 사회의 발전 · 309

찾아보기 · 321

1. 민족의 시련

한일 의정서 韓日議定書

韓 나라 이름 한 日 해, 나라 이름 일 議 의논하다 의 定 정하다 정 書 책, 글 서

한국과 일본이[韓日] 의논하여[議] 결정한[定] 문서[書]

 '議定書'는 '의논하여 결정한 일을 기록한 문서'란 뜻입니다.
 한일 의정서는 1904년 한·일 사이에 교환된 것으로, 러·일 전쟁이 일어날 무렵 우리나라는 중립을 지키려고 했으나, 일본의 강압에 못 이겨 독립 국가의 주권을 무시당하는 내용의 의정서를 체결하게 되었습니다. 의정서 교환은 우리나라에 큰 충격을 주어 여기에 서명한 이지용李址容(1870~?)과 구완희具完喜의 집에 폭탄을 던지는 등 민중들의 거센 반발이 있었습니다.

제1차 한·일 협약 第 一次 韓日協約

第 차례, 차례를 정하다 제 一 하나 일 次 다음, ~번째 차 韓 나라 이름 한 日 해, 나라 이름 일 協 협력하다 협 約 약속하다 약

첫번째로[第 一次] 한·일[韓日] 간에 협의하여[協] 맺은 약속[約]

 '協約'은 '협의하여 약속하다'라는 말입니다.
 제 1차 한·일 협약은 1904년 한·일 사이에 맺은 것으로, 외교와 재정 분야에 일본이 추천하는 외국인 고문을 두고, 외교 관계는 일본과의 협의를 거쳐야만 한다는 내용입니다. 이는 거의 일본의 식민지가 되는 조약일 뿐더러, **군부**軍部, **내부**內部, **학부**學部, **궁내부**宮內府 등 각 부에 협약에도 없는 일본인 고문을 두어 한국의 내정을 마음대로 간섭하였습니다.

○ **軍部** [軍 군사 군 部 부분, 부서 부] 군사 행정을 담당하던 부서.
○ **內部** 내무 행정을 담당하던 부서.
○ **學部** 교육 행정을 담당하던 부서.
○ **宮內府** [宮 궁궐 궁 內 안 내 府 관청 부] 왕실에 관한 업무를 총괄하던 부서.

 部와 府의 차이
- 部 – 하나의 상위 단위로부터 갈라져 나와 나뉜 곳.
- 府 – 部와 달리 독립적 성격을 띤 곳.

을사조약 乙巳條約

〈乙 둘째 천간 을 巳 여섯째 지지 사〉 연도 條 조목 조 約 약속하다 약

을사년에[乙巳] 맺은 조약[條約]

을사조약은 1905년 일본이 한국의 외교권을 빼앗을 목적으로, 고종과 정부 각료를 협박하여 맺은 조약입니다. 당시 고종은 승인을 정부측에 넘겨 책임을 회피했는데, 정부 각료인 이완용李完用(1858~1926) 등의 을사 5적이 이를 승인하여 우리나라의 대외 교섭은 끊어지고 일본의 준準 식민지 상태가 되었습니다.

 을사 늑약 乙巳勒約

우리가 지금까지 알고 있었던 을사 조약은 제대로 된 이름이 아닙니다. 이 조약은 국가 간의 규범을 지키면서 정상적으로 맺어지지 못했기 때문입니다. 일본에 의해 강제로 맺어진 조약이기 때문에 을사 늑약乙巳勒約으로 바꿔야 합니다. '勒'은 '강제로 힘을 사용하다'라는 뜻입니다.

통감부 統監府

統 거느리다, 총괄하다 통 監 살펴보다 감 府 관청 부

총괄하여[統] 살피는[監] 기관[府]

통감부는 1906~1910년까지 일본이 대한 제국을 속국으로 만들기 위해 일본 공사관을 폐지하고 설치한 기관입니다.

한·일 신협약 韓日新協約

韓 나라 이름 한 日 해, 나라 이름 일 新 새롭다 신 協 협력하다 約 약속하다 약

한국과 일본이[韓日] 맺은 새로운[新] 협약[協約]

한·일 신협약은 1907년에 황제의 동의 없이 일본이 마음대로 맺은 조약으로, 법령 제정권·관리 임명권·행정권 위임·일본인 관리 채용 등의 7개 조약과 각 조항의 시행 조치인 군대 해산권, 사법권·경찰권 위임 등을 내용으로 하는, 사실상 일본의 식민지가 되는 조약입니다. 1907년은 정미丁未년이기 때문에 정미 7조약이라고도 합니다.

한·일 병탄 조약 韓日倂呑條約

韓 나라 이름 한 日 해, 나라 이름 일 倂 아우르다 병 呑 삼키다 탄 條 조목 조 約 약속하다 약

한국을[韓] 일본에[日] 병합한다는[倂呑] 조약[條約]

'倂呑'은 '남의 물건을 한데 아울러서 제것으로 만들어 버린다'라는 뜻입니다. 한·일 병탄 조약은 1910년 8월 29일에 대한 제국의 황제가 모든 통치권을 일본 황제에게 넘김으로써 한국을 일본에 병합한다는 조약입니다.

조선 총독부 朝鮮總督府

〈朝 아침 조 鮮 신선하다 선〉 나라 이름 總 총괄하다 총 督 감독하다 독 府 관청 부

조선의[朝鮮] 국정을 총괄하고[總] 감독하는[督] 관청[府]

조선 총독부는 한·일 합방 후 일본이 우리나라를 지배하기 위해 이전의 통감부를 폐지하고 설치한 기관으로, 그 조직은 총독 아래 행정을 담당하는 **정무 총감**政務總監과 치안을 담당하는 **경무 총장**警務總長이 있었으며 자문 기관으로 **중추원**中樞院이 있었습니다.

- ● **政務總監** [政 정치 정 務 일하다 무 總 총괄하다 총 監 살펴보다 감]
- ● **警務總長** [警 경계하다 경 務 일하다 무 總 총괄하다 총 長 길다, 우두머리 장]
- ● **中樞院** [中 가운데 중 樞 중심축 추 院 집, 관청 원] '中樞'는 사물의 가장 중요한 부분이나 자리를 뜻하는 말.

내선일체 內鮮一體

內 안 내 鮮 신선하다, 나라 이름 선 一 하나 일 體 몸 체

일본과[內] 조선은[鮮] 한[一] 몸[體]

'內'는 내토內土(자국 내의 영토)로 '일본'을, '鮮'은 '조선'을 가리키는 말입니다. 혹은 '내지인內地人(일본인)과 선인鮮人(조선인)은 한 몸'으로 풀이하기도 합니다.

내선일체는 1937년 일제가 전쟁 협력 강요를 위해서 취한 조선 통치 정책으로, '일본과 조선은 한 몸이다'라는 뜻이며, 일본은 이 구호를 이용해 조선의 민족 의식을 말살하려 했습니다.

일선동조론 日鮮同祖論

〈日 해 일 鮮 신선하다 선〉일본과 同 같다, 함께 동 祖 할아버지, 조상 조 論 논의하다 론

일본과[日] 조선은[鮮] 조상이[祖] 같으므로[同] 한 민족이라는 이론[論]

황국 신민화 皇國臣民化

皇 황제 황 國 나라 국 臣 신하 신 民 백성 민 化 되다 화

일본의[皇國] 신민이[臣民] 되어야[化] 함

'皇國'은 황제의 나라인 '일본'을 가리키고, '臣民'은 '황제의 신하와 백성'이란 뜻입니다.

황국 신민화는 조선인은 일본인처럼 일본 황제를 섬기는 신하나 백성이 되어야 한다는 말입니다.

황국 신민의 서사 皇國臣民의 誓詞

皇 황제 황 國 나라 국 臣 신하 신 民 백성 민 誓 맹세하다 서
詞 글 사

자신은 황국의[皇國] 신민이라고[臣民] 맹세하는[誓] 글[詞]

'皇國'은 '일본'을 가리키고, '臣民'은 그 '신하와 백성'이란 뜻입니다.

황국 신민의 서사는 조선인도 황제의 나라인 일본의 신하와 백성이라고 맹서하는 내용의 글로, 일본은 조선인에게 이를 외우도록 강요했습니다. 내선일체內鮮一體, 일선동조론日鮮同祖論 등과 함께 우리 민족의 문화와 전통을 완전히 말살시키려 동원했던 방법 중의 한 가지입니다.

궁성요배 宮城遙拜

宮 궁궐 궁 城 성곽 성 遙 멀다 요 拜 절하다 배

궁성을[宮城] 바라보고 멀리서[遙] 절을[拜] 함

신사참배 神社參拜

神 귀신 신 社 모이다 사 參 참여하다, 뵙다 참 拜 절하다 배

신사에[神社] 가서 참배함[參拜]

'神社'는 일본의 민간 종교인 신도神道를 행하는 곳, 즉 일본 황실의 조상이나 국가에 공로가 큰 사람을 신으로 모신 사당입니다.

신사참배는 신사에 가서 참배하는 것을 말하는데, 일제는 한국에도 신사를 세우고 한국인에게도 이곳에 강제로 참배하도록 하였습니다.

야스쿠니 신사

도쿄(동경東京)의 중심가인 지요다[千代田] 구 구단[九段]에 자리잡은 신사로, 야스쿠니란 '평화로운 나라'란 뜻입니다. 일본에는 신사神社가 무려 8만여 개가 있는데, 이곳은 대표적인 '전쟁과 군신軍神의 신사'로, 1853년 개항 이후 태평양 전쟁까지 일본이 벌인 주요 전쟁에서 숨진 2백 46만여 명을 신격화해 제사를 지내고 있습니다.

그래서 이곳에 참배를 드린다는 것은 전쟁을 일으킨 장본인들을 추앙한다는 뜻으로, 전쟁으로 피해를 입은 주변국과 그 국민에게 죄책감을 느끼지 않는 행동입니다.

일본군 성노예 = 정신대 挺身隊

挺 앞장서다 정 身 몸 신 隊 무리 대

자발적으로 솔선하는[挺身] 부대[隊]

'挺身'은 '몸을 앞장서다'란 뜻으로 '자신의 몸을 스스로 뽑아, 남들보다 앞서서 솔선한다'는 말입니다.

일본군 성노예는 일제 때 일본군에 강제로 끌려가 성적 학대를 받았던 여성들을 지칭하는 말로, 현재 '정신대'라는 용어를 쓰고 있습니다.

위안부慰安婦라는 용어 역시 일본군의 입장에서 쓴 말을 우리가 그대로 사용하는 것입니다.

○ **慰安婦** [慰 위로하다 위 安 편안하다 안 婦 아내, 여자 부]

동양 척식 주식회사 東洋拓殖株式會社

東 동쪽 동 洋 바다 양 拓 개척하다 척 殖 번식하다 식 株 주식 주 式 격식 식 會 모이다 회 社 모이다 사

동양이란 이름을 가진[東洋] 땅을 개척하는[拓殖] 일을 하는 주식회사 [株式會社]

'拓殖'은 '개척과 식민'의 뜻으로 미개한 땅을 개척하여 백성을 이주시키는 말입니다. '株式會社'는 주식의 발행을 통해 자금을 조달하며, 주주는 소유 주식에 따르는 권리와 의무를 가질 뿐, 회사의 채권자에 대해서는 책임을 지지 않는 방법으로 운영되는 회사를 말합니다.

동양 척식 주식회사는 한국의 경제를 착취하기 위해 1908년 일본이 설립한 회사로, 이들은 토지를 강제로 사들여 5할이 넘는 소작료를 받는가 하면 곡물을 일본으로 반입해, 국내 경제를 어렵게 만들었습니다.

만주 사변 滿洲事變

〈滿 가득 차다 만 洲 섬 주〉 지명 事 일 사 變 변하다, 재앙 변

만주에서[滿洲] 일어난 사변[事變]

'事變'은 '전쟁까지는 이르지 아니하였으나, 경찰의 힘으로는 막을 수 없어 병력을 사용하게 되는 난리'를 말합니다.

만주 사변은 1931년 9월 18일에 일어난 것으로, 일본은 중국 동북 지방 선양[심양瀋陽] 시 교외의 류탸오거우[유조구柳條溝]라는 마을에서 철도를 자기들이 폭파하고서, 이를 중국 측이 저질렀다고 트집을 잡아 만주 지역을 침략하여 승리한 사건을 말합니다.

만주 사변은 엄밀히 말하면 일본의 만주 침략 전쟁입니다. 일본은 이 전쟁으로 만주를 점령하고 1932년 3월 1일 만주국을 세워 이곳의 실질적인 지배권을 행사하였습니다.

2. 독립 운동의 전개

대한민국 임시 정부 大韓民國臨時政府

〈大 크다 대 韓 나라 이름 한 民 백성 민 國 나라 국〉 나라 이름 臨 다다르다 림 時 때 시 政 정치 정 府 관청 부

대한민국 임시 정부는 3·1 운동 후 조직적인 독립 운동을 위해 중국 상하이(상해上海)에서 임시로 조직된 것으로, 국가 체제를 새롭게 민주공화정으로 규정하였습니다. 임시 정부는 때로는 정부라는 이름에 걸맞게 독립 운동사의 핵심적 역할을 했지만, 때로는 하나의 조그만 단체에 지나지 않을 정도로까지 전락했던 시기도 있었습니다.

열사와 의사

국가가 사회의 큰 일을 위하여 장렬하게 죽은 위인들에게 붙여 주는 말.

◎ **의사義士** 그 추진하고자 하던 일이나 실현하고자 하던 목적을 달성하고 죽은 사람에게 붙여주는 말. 예) 안중근安重根 의사, 윤봉길尹奉吉 의사, 이봉창李奉昌 의사.

◎ **열사烈士** 그 추진하고자 하던 일이나 실현하고자 하던 목적을 달성하지 못하고 죽은 사람에게 붙여 주는 말. 예) 이준李儁 열사, 유관순柳寬順 열사, 전태일全泰壹 열사.

연통제 聯通制

聯 연합하다 련 通 통하다 통 制 만들다, 제도 제

몰래 연락할 수 있도록 연결하여 통하게[聯通] 만든 조직[制]

연통제는 임시 정부 및 해외 독립 운동 상황을 국내에 전달하고, 국내에서의 독립 자금 모집 및 반일 활동을 지휘하기 위해 임시 정부가 만들었던 비밀 행정 조직입니다.

서전 서숙 瑞甸書塾

〈瑞 좋은 징조 서 甸 경기(왕성王城을 중심으로 500리 이내의 땅) 전〉 지명
書 책 서 塾 글방 숙

서전에[瑞甸] 설립한 글방[書塾]

서전 서숙은 1906년 중국 지린성(길림성吉林省) 옌지현(연길현延吉縣) 룽징춘(용정촌龍井村)에 설립된 민족 교육 기관으로, '瑞甸'은 그 지역의 서전 평야에서 이름을 따온 것이고, '書塾'은 '글방'이라는 뜻입니다.

통의부 統義府

統 거느리다, 합치다 통 義 옳다 의 府 관청 부

의로써[義] 통합한[統] 기관[府]

통의부는 1922년 만주의 봉천성에서 남 만주 일대의 각 단체를 통합하여 만든 독립 운동 연합 단체로, 나중에 대한민국 임시 정부 아래로 흡수됩니다.

간도 참변 間島慘變

〈間 사이 간 島 섬 도〉 지명 慘 참혹하다 참 變 변하다, 재앙 변

간도에서[間島] 일어난 참혹한[慘] 재앙[變]

간도 참변은 1920년 독립군에게 타격을 입은 일제가 위협 수단으로 간도 지역의 독립군과 한국인을 무차별 학살한 사건입니다. 1920년은 경신庚申년이기 때문에 경신 참변庚申慘變이라고도 합니다.

자유시 참변 自由市慘變

〈自 스스로 자 由 말미암다 유 市 시장, 도시 시〉 지명 慘 참혹하다 참
變 변하다, 재앙 변

자유시에서[自由市] 일어난 참혹한[慘] 재앙[變]

자유시 참변은 1921년 6월 28일, 자유시(알렉셰프스크)에서 3마일 떨어진 수라셰프카에 주둔중이던 한인 부대(사할린 의용대)의 무기를 러시아 적군 제29연대와 한인 보병 자유 대대가 빼앗으려는 과정에서, 서로 충돌하여 다수의 사상자를 낸 사건입니다.

3. 사회·경제적 민족 운동

사회주의 社會主義

社 모이다 사 會 모이다 회 主 주인, 주장하다 주 義 옳다 의

사회적 공유를[社會] 기본으로 하는 주의[主義]

사회주의란 생산 수단의 사회적 공유를 기본으로 하는 사회 제도, 또는 그런 사회를 실현하려는 사상을 말합니다.

근우회 槿友會

槿 무궁화 근 友 친구 우 會 모이다 회

근우라는[槿友] 이름의 모임[會]

'槿'은 우리나라의 국화인 '무궁화'란 뜻이기도 하지만 '우리나라'를 가리키는 한자이기도 합니다.

근우회는 1927년 항일을 위해 조직된 우리나라 여성 항일 구국 운동 단체이며, 동시에 여성 지위 향상 운동 단체입니다. 당시 민족주의와 사회주의 계열로 양분된 국내 세력은 보다 강력한 항일 운동을 전개하기 위하여 1927년 2월 신간회新幹會를 창립하여 서로 통합하였고, 이로 인해 민족·사회 양파로 분열돼 있던 여성계에서도 통합론이 일어나면서 만들어진 것이 근우회입니다.

신간회 新幹會

新 새롭다 신 幹 줄기, 기둥 간 會 모이다 회

새로이[新] 기둥이[幹] 되자는 모임[會]

신간회는 1927년에 일제 치하에서 조직된 최대의 좌우 합작 항일 민족 운동 단체로, 후에 회원수 2만여 명의 큰 조직으로 성장하여 국내외에 지부를 두고 활동하였습니다. 특히 광주 학생 사건에 관여하는 등 많은 활약을 하였으나, 내부 분열로 1931년 해산되었습니다.

물산 장려 운동 物産獎勵運動

物 물건 물 産 낳다 산 獎 장려하다 장 勵 힘쓰다 려 運 운전하다 운 動 움직이다 동

자기 나라에서 생산되는[産] 물건의[物] 구입을 권하는[獎勵] 운동[運動]

물산 장려 운동은 일본의 경제 침투로 피폐해져 가는 조선의 경제를 살리고자 1920년대 초부터 1930년대 말까지 일어난 운동으로, 이 운동을 통해 일본 상품을 배격하고 국산품을 애용하여 우리 민족의 경제권을 수호하고자 했습니다.

자작회 自作會

自 스스로 자 作 만들다 작 會 모이다 회

스스로[自] 만든 것을[作] 쓰자는 주장을 하는 모임[會]

'自作'은 '스스로 만들다'라는 뜻으로, 국산품을 가리키는 말입니다.
자작회는 1922년 서울에서 학생들 사이에 만들어진 국산품 애용 계몽 단체입니다.

조선 형평사 朝鮮衡平社

〈朝 아침 조 鮮 신선하다 선〉 나라 이름 衡 저울질하다, 균형 형 平 평평하다 평 社 모이다 사

조선을[朝鮮] 평등한[衡平] 사회로 만들려는 모임[社]

'衡平'은 '균형이 잡히다'라는 뜻으로, 여기서는 '신분의 차이가 없어야 한다'는 의미로 사용되었습니다.
조선 형평사는 1923년 경상남도 진주에서 백정白丁에 대한 차별 철폐를 목적으로 만들어진 운동 단체입니다.

4. 민족 문화 수호 운동

안악 사건 安岳事件

〈安 편안하다 안 岳 큰산 악〉 지명 事 일 사 件 사건 건

안악에서[安岳] 일어난 사건[事件]

안악 사건은 1910년 안명근安明根이 서 간도에 무관 학교를 설립하기 위해 자금을 모집하다가, 이에 관련된 160명과 함께 검거된 사건으로, 160명 중에는 황해도 안악군 지역의 인사들이 많이 있었기 때문에 안악 사건이라 부르게 되었습니다.

105인 사건 105人事件

人 사람 인 事 일 사 件 사건 건

105인을[人] 기소한 사건[事件]

1912년에 안명근安明根이 데라우치 총독을 암살하려다 실패하였는데, 일본 경찰은 이 사건을 빌미로 우리의 애국 지사들을 체포하려고 했습니다. 이에 일본 경찰은 신민회가 총독 암살을 준비하고 있다는 것을 구실로 내세워 신민회 회원과 민족주의적 기독교인 등 600명을 검거했다가 105인만을 기소했는데, 이 때문에 이 사건을 105인 사건이라 합니다. 이들 중 후에 6명만이 주모자로 몰려 옥고를 치렀는데, 이 일로 신민회는 해체되었습니다.

한국통사 韓國痛史

〈韓 나라 이름 한 國 나라 국〉 나라 이름 痛 아프다 통 史 역사 사

한국의[韓國] 아픈[痛] 역사[史]

《한국통사》는 1915년 박은식朴殷植(1859~1925)이 한국의 근세까지의 역사와 지리, 명승지 등 다양한 내용을 실어 만든 책으로, '痛史'라고 한 이유는 한말 외세의 점령에서부터 일제 치하의 시기를 아픈 역사로 보았기 때문입니다.

한국독립운동지혈사 韓國獨立運動之血史

〈韓 나라 이름 한 國 나라 국〉 나라 이름 獨 홀로 독 立 서다 립 運 운전하다 운 動 움직이다 동 之 ~의 지 血 피 혈 史 역사 사

한국 독립 운동의[韓國獨立運動之] 투쟁[血] 역사[史]

'血史'는 '투쟁의 역사'라는 말입니다.
《한국독립운동지혈사》는 박은식朴殷植이 1920년에 만든 책으로, 1884년 갑신정변부터 3·1 운동 그리고 1920년의 독립군 전투까지 일제에 대한 우리 민족의 독립 운동 투쟁 역사를 서술하였습니다.

조선상고사 朝鮮上古史

〈朝 아침 조 鮮 신선하다 선〉 나라 이름 上 위 상 古 옛 고 史 역사 사

조선의[朝鮮] 상고 시대[上古] 역사[史]

《조선상고사》는 신채호申采浩(1880~1936)가 1931년 《조선일보》 학예란에 연재하였던 것을 그가 죽은 후 1948년에 종로서원에서 단행본으로 출간된 책으로, 단군 시대로부터 삼국 시대 이전 상고 시대의 역사가 기록되어 있습니다.

조선사연구초 朝鮮史研究草

〈朝 아침 조 鮮 신선하다 선〉 나라 이름 史 역사 사 研 연구하다 연 究 연구하다 구 草 풀, 원고 초

조선 역사를[朝鮮史] 연구한[研究] 책[草]

'草'는 '원고'라는 뜻입니다.
《조선사연구초》는 1929년 신채호申采浩가 조선 역사에 관한 6개의 논문을 모아 만든 책입니다.

조선사연구 朝鮮史研究

〈朝 아침 조 鮮 신선하다 선〉 나라 이름 史 역사 사 研 연구하다 연 究 연구하다 구

조선 역사를[朝鮮史] 연구한[研究] 책

《조선사연구》는 정인보鄭寅普(1892~1950)가 1935년 1월 1일에서 1936년 8월 29일까지 《동아일보東亞日報》에 연재한 단군에서 삼국 시대까지의

고대사를 엮은 책입니다.

청구 학회 靑丘學會

〈靑 푸르다 청 丘 언덕 구〉 우리나라의 별칭 學 배우다 학 會 모이다 회

청구라는[靑丘] 이름의 학회[學會]

'靑丘'는 '우리나라'를 가리키는 다른 이름입니다.
청구 학회는 식민주의 역사학의 관점에서, 한국과 만주를 중심으로 한 극동 지역의 문화를 연구할 목적으로, 1930년 조선 총독부 조선사 편수회 朝鮮史編修會 학자들이 조직한 어용 단체입니다. 여기에 참여한 한국인 학자로는 최남선崔南善(1890~1957) · 이능화李能和(1869~1943) · 이병도 李丙燾(1896~1989) · 신석호申奭鎬(1904~1981) 등이 있습니다.

진단 학회 震檀學會

〈震 떨다 진 檀 박달나무 단〉 우리나라의 별칭 學 배우다 학 會 모이다 회

진단이라는[震檀] 이름의 학회[學會]

'震檀'은 '우리나라'를 가리키는 다른 이름입니다.
진단 학회는 일제 당시 일본 학자들이 연구하던 역사에 문제가 많았으므로, 1934년 5월 11일 한국의 역사, 언어, 문학 등을 한국 학자의 힘으로 연구하기 위해 만든 모임입니다.

[상식] 우리나라를 가리키는 다른 용어

조선 민립 대학 기성회 朝鮮民立大學期成會

〈朝 아침 조 鮮 신선하다 선〉 나라 이름 民 백성 민 立 서다 립 大 크다 대 學 배우다 학 期 기간, 기약하다 기 成 이루다 성 會 모이다 회

조선에[朝鮮] 민립 대학[民立大學] 설립이 이루어지기를[成] 기약하는 [期] 단체[會]

'期成'은 '어떤 일의 성취를 기약한다'는 뜻입니다.
조선 민립 대학 기성회는 1922년 이상재李商在 등이 민립 대학 설립을 목적으로 만든 단체입니다.

브 나로드 운동 Vnarod 運動

運 움직이다 운 動 움직이다 동

민중을 계몽하자는[Vnarod] 운동[運動]

'Vnarod'라는 말은 원래 러시아어로, '민중 속으로'라는 뜻입니다.

브 나로드 운동은 《동아일보東亞日報》가 전개한 문맹 퇴치 운동으로, 민중의 생활 개선과 문화 생활을 계몽하려는 의도에서 그 어원을 그대로 사용하였습니다.

심훈의 《상록수》에 나오는 두 주인공 박동혁과 채영신이 농촌에서 벌였던 운동이 바로 '브 나로드 운동'이었습니다.

의민단 義民團

義 옳다 의 民 백성 민 團 단체 단

의로운[義] 백성들의[民] 단체[團]

의민단은 1919년 말 천주교인을 중심으로 간도에서 결성된 무장 독립 단체입니다.

삼대 三代

三 셋 삼 代 대신하다, 세대 대

세[三] 세대[代]

《삼대》는 1931년에 《조선일보朝鮮日報》에 연재되었다가 1947년에 간행된 염상섭廉想涉(1897~1963)의 장편소설로, 일제 시대에 한 집안의 삼대(할아버지 · 아버지 · 아들)에 걸친 이야기가 그 줄거리입니다.

이 책은 당시 청년들의 정신적 방황과 고민을 사실적으로 묘사했으며, 3 · 1운동 전후의 지주의 행태와 사회주의 운동가들의 이야기가 잘 그려져 있습니다.

백조 白潮

白 희다 백 潮 바닷물 조

흰[白] 바닷물[潮]

《백조》는 1922년 1월 9일 박종화朴鍾和(1901~1981) · 나도향羅稻香

(1902~1926) 등이 창간한 순문학 동인지同人誌입니다. 23년에 간행된 3호에는 유명한 이상화의 〈나의 침실로〉, 〈나는 왕이로소이다〉와 나도향의 소설 〈여 이발사〉 등이 실렸습니다.

조선지광 朝鮮之光

〈朝 아침 조 鮮 신선하다 선〉 나라 이름 之 ~의 지 光 빛 광

조선의[朝鮮之] 빛[光]

《조선지광》은 1922년 창간된 시·소설 등이 실린 종합 잡지입니다. 이 잡지는 급진적인 내용으로 주목을 받았으며, '조선 민중의 권리와 행복을 옹호하며 나아가서 세계 문화에 공헌함을 목적으로 한다'는 취지처럼 일제에 항거하기도 했습니다. 유진오俞鎭午(1906~1987), 이효석李孝石(1907~1942) 등이 **동반작가**同伴作家로 등장한 무대이기도 합니다.

○ **同伴作家** [同 같다, 함께 동 伴 짝 반 作 만들다 작 家 집, 뛰어난 사람 가] 공산주의 혁명 운동에는 직접 참가하지 않으면서도 그에 동조하는 입장을 취한 문학 경향을 가진 작가. 유진오俞鎭午, 이효석李孝石, 이무영李無影(1908~1960), 채만식蔡萬植(1902~1950) 등.

학도가 學徒歌

學 배우다 학 徒 무리 도 歌 노래 가

학생의[學徒] 노래[歌]

'學徒'는 '학생'을 뜻하는 말입니다.
학도가는 1904년 김인식金仁湜(1885~1962)이 청소년들에게 학문을 권장하기 위해 직접 작사·작곡한 노래입니다.

거국가 去國歌

去 떠나가다 거 國 나라 국 歌 노래 가

나라를[國] 떠나며[去] 부른 노래[歌]

거국가는 1910년 안창호安昌浩(1878~1938)가 식민지가 되기 바로 전에 망명을 떠나며 읊은 노래입니다.

- Ⅰ 선사 문화의 국가 형성 · 11
- Ⅱ 고대 사회의 발전 · 25
- Ⅲ 중세 사회의 발전 · 53
- Ⅳ 근세 사회의 발달 · 119
- Ⅴ 근대 사회의 태동 · 195
- Ⅵ 근대 사회의 전개 · 251
- Ⅶ 민족의 독립 운동 · 291
- **Ⅷ 현대 사회의 발전**

찾아보기 · 321

1. 현대 사회의 성립

닉슨 독트린 Nixon Doctrine

'Doctrine'은 국제 관계에서 자기 나라의 정책이나 행동의 기반이 될 원칙을 공식적으로 표명하는 행위를 말합니다.

닉슨 독트린은 1969년 7월 25일 미국 대통령 닉슨이 밝힌 아시아에 대한 새로운 정책을 가리키며, 괌(Guam) 독트린이라고도 합니다. 그 취지는 군사적으로 아시아 문제는 아시아인이 스스로 하라는 것입니다. 이에 큰 위협을 느낀 朴正熙(1917~1979) 대통령은 자주 국방을 슬로건으로 내걸며, 유신 독재의 길을 걸었습니다.

제3세계 · 제3세력

제3세계, 혹은 제3세력은 강대국인 미국 · 당시 소련과 서구 · 일본 등의 선진 공업국을 제외한 아시아 · 아프리카 · 라틴 아메리카의 발전 도상국途上國을 통틀어 이르는 말입니다. 즉 제1세계는 서유럽을, 제2세계는 소련을 중심으로 한 동유럽의 공산권 국가를, 여기에 속하는 않는 아시아, 아프리카 남미 등의 저개발 국가들을 제3세계라고 합니다.

미 군정청 美軍政廳

美 아름답다, 나라 이름 미 軍 군사 군 政 정치 정 廳 관청 청

미국[美] 군인이[軍] 설치한 정치[政] 기관[廳]

미 군정청은 한국이 일제에서 해방되면서 조선 총독부를 대신하여 우리나라를 통치하기 위해 미국 군인들이 설치한 정치 기관으로, 1945년 9월 8일 38도선 이남에 미군이 진주하면서 대한민국 정부가 수립되는 1948년 8월 15일까지 남한 지역에 설치되었습니다.

미 군정청은 남한의 질서 유지와 효율적인 통치를 내세워 일본의 식민 통치 기구와 친일 관리들을 그대로 기용하였고, 이 때문에 식민 잔재 청산의 기회가 무산되고 친일 세력이 다시 기득권을 갖게 되는 결과를 가져왔습니다.

신탁 통치 信託統治

信 믿다 신 託 맡기다 탁 統 거느리다 통 治 다스리다 치

믿고[信] 맡기는[託] 통치[統治]

   신탁 통치는 국제연합(UN)의 감독 아래 한 국가가 다른 국가나 지역에 대해 일정 기간 통치를 맡아서 하는 제도입니다.
   한국은 1945년 해방된 후 미美·영英·중中·소蘇 4개국에게 신탁 통치되었으며, 그들이 이 일을 추진하면서 구실로 내세운 이유는 한반도가 그동안 일본의 통치 아래 있었기 때문에, 아직 자치 능력이 없다는 것이었습니다. 신탁 통치는 한국의 입장에서는 실제로 식민지 지배와 크게 차이가 없었으므로, 이 때문에 국내 정치는 혼란으로 빠져들었고, 우리 민족의 분단 상태가 지금까지 이르게 된 원인이 되었습니다.

반탁 운동 反託運動

反 반대하다 반 託 맡기다 탁 運 움직이다 운 動 움직이다 동

신탁 통치를[託] 반대하는[反] 운동[運動]

   반탁 운동은 1945년 12월 27일 모스크바 **삼상 회의**三相會議에서 채택한 신탁 통치안을 반대한 운동입니다.

◯ **三相會議** 1945년 12월 16~25일까지 제2차 세계 대전 전후 문제 처리를 위해 미·영·소 세 나래[三]의 외무 장관[相]이 모스크바에서 가진 회담입니다.

2. 대한민국의 수립

대한민국 大韓民國

大 크다 대 韓 나라 이름 한 民 백성 민 國 나라 국

 '大'는 우리나라를 높이는 뜻에서 붙였고, '韓'은 우리나라가 '한족韓族'이라는 것을 나타내며, '民國'은 나라를 다스리는 주권이 국민에게 있다는 말입니다.
 대한민국이 성립되기까지의 과정을 보면 다음과 같습니다. 광복 후 미국과 소련이 38선을 경계로 남과 북에 각각 군정을 실시하면서 남북 분단이 시작되었고, 그 후 통일 정부를 수립하기 위한 여러 노력이 진행되었으나 실패하여, 1948년 5월 10일 남한만의 총선거가 실시되었습니다. 이 선거에 의하여 제헌 국회制憲國會가 구성되었고, 이때 대한민국 임시 정부의 법통을 계승한 대한민국이 수립되었습니다.

제헌 국회 制憲國會

制 만들다 제 憲 법 헌 國 나라 국 會 모이다 회

법을[憲] 만든[制] 국회[國會]

 제헌 국회는 1948년 대한민국 최초의 선거인 5·10 총선에 의해 만들어진 최초의 국회로, 처음으로 법을 만들었기 때문에 제헌 국회라고 합니다.

반민족 행위 특별 조사 위원회 反民族行爲特別調查委員會

反 반대하다 반 民 백성 민 族 무리 족 行 다니다 행 爲 하다 위 特 특별하다 특 別 따로 별 調 조절하다 조 查 조사하다 사 委 맡기다 위 員 (일하는) 사람 원 會 모이다 회

반민족 행위자를[反民族行爲] 찾아 내는 특별 조사 위원회[特別調查委員會]

 반민족 행위 특별 조사 위원회는 흔히 줄여서 반민특위反民特委라고 하며, 1948년 9월 29일에 제헌 국회에서 설치한 특별 기관으로, 그 설립 목적은 반민족 행위자를 처벌하기 위해서입니다. 이 기관은 처음에 국민의

지지를 받으며 조사를 진행해 나갔습니다. 그러나 이승만 정부는 소극적 태도를 보이다가 친일파 척결의 주도 세력이었던 소장파 의원들을 간첩 혐의로 체포하고, 경찰의 특위 습격 사건을 일으켜 반민특위 폐기 법안을 통과시키는데, 반민특위는 결국 1949년 8월 22일 국회에서 폐지되고 말았습니다. 이로써 친일파 세력은 이승만 정부와 미군정의 보호 아래 기득권을 유지하였고, 지금까지도 권력의 중심에 있으면서 역사의 발전을 가로막고 있습니다.

3. 민주주의의 시련과 발전

사사 오입 개헌 四捨五入改憲

四 넷 사 捨 버리다 사 五 다섯 오 入 들어가다 입 改 고치다 개 憲 법 헌

사사 오입이라는[四捨五入] 불법을 써서 헌법을[憲] 개정한[改] 사건

사사 오입은 4는 버리고 5는 받아들인다는 말로, 수의 근사치近似値를 구하기 위해 4 이하의 숫자는 버리고 5 이상의 숫자는 올려서 끝 수를 처리하는 반올림을 말합니다. 예를 들어 근사치를 구할 때 7.5는 8로 인정하고 7.4는 7로 인정하는 것입니다.

사사 오입 개헌은 1954년 5월 20일 선거에 의하여 자유당自由黨이 원내院內 절대 다수를 차지하자, 자유당은 이승만李承晩(1875~1965) 대통령의 영구 집권을 가능하게 하기 위하여 초대 대통령에 한하여 중임重任 제한을 철폐한다는 것을 주요 골자로 하는 헌법 개정안을 9월 8일에 정식으로 국회에 제출하면서 일어났습니다.

11월 17일 민의원民議院에서 표결에 붙인 결과 재적在籍 203명 중, 찬성-135표, 반대-60표, 기권-7표로 헌법 개정에 필요한 3분의 2인 136표에서 1표가 부족하였습니다. 따라서 국회 부의장 최순주(자유당 소속)는 부결否決을 선포하였으나 그 선포가 있은 2일 후 재적 203명의 3분의 2선은 사사오입하여 135명이면 족하다는, 이른바 4사5입 이론을 도입하여 전날의 부결 선포를 번복, 개헌안의 가결을 선포하였습니다.

이 사사 오입 개헌은 절차상으로 정족수에 미달한 위헌적違憲的 개정이었고, 초대 대통령에 한하여 중임 제한을 철폐하는 것은 평등의 원칙에 위반되는 헌법 개정으로 한국 헌정사에 큰 오점을 남긴 사건이었습니다.

마산 의거 馬山義擧

〈馬 말 마 山 산 산〉 지명 義 옳다 의 擧 들어올리다 거

마산에서[馬山] 일어난 의거[義擧]

마산 의거는 4·19혁명이 일어나게 된 직접적 원인이 된 사건입니다.

1960년 3·15 부정 선거를 규탄하기 위해 마산에서 시민과 경찰이 충돌을 하였는데, 자유당 정권은 오히려 이 시위의 배후에 공산주의 세력이 개입되어 있다고 발표하여 시민들의 반감을 사게 되었습니다. 특히 4월 11일

행방불명되었던 김주열金朱烈군 시체의 눈에 경찰이 쏜 최루탄催淚彈이 박힌 채 발견되면서 온 시민이 격렬하게 데모를 하게 되었는데, 이를 마산 의거라고 합니다.

[참고] 사건 용어

4·19 혁명 革命

革 가죽, 바꾸다 혁 命 목숨, 하늘의 뜻 명

4월 19일에 일어난 혁명[革命]

4·19 혁명은 1960년 3월 15일 정·부통령 선거 후 일어난 혁명입니다. 당시 이승만李承晩(1875~1965)을 대통령으로 이기붕李起鵬(1896~1960)을 부통령으로 당선시키기 위해 자유당은 3·15 부정 선거를 대대적으로 자행하였습니다. 그러자 이에 격분한 학생과 시민들이 이를 규탄하면서 독재 정권을 타도하기 위해 혁명을 일으켰고, 이를 4·19 혁명이라고 합니다.

[참고] 사건 용어

5·16 군사 정변 軍士政變

軍 군사 군 士 선비, 일을 하는 사람 사 政 정치 정 變 변하다 변

5월 16일에 일어난 군사[軍士] 쿠데타[政變]

5·16 군사 정변은 1961년 5월 16일, 박정희를 중심으로 한 일부 군부 세력이 사회적인 무질서와 혼란을 구실로 군사 쿠데타를 일으켜 장면張勉(1899~1966) 내각을 무너뜨리고 정권을 잡은 사건을 말합니다.

당시 군부는 혁명 공약에서 **반공**反共을 **국시**國是로 천명하고 경제 재건과 사회 안정을 내걸었지만, 이후 30년 동안 국가 권력을 쥐고 정치·사회 등 여러 분야에 영향력을 행사하면서 민주주의를 정체停滯시켰습니다.

- 反共 [反 반대하다 반 共 함께 공] 공산주의를 반대함. ↔ 용공容共 : 공산주의를 용인함. [容 용납하다 용 共 함께 공]
- 國是 [國 나라 국 是 옳다 시] 국민 전체의 의사로 결정된 국정의 기본 방침.

[참고] 사건 용어

유신 헌법 維新憲法

維 굵은 실 유 新 새롭다 신 憲 법 헌 法 법 법

새[維新] 헌법[憲法]

'維新'은《시경詩經》의 "주수구방周雖舊邦 기명유신其命維新"에서 따온 말로, 그 의미는 '주나라가 비록 오래된 나라이지만, 그 운명은 새롭도다'는 내용입니다. 여기서 '維'는 아무 뜻이 없으며, 그래서 유신은 다만 '새롭다'란 뜻으로 '낡은 것과 묵은 것을 고쳐 새롭게 하다'라는 말입니다. 이 말은 일본에서 메이지 유신[명치 유신明治維新]이라 하여 처음 사용하였습니다.

유신 헌법은 1972년 10월 박정희 정권이 영구 집권을 위해 만든 헌법입니다.

공화국 나누는 방법

제 ○ 공화국은 헌법의 전면적인 개정이 있을 때, 그 정권의 성격을 분류하기 위해 하는 분류입니다.

· 제 1 공화국 - 이승만李承晩 정권.
· 제 2 공화국 - 장면張勉 정권.
· 제 3 공화국 - 박정희朴正熙 정권.
· 제 4 공화국 - 박정희 정권(유신 헌법).
· 제 5 공화국 - 전두환全斗煥 정권.
· 제 6 공화국 - 노태우盧泰愚 정권부터 지금까지.

10·26 사태 事態

事 일 사 態 형태 태

10월 26일에 일어난 사태[事態]

10·26 사태는 1979년 10월 26일 박정희朴正熙 대통령이 당시 중앙정보부장이었던 김재규金載圭(1926~1980)에게 피살 당한 사건을 말합니다. 이 사건으로 유신 체제는 막을 내리게 되었습니다.

[참고] 사건 용어

5·18 광주 민주화 운동 民主化運動

光 빛 광 州 고을 주 民 백성 민 主 주인 주 化 되다 화 運 운전하다 운 動 움직이다 동

5월 18일 광주에서[光州] 일어난 민주화 운동[民主化運動]

5·18 광주 민주화 운동은 1980년 민주화를 열망하는 광주 시민의 요구를 신 군부가 계엄군을 동원하여 유혈流血 진압하자, 5월 18일부터 27일까지 광주에서 펼쳐진 민주화 운동입니다. 아직도 진상 규명이 철저하지 않고, 희생자들에 대한 처우가 완결되지 않아 많은 문제를 남기고 있습니다.

[참] 사건 용어

6월 민주 항쟁 民主抗爭

民 백성 민 主 주인 주 抗 저항하다 항 爭 다투다 쟁

6월에 일어난 민주[民主] 항쟁[抗爭]

6월 민주 항쟁은 제 5공화국의 전두환 정부의 독재에 맞서 1987년 6월 10일부터 6·29 선언이 발표될 때까지의 국민적 항쟁을 말합니다. 이 항쟁은 뒤에 문민 정부가 출범하는 계기가 되었지만, 진정한 민주화를 위해 남은 문제가 완전히 해결되지는 못했습니다.

[참] 사건 용어

사건 용어

용어 설명은 사전 풀이를 따랐지만, 실제 사건에 적용시킬 때는 그 사건을 어떻게 평가하느냐에 따라 달라집니다. 즉 시대 혹은 당시 정권의 성향에 따라 용어의 규정이 달라질 수 있으며, 지금도 규정이 명확하지 않아 학계에서는 논의가 진행되고 있는 사건이 있습니다. 예를 들어 동학 농민 운동의 경우 이전에는 동학란·동학 농민 혁명·농민 전쟁 등의 용어로 사용되기도 합니다. 또한 피지배 계층이 지배 계층을 뒤엎으려다 실패할 경우, 피지배 계층의 입장에서는 혁명이라 하고, 지배 계층의 입장에서는 난이라고 규정합니다.

- 개혁改革 [改 고치다 개 革 가죽, 바꾸다 혁]
  정치 체제나 사회 제도 등을 합법적·점진적으로 새롭게 고쳐 나간다는 뜻으로, 주로 지배 계층에 의해 추진되는 변화(갑오개혁, 을미개혁).
- 혁명革命 [革 가죽, 바꾸다 혁 命 목숨, 하늘의 뜻 명]
  비합법적 수단으로 정치 권력을 잡는 일, 또는 국가나 사회의 조직·형태 따위를 급격

하게 바꾸는 일(역성 혁명, 4·19 혁명).

혁명은 본래 '하늘이 그 명命을 바꾸다'라는 뜻으로 여기서 '命'은 하늘이 임명한 '왕'을 가리킵니다. 그래서 혁명은 '하늘이 못된 왕을 쫓아 내고, 훌륭한 사람을 왕으로 세우다'라는 뜻입니다.

◎ 정변政變 [政 정치 정 變 변하다 변] = 쿠데타

주로 지배 계급 내의 비주류파 등이 무력 등 비합법적인 수단으로 정권이나 내각을 바꾸는 일. 쿠데타라고도 함(무신 정변, 갑신 정변, 5·16 군사 정변).

우리나라 역대 쿠데타의 주모자들은 연개소문, 정중부, 최충헌, 수양대군, 박정희, 전두환 등이 있습니다.

◎ 난亂 [亂 어지럽다 란]

전쟁이나 재변災變 따위로 세상이 어지러워진 사태. 또는 그러한 전쟁이나 재변을 가리키는 말(이자겸의 난, 묘청의 난, 임진왜란→조일전쟁, 병자호란→조청전쟁).

◎ 민란民亂 [民 백성 민 亂 어지럽다 란]

비조직적이며 정부를 뒤엎을 목적이 없는 백성들의[民] 소란[亂].

◎ 내란內亂 [內 안 내 亂 어지럽다 란]

정부를 뒤엎을 목적으로 나라 안에서[內] 일으킨 무력 투쟁[亂].

◎ 반란反亂·叛亂 [反 반대하다, 돌이키다 반·叛 배반하다 반 亂 어지럽다 란]

군인이나 준 군인이 무기를 들고 정부를 뒤엎을[反·叛] 목적으로 조직적으로 일으킨 난리[亂].

◎ 사태事態 [事 일 사 態 형태 태]

일이 되어 가는 형편 (10·26 사태, 12·12 사태 - 이 두 사건의 경우 명확하게 정의를 내릴 만한 용어가 없기 때문에 부정적 이미지가 있는 '사태'라는 용어를 썼음).

◎ 사변事變 [事 일 사 變 변하다, 재앙 변]

사변은 전쟁까지는 이르지 아니하였으나 경찰의 힘으로는 막을 수 없어 병력을 사용하게 되는 난리(만주 사변). ※ 6·25 사변은 잘못된 용어로 남북 전쟁 또는 6·25 전쟁으로 바꿔야 함.

◎ 운동運動 [運 운전하다 운 動 움직이다 동]

특정한 계층의 주도 여부에 관계없이 어떤 목적을 달성하기 위하여 여러 방면에 적극적으로 활동하는 일(벽서 운동, 항조 운동, 위정 척사 운동, 동학 농민 운동, 국채 보상 운동, 3·1 운동, 6·10 만세 운동, 물산 장려 운동, 브 나로드 운동, 찬·반탁 운동, 5·18 광주 민주화 운동).

◎ 항쟁抗爭 [抗 저항하다 항 爭 다투다 쟁]

맞서 싸움(6월 민주 항쟁).

◎ 의거義擧 [義 옳다 의 擧 들어올리다 거]

정의를 위하여 사사로운 이해 타산을 생각하지 않고 일으킨 행동(마산 의거).

I 선사 문화의 국가 형성 · 11
II 고대 사회의 발전 · 25
III 중세 사회의 발전 · 53
IV 근세 사회의 발달 · 119
V 근대 사회의 태동 · 195
VI 근대 사회의 전개 · 251
VII 민족의 독립 운동 · 291
VIII 현대 사회의 발전 · 309
찾아보기

찾아보기

|ㄱ|

가부장제 家父長制 · 154
가야 伽倻 · 25
간경도감 刊經都監 · 184
간도 間島 · 274
간도 참변 間島慘變 · 298
간도 협약 間島協約 · 274
간쟁 諫諍 · 60, 127
갑술 환국 甲戌換局 · 205
갑신정변 甲申政變 · 263
갑오개혁 甲午改革 · 267
갑자사화 甲子士禍 · 141
강예재 講藝齋 · 97
강화 학파 江華學派 · 229
강화도 조약 江華島條約 · 256
개시 開市 · 218
개정전시과 改定田柴科 · 82
객주 客主 · 217
거국가 去國歌 · 305
거북선 거북船 · 148
거세 拒稅 · 210
견종법 畎種法 · 214
결작 結作 · 201
경강 상인 京江商人 · 218
경국대전 經國大典 · 174
경기체가 景幾體歌 · 99
경무총장 警務總長 · 293
경보 經寶 · 88
경사 6학 京師六學 · 95
경세유표 經世遺表 · 238
경세치용 經世致用 · 236
경시서 京市署 · 87, 164
경신 환국 庚申換局 · 204
경연 經筵 · 129
경재소 京在所 · 131
경정전시과 更定田柴科 · 82

경제문감 經濟文鑑 · 173
경제육전 經濟六典 · 174
경직 京職 · 123
경창 京倉 · 134
계백료서 誡百寮書 · 56
계원필경 桂苑筆耕 · 49
계절제 季節祭 · 18
계해 약조 癸亥約條 · 146
고구려 高句麗 · 19
고금록 古今錄 · 94
고금석림 古今釋林 · 234
고려 高麗 · 54
고려 대장경 高麗大藏經 · 108
고려국사 高麗國史 · 167
고려사 高麗史 · 168
고려사절요 高麗史節要 · 169
고승전 高僧傳 · 49
고조선 古朝鮮 · 15
고증학 考證學 · 235
골품 제도 骨品制度 · 36
공납 貢納 · 85
공동 납제 共同納制 · 221
공명첩 空名帖 · 148
공복 제도 公服制度 · 57
공신전 功臣田 · 158
공음전 功蔭田 · 77
공인 貢人 · 199
공장 工匠 · 87
공해전 公廨田 · 83, 158
과농소초 課農小抄 · 241
과전 科田 · 82
과전법 科田法 · 158
관동별곡 關東別曲 · 100, 188
관료전 官僚田 · 38
관민 공동회 官民共同會 · 272
관수관급제 官收官給制 · 159
관요 官窯 · 190

관찰사 觀察使 · 130
광개토 대왕 廣開土大王 · 26
광작 廣作 · 214
광제원 廣濟院 · 283
광혜원 廣惠院 · 283
교관겸수 敎觀兼修 · 105
교관선 交關船 · 40
교육 입국 조서 敎育立國詔書 · 284
교장도감 敎藏都監 · 107
교정도감 敎定都監 · 67
교정별감 敎定別監 · 67
교정청 校正廳 · 267
교조 신원 운동 敎祖伸冤運動 · 264
교종 敎宗 · 45
교종선 敎宗選 · 104
구급도감 救急都監 · 80
구본신참 舊本新參 · 273
구분전 口分田 · 83
구산선문 九山禪門 · 46
9서당 九誓幢 · 35
구석기 시대 舊石器時代 · 11
구운몽 九雲夢 · 243
9재 九齋 · 90
구제도감 救濟都監 · 80
국사 國師 · 104
국사 國史 · 48
국선생전 麴先生傳 · 103
국순전 麴醇傳 · 103
국자감 國子監 · 95
국자학 國子學 · 95
국조오례의 國朝五禮儀 · 173
국채 보상 기성회 國債報償期成會 · 281
국채 보상 운동 國債報償運動 · 280
국통 國統 · 42
군교 軍校 · 152
군국기무처 軍國機務處 · 267
군부 軍部 · 291

군역 軍役 · 131
군인전 軍人田 · 83
군정 軍政 · 224
군통 郡統 · 42
궁내부 宮內府 · 291
궁성요배 宮城遙拜 · 295
권문 세족 權門勢族 · 77
귀주 대첩 龜州大捷 · 69
규장각 奎章閣 · 208
균역법 均役法 · 201
균전론 均田論 · 237
근우회 槿友會 · 299
금강삼매경론 金剛三昧經論 · 43
금국 정벌 金國征伐 · 66
금난전권 禁亂廛權 · 217
금양잡록 衿陽雜錄 · 176
금오신화 金鰲新話 · 186
금위영 禁衛營 · 197
기기창 機器廠 · 282
기묘사화 己卯士禍 · 142
기사 환국 己巳換局 · 205
기사본말체 紀事本末體 · 94
기유 약조 己酉約條 · 211
기인 제도 其人制度 · 55
기자실기 箕子實記 · 170
기전체 紀傳體 · 94
기호 학파 畿湖學派 · 181

| ㄴ |

나선 정벌 羅禪征伐 · 150
나제 동맹 羅濟同盟 · 29
남경 길지설 南京吉地說 · 111
남반 南班 · 73
납속책 納粟策 · 220
낭사 郎舍 · 60
내부 內部 · 291

내사 문하성 內史門下省 · 60
내상 萊商 · 219
내선일체 內鮮一體 · 293
내장전 內莊田 · 83
노비 안검법 奴婢按檢法 · 57
녹봉 祿俸 · 159
녹읍 祿邑 · 38
농가집성 農家集成 · 247
농병일치 農兵一致 · 131
농사직설 農事直說 · 176
농상집요 農桑輯要 · 86
농종법 壟種法 · 213
늠전 廩田 · 158
닉슨 독트린 Nixon Doctrine · 309

| ㄷ |

다루가치 · 72
단군 왕검 檀君王儉 · 16
단발령 斷髮令 · 269
당백전 當百錢 · 254
당악 唐樂 · 115
대간 臺諫 · 60, 62, 128
대동법 大同法 · 197
대동여지도 大東輿地圖 · 232
대동운부군옥 大東韻府群玉 · 233
대동지지 大東地志 · 231
대비원 大悲院 · 79, 156
대성 臺省 · 62
대성악 大晟樂 · 115
대승 大乘 · 42
대승기신론소 大乘起信論疏 · 43
대식국인 大食國人 · 88
대위국 大爲國 · 66
대장경 大藏經 · 106
대장도감 大藏都監 · 107
대전통편 大典通編 · 208

대전회통 大典會通 · 253
대종교 大倧敎 · 288
대한 자강회 大韓自强會 · 276
대한 제국 大韓帝國 · 273
대한 협회 大韓協會 · 276
대한국국제 大韓國國制 · 273
대한매일신보 大韓每日申報 · 277
대한민국 大韓民國 · 311
대한민국 임시 정부 大韓民國臨時政府 · 297
덕치주의 德治主義 · 123
도가 道家 · 108
도고 都賈 · 216
도관 道觀 · 109
도교 道敎 · 108
도기소 陶器所 · 189
도당 都堂 · 58
도독 都督 · 34
도독부 都督府 · 31
도량형 度量衡 · 164
도령 都領 · 65
도방 都房 · 68
도병마사 都兵馬使 · 58
도조법 賭租法 · 215
도참 圖讖 · 109
도첩제 度牒制 · 183
도평의사사 都評議使司 · 58
도호부 都護府 · 31, 63
도화서 圖畵署 · 190
도화원 圖畵院 · 114
독도 獨島 · 274
독립 서고문 獨立誓告文 · 268
독립 협회 獨立協會 · 271
독립관 獨立館 · 272
독립문 獨立門 · 271
독립신문 獨立新聞 · 271
독사신론 讀史新論 · 284

독서 삼품과 讀書三品科 · 48
돈오 점수 頓悟漸修 · 106
동국문헌비고 東國文獻備考 · 206
동국병감 東國兵鑑 · 177
동국사략 東國史略 · 167
동국여지승람 東國輿地勝覽 · 171
동국이상국집 東國李相國集 · 93
동국지도 東國地圖 · 231
동국통감 東國通鑑 · 169
동녕부 東寧府 · 70
동도 서기론 東道西器論 · 282
동맹 東盟 · 18
동명왕편 東明王篇 · 93
동문선 東文選 · 186
동문휘고 同文彙考 · 209
동반작가 同伴作家 · 305
동사강목 東史綱目 · 229
동약 洞約 · 155
동양 척식 주식회사 東洋拓殖株式會社 · 296
동예 東濊 · 20
동의보감 東醫寶鑑 · 177
동의수세보원 東醫壽世保元 · 246
동학 東學 · 222
동호문답 東湖問答 · 182

| ㅁ |

마과회통 麻科會通 · 246
마산 의거 馬山義擧 · 313
마진 摩震 · 53
마패 馬牌 · 135
막부 幕府 · 212
만물일체설 萬物一體說 · 229
만민 공동회 萬民共同會 · 272
만상 灣商 · 219
만세보 萬歲報 · 286

만인소 萬人疏 · 261
만주 사변 滿洲事變 · 296
명경과 明經科 · 98, 136
명분론 名分論 · 226
모스크바 삼상 회의 三相會議 · 310
모화관 慕華館 · 272
목민심서 牧民心書 · 238
묘청의 난 妙淸의 亂 · 66
무격 신앙 巫覡信仰 · 185
무과 武科 · 99, 137
무신 정변 武臣政變 · 67
무오사화 戊午士禍 · 141
무원록 無寃錄 · 207
무위영 武衛營 · 259
무천 儛天 · 18
무학재 武學齋 · 97
문과 文科 · 136
문묘 文廟 · 135, 139
문벌 門閥 · 76
문음 門蔭 · 140
물산 장려 운동 物産獎勵運動 · 300
미 군정청 美軍政廳 · 309
미륵 신앙 彌勒信仰 · 222
민담 民譚 · 189
민란 民亂 · 210
민본사상 民本思想 · 123
민옹전 閔翁傳 · 244
민전 民田 · 84

| ㅂ |

박문국 博文局 · 282
반계수록 磻溪隨錄 · 236
반민족 행위 특별 조사 위원회 反民族行爲特別調査委員會 · 311
반정 反正 · 143
반탁 운동 反託運動 · 310

발해 渤海 · 32
방곡령 防穀令 · 279
방군수포제 放軍收布制 · 163
방납 防納 · 163
백골징포 白骨徵布 · 200
백두산정계비 白頭山定界碑 · 211
105인 사건 105人事件 · 301
백정 白丁 · 74, 153
백제 百濟 · 27
백조 白潮 · 304
번상 番上 · 162
벌열 閥閱 · 76
법계 法階 · 104
법상종 法相宗 · 105
벽골제 碧骨堤 · 22
벽서 壁書 · 223
별공 別貢 · 85, 198
별기군 別技軍 · 259
별무반 別武班 · 70
별시 別試 · 139
병마사 兵馬使 · 63
병인박해 丙寅迫害 · 254
병인양요 丙寅洋擾 · 255
병자호란 丙子胡亂 · 149
병작반수제 竝作半收制 · 160
병장도설 兵將圖說 · 176
보 寶 · 87
보국안민 輔國安民 · 265
보문각 寶文閣 · 97
보부상 褓負商 · 152
보안회 保安會 · 275
보인 保人 · 131
보학 譜學 · 183
보한집 補閑集 · 102
보현십원가 普賢十願歌 · 99
봉박 封駁 · 60
봉수제 烽燧制 · 134

부계 제도 父系制度 · 154
부곡 部曲 · 64
부여 夫餘 · 18
북벌론 北伐論 · 150
북학 北學 · 239
북학의 北學議 · 241
불씨잡변 佛氏雜辨 · 174
붕당 정치 朋黨政治 · 202
브 나로드 운동 Vnarod 運動 · 304
비기 秘記 · 221
비변사 備邊司 · 195
빈공과 賓貢科 · 32

| ㅅ |

사간원 司諫院 · 128
사경화 寫經畵 · 114
사대교린 事大交隣 · 145
사림 士林 · 140
사문난적 斯文亂賊 · 228
사문학 四門學 · 95
사미인곡 思美人曲 · 189
사민 정책 徙民政策 · 145
사사 오입 개헌 四捨五入改憲 · 313
사상 私商 · 216
사상의학 四象醫學 · 247
사서삼경 四書三經 · 91
사심관 제도 事審官制度 · 55
사씨남정기 謝氏南征記 · 243
사액 賜額 · 144
사영지 四靈地 · 30
사원전 寺院田 · 159
사원전 寺院田 · 84
4·19 혁명 革命 · 314
사전 私田 · 158
사전 賜田 · 76
사직 社稷 · 78

사창 社倉 · 155
사천대 司天臺 · 112
사출도 四出道 · 19
4학 四學 · 135
사학 12도 私學十二徒 · 96
사헌부 司憲府 · 128
사회주의 社會主義 · 299
산송 문제 山訟問題 · 185
산신 사상 山神思想 · 185
산학 算學 · 95
산학계몽 算學啓蒙 · 175
삼강오륜 三綱五倫 · 227
삼강행실도 三綱行實圖 · 172
삼국사기 三國史記 · 92
삼국유사 三國遺事 · 93
삼대 三代 · 304
삼론종 三論宗 · 41
삼별초 三別抄 · 68
삼사 三司 · 62, 127
삼신 三神 · 185
삼정 문란 三政紊亂 · 224
삼정이정청 三政釐整廳 · 225
삼한 三韓 · 21
상공 常貢 · 85
상납미 上納米 · 198
상명산법 詳明算法 · 175
상민 常民 · 152
상민 수륙 무역 장정 商民水陸貿易章程 · 262
상서성 尙書省 · 60
상세 商稅 · 86
상수리 제도 上守吏制度 · 32
상정고금예문 詳定古今禮文 · 112
상평창 常平倉 · 79
색경 穡經 · 247
샤머니즘 shamanism · 13
서경 길지설 西京吉地說 · 111

서경 書經 · 60, 62, 129
서경천도운동 西京遷都運動 · 66
서기 書記 · 47
서리 胥吏 · 73
서방 書房 · 69
서얼 庶孼 · 152
서연 書筵 · 129
서운관 書雲觀 · 112
서원 書院 · 143
서유견문 西遊見聞 · 285
서적원 書籍院 · 113
서적포 書籍鋪 · 96
서전 서숙 瑞甸書塾 · 298
서학 書學 · 95
선대 先貸 · 215
선민 사상 選民思想 · 15
선사 시대 先史時代 · 11
선상 船商 · 217
선조성 宣詔省 · 35
선종 禪宗 · 45
선종선 禪宗選 · 104
설점수세 設店收稅 · 215
섬학전 贍學錢 · 98
성균관 成均館 · 136
성리학 性理學 · 90, 226
성학십도 聖學十圖 · 180
성학집요 聖學輯要 · 182
성호 학파 星湖學派 · 237
성호사설 星湖僿說 · 234
세견선 歲遣船 · 147
세도 정치 勢道政治 · 210
세속 5계 世俗五戒 · 37
소 所 · 64
소격서 昭格署 · 184
소도 蘇塗 · 21
소수림왕 小獸林王 · 26
소승 小乘 · 42

찾아보기

소작농 小作農 · 160
소중화 小中華 · 170
소청 訴請 · 223
소학 小學 · 91
속대전 續大典 · 207
속악 俗樂 · 115
속오군 束伍軍 · 132
속오례의 續五禮儀 · 207
속장경 續藏經 · 107
솔거 노비 率居奴婢 · 76
솟대 · 21
송상 松商 · 219
수미법 收米法 · 163
수산제 守山堤 · 22
수신사 修信使 · 258
수신전 守信田 · 159
수어청 守禦廳 · 196
순마소 巡馬所 · 71
순장 殉葬 · 19
숭문 천무 崇文賤武 · 67
승과 僧科 · 103
승관 僧官 · 42
승선 承宣 · 61
승정원 承政院 · 125
승지 承旨 · 125
시무 28조 時務二十八條 · 57
시비법 施肥法 · 164
시사 詩社 · 245
시일야방성대곡 是日也放聲大哭 · 277
시전 상인 市廛商人 · 152
시전 市廛 · 87, 164
시정전시과 始定田柴科 · 82
식년시 式年試 · 138
식목도감 式目都監 · 59
식읍 食邑 · 38
신간회 新幹會 · 299
신공 身貢 · 76

신기군 神騎軍 · 70
신라 新羅 · 28
신라관 新羅館 · 39
신라도 新羅道 · 39
신라방 新羅坊 · 39
신라소 新羅所 · 39
신라원 新羅院 · 39
신문고 申聞鼓 · 155
신미양요 辛未洋擾 · 255
신민회 新民會 · 277
신보군 神步軍 · 70
신사 유람단 紳士遊覽團 · 259
신사참배 神社參拜 · 295
신석기 시대 新石器時代 · 12
신역 身役 · 161
신증동국여지승람 新增東國輿地勝覽 · 171
신진 사대부 新進士大夫 · 78
신집 新集 · 47
신체시 新體詩 · 285
신탁 통치 信託統治 · 310
신편제종교장총록 新編諸宗敎藏總錄 · 107
신품 4현 神品四賢 · 114
실록청 實錄廳 · 168
실사구시 實事求是 · 241
실학 實學 · 235
심경법 深耕法 · 86
10 · 26 사태 事態 · 315
10만 양병설 十萬養兵說 · 147
쌍성 총관부 雙城摠管府 · 70
쌍화점 雙花店 · 101

| ㅇ |

아관 파천 俄館播遷 · 270
아방강역고 我邦疆域考 · 231
아악 雅樂 · 115

악장 樂章 · 187
악학궤범 樂學軌範 · 190
안악 사건 安岳事件 · 301
안찰사 按察使 · 62
알성시 謁聖試 · 139
애니미즘 animism · 12
야별초 夜別抄 · 68
야사 野史 · 230
약정 約正 · 144
양계 兩界 · 63
양명학 陽明學 · 228
양무 운동 洋務運動 · 258
양반 兩班 · 151
양반전 兩班傳 · 244
양사 兩司 · 128
양인 良人 · 74
양인개병 良人皆兵 · 131
양전 量田 · 158
양지 良知 · 229
양현고 養賢庫 · 97
어부가 漁父歌 · 100
어사대 御史臺 · 61
어염세 魚鹽稅 · 86
어영청 御營廳 · 196
억불 숭유 抑佛崇儒 · 184
언문지 諺文志 · 232
여각 旅閣 · 218
여전론 閭田論 · 238
역 役 · 85, 161, 162
역과 譯科 · 137
역대제왕혼일강리도 歷代帝王混一疆里圖 · 170
역둔토 驛屯土 · 280
역박사 曆博士 · 47
역분전 役分田 · 81
역성 혁명 易姓革命 · 120
역옹패설 櫟翁稗說 · 102

역원제 驛院制 · 133
연등회 燃燈會 · 80
연려실기술 燃藜室記述 · 230
연맹 왕국 聯盟王國 · 17
연분 9등법 年分九等法 · 161
연좌법 連坐法 · 157
연통제 聯通制 · 297
연호 年號 · 34
열반종 涅槃宗 · 41
영고 迎鼓 · 18
영남 학파 嶺南學派 · 179
영선사 領選使 · 260
영업전 永業田 · 238
영은문 迎恩門 · 271
영정과율법 永定課率法 · 197
영정법 永定法 · 197
예송 논쟁 禮訟論爭 · 204
예학 禮學 · 183
오가작통법 五家作統法 · 156
오주연문장전산고 五洲衍文長箋散稿 · 235
5경 박사 五經博士 · 46
5군영 五軍營 · 195
5·16 군사 정변 軍士政變 · 314
5·18 광주 민주화 운동 民主化運動 · 316
옥저 沃沮 · 20
왕도정치 王道政治 · 123
왕사 王師 · 104
왕오천축국전 往五天竺國傳 · 45
왕조실록 王朝實錄 · 92
왕토 사상 王土思想 · 37
왜관 무역 倭館貿易 · 165
왜양 일체론 倭洋一體論 · 261
외거 노비 外居奴婢 · 75
외사정 外司正 · 35
외직 外職 · 123
요역 徭役 · 85, 162

용비어천가 龍飛御天歌 · 187
우두 牛痘 · 246
우서 迂書 · 239
우정국 郵征局 · 283
원납전 願納錢 · 254
월인천강지곡 月印千江之曲 · 188
위안부 慰安婦 · 296
위정 척사 衛正斥邪 · 260
위화도 회군 威化島回軍 · 119
유교 구신론 儒教求新論 · 287
유기 留記 · 47
유식 사상 唯識思想 · 44
유신 헌법 維新憲法 · 315
유치미 留置米 · 198
유학 儒學 · 89
유향소 留鄉所 · 130
6두품 六頭品 · 36
6방 六房 · 130
6부 六部 · 61
6월 민주 항쟁 民主抗爭 · 316
육의전 六矣廛 · 165
육전조례 六典條例 · 253
6조 六曹 · 124
윤작법 輪作法 · 86
율과 律科 · 137
율령 律令 · 25
율종 律宗 · 41
율학 律學 · 95
을미개혁 乙未改革 · 268
을미사변 乙未事變 · 269
을사사화 乙巳士禍 · 142
을사조약 乙巳條約 · 292
음서 蔭敍 · 77
음양과 陰陽科 · 137
읍지 邑誌 · 172
의과 醫科 · 137
의금부 義禁府 · 125

의림지 義林池 · 22
의민단 義民團 · 304
의박사 醫博士 · 47
의방유취 醫方類聚 · 177
의산문답 毉山問答 · 240
의정부 議政府 · 124
의창 義倉 · 79
이기론 理氣論 · 178
이기이원론 理氣二元論 · 179
이모작 二毛作 · 213
이문소 理問所 · 72
이앙법 移秧法 · 213
이양선 異樣船 · 221
이용후생 利用厚生 · 239
이자겸의 난 李資謙의亂 · 65
인내천 人乃天 · 223
인조 반정 仁祖反正 · 203
인징 隣徵 · 199
일본군 성노예 · 295
일선동조론 日鮮同祖論 · 294
일원론적 이기이원론 一元論的 理氣二元論 · 181
일진회 一進會 · 275
임술 농민 봉기 壬戌農民蜂起 · 224
임오군란 壬午軍亂 · 262
임진왜란 壬辰倭亂 · 147
임하경륜 林下經綸 · 240
입도선매 立稻先賣 · 279

| ㅈ |

자기소 瓷器所 · 189
자유시 참변 自由市慘變 · 298
자작회 自作會 · 300
자치통감 資治通鑑 · 169
자혜 의원 慈惠醫院 · 284
잔반 殘班 · 220

잡과 雜科 · 98, 137
잡색군 雜色軍 · 132
장가 長歌 · 101
장수왕 長壽王 · 26
장어영 壯禦營 · 259
장예원 掌隷院 · 157
장용영 壯勇營 · 208
장화홍련전 薔花紅蓮傳 · 243
재물보 才物譜 · 233
재신 宰臣 · 58, 60
재인 才人 · 75
적전 籍田 · 78
전민변정도감 田民辨正(整)都監 · 72
전분 6등법 田分六等法 · 161
전세 田稅 · 161
전시과 田柴科 · 82
전정 田政 · 224
전주 화약 全州和約 · 266
전환국 典圜局 · 283
전황 錢荒 · 219
정감록 鄭鑑錄 · 222
정계 政誡 · 56
정군 正軍 · 131
정남 丁男 · 85
정동행성 征東行省 · 71
정묘호란 丁卯胡亂 · 149
정무총감 政務總監 · 293
정미 의병 丁未義兵 · 275
정방 政房 · 68
정사암 회의 政事巖會議 · 30
정신대 挺身隊 · 295
정음청 正音廳 · 166
정전 丁田 · 38
정토 신앙 淨土信仰 · 44
정혜쌍수 定慧雙修 · 105
제1차 한 · 일 협약 第一次 韓日協約 · 291
제3세계 · 제3세력 · 309

제가 회의 諸加會議 · 29
제국주의 帝國主義 · 251
제물포 조약 濟物浦條約 · 262
제생원 濟生院 · 156
제술과 製述科 · 98, 136
제승방략 체제 制勝方略體制 · 132
제왕운기 帝王韻紀 · 93
제위보 濟危寶 · 80, 88
제정일치 祭政一致 · 16
제중원 濟衆院 · 283
제천 의식 祭天儀式 · 18
제폭구민 除暴救民 · 265
제헌 국회 制憲國會 · 311
조 · 미 수호 통상 조약 朝美修好通商條約 · 257
조 · 용 · 조 租庸調 · 161
조 · 일 통상 장정 朝日通商章程 · 256
조계종 曹溪宗 · 105
조공 무역 朝貢貿易 · 146
조선 광문회 朝鮮光文會 · 285
조선 민립 대학 기성회 朝鮮民立大學期成會 · 303
조선 불교 유신론 朝鮮佛敎維新論 · 287
조선 朝鮮 · 120
조선 총독부 朝鮮總督府 · 293
조선 형평사 朝鮮衡平社 · 300
조선경국전 朝鮮經國典 · 173
조선방역지도 朝鮮方域之圖 · 171
조선사연구 朝鮮史研究 · 302
조선사연구초 朝鮮史研究草 · 302
조선상고사 朝鮮上古史 · 302
조선지광 朝鮮之光 · 305
조선책략 朝鮮策略 · 256
조세 租稅 · 84
조운제 漕運制 · 134
조창 漕倉 · 134
족외혼 族外婚 · 20

찾아보기

족징 族徵 · 199
존언 存言 · 229
존화 사상 尊華思想 · 169
종두법 種痘法 · 246
종모법 從母法 · 75
종법 사상 宗法思想 · 153
주기론 主氣論 · 180
주리론 主理論 · 178
주자가례 朱子家禮 · 91
주자감 冑子監 · 35
주자서절요 朱子書節要 · 180
주진군 州鎮軍 · 65
주통 州統 · 42
주현 공부법 州縣貢賦法 · 57
주현군 州縣軍 · 65
죽계별곡 竹溪別曲 · 100
죽부인전 竹夫人傳 · 103
중농학파 重農學派 · 236
중도아 中都兒 · 216
중방 重房 · 64
중상학파 重商學派 · 239
중서 문하성 中書門下省 · 59
중인 中人 · 151
중정대 中正臺 · 35
중종 반정 中宗反正 · 142
중추원 中樞院 · 61, 293
증광시 增廣試 · 139
지계 地契 · 273
지대 地代 · 85
지봉유설 芝峯類說 · 234
지사 知事 · 63
지주 전호제 地主佃戶制 · 162
지주제 地主制 · 160
지행합일 知行合一 · 229
직전 職田 · 82
직전법 職田法 · 159
직지심체요절 直指心體要節 · 112

직파법 直播法 · 213
진관 체제 鎭管體制 · 131
진단 학회 震檀學會 · 303
진대법 賑貸法 · 36
진도 陳圖 · 176
진상 進上 · 198
진척 津尺 · 75
집강소 執綱所 · 266
집현전 集賢殿 · 166

| ㅊ |

창가 唱歌 · 286
창기 娼妓 · 153
책화 責禍 · 21
척화 주전론 斥和主戰論 · 261
척화비 斥和碑 · 256
척화주전론 斥和主戰論 · 150
천개 天開 · 66
천도 遷都 · 28
천도교 天道敎 · 266
천로역정 天路歷程 · 286
천심즉인심 天心卽人心 · 223
천연두 天然痘 · 246
천태 사교의 天台四敎儀 · 104
천태종 天台宗 · 104
철기 시대 鐵器時代 · 14
철시 撤市 · 279
첨의부 僉議府 · 71
청구 학회 靑丘學會 · 303
청구도 靑丘圖 · 232
청동기 시대 靑銅器時代 · 14
청산별곡 靑山別曲 · 101
청연각 淸讌閣 · 97
청장관전서 靑莊館全書 · 235
초제 醮祭 · 184
초조 대장경 初雕大藏經 · 106

총관 摠管 · 34
총융청 摠戎廳 · 196
최혜국 最惠國 · 257
추밀 樞密 · 58
추밀 樞密 · 61
춘추관 春秋館 · 167
춘향전 春香傳 · 242
취민유도 取民有度 · 55
치외법권 治外法權 · 257
친명 배금 親明背金 · 149
7재 七齋 · 96
칠정산 七政算 · 175
침구경험방 鍼灸經驗方 · 245
칭제건원 稱帝建元 · 66

| ㅋ |

콩쥐팥쥐전 · 244

| ㅌ |

타조법 打租法 · 215
탁지부 度支部 · 270
탁지지 度支志 · 209
탐라 총관부 耽羅摠管府 · 71
탕평론 蕩平論 · 206
태봉 泰封 · 54
태수 太守 · 35
태의감 太醫監 · 113
태학 太學 · 95
택리지 擇里志 · 230
톈진 조약 天津條約 · 264
토관 제도 土官制度 · 146
토관 土官 · 152
토반 土班 · 220
토테미즘 totemism · 13
통감부 統監府 · 292

통리기무아문 統理機務衙門 · 258
통신사 通信使 · 211
통의부 統義府 · 298
통일신라 統一新羅 · 31

| ㅍ |

파한집 破閑集 · 101
판소리 · 242
판옥선 板屋船 · 148
팔관보 八關寶 · 88
팔관회 八關會 · 81
팔도도 八道圖 · 170
팔만 대장경 八萬大藏經 · 108
8조 금법 八條禁法 · 17
패관잡기 稗官雜記 · 186
편년체 編年體 · 94
폐정 개혁안 弊政改革案 · 266
포접제 包接制 · 265
풍수 지리설 風水地理說 · 109

| ㅎ |

학도가 學徒歌 · 305
학보 學寶 · 88
학부 學部 · 291
학전 學田 · 159
한·일 병탄 조약 韓日倂呑條約 · 293
한·일 신협약 韓日新協約 · 292
한국독립운동지혈사 韓國獨立運動之血史 · 302
한국통사 韓國痛史 · 301
한림별곡 翰林別曲 · 99
한산기 漢山記 · 49
한성 조약 漢城條約 · 264
한성부 漢城府 · 129
한성순보 漢城旬報 · 263

찾아보기

한인전 閑人田 · 82
한일 의정서 韓日議定書 · 291
한전론 限田論 · 237
합좌 제도 合座制度 · 30
항마군 降魔軍 · 70
항조 抗租 · 209
해동 공자 海東孔子 · 89
해동 성국 海東盛國 · 33
해동고승전 海東高僧傳 · 92
해동역사 海東繹史 · 230
향 鄕 · 64
향교 鄕校 · 135
향교 鄕校 · 96
향규 鄕規 · 144
향도 香徒 · 157
향리 제도 鄕吏制度 · 64
향리 鄕吏 · 73
향반 鄕班 · 220
향안 鄕案 · 220
향약 鄕約 · 144
향약 鄕約 · 220
향약구급방 鄕藥救急方 · 113
향약집성방 鄕藥集成方 · 177
향회 鄕會 · 220
허생전 許生傳 · 244
헌정 연구회 憲政硏究會 · 276
현량과 賢良科 · 143
현령 縣令 · 35, 63
혈의 누 血의 淚 · 285
혜민국 惠民局 · 80
호장 戶長 · 63
호족 豪族 · 53
호질 虎叱 · 245
호패 제도 號牌制度 · 133
홍건적 紅巾賊 · 119
홍길동전 洪吉童傳 · 242
홍문관 弘文館 · 127

홍범 14조 洪範十四條 · 269
홍익인간 弘益人間 · 17
화기 畵記 · 190
화랑도 花郞徒 · 37
화랑세기 花郞世記 · 48
화백 회의 和白會議 · 30
화엄일승법계도 華嚴一乘法界圖 · 44
화엄종 華嚴宗 · 41
화왕계 花王戒 · 48
화원 畵員 · 190
화쟁 사상 和諍思想 · 43
화척 禾尺 · 74
화통도감 火㷁都監 · 114
환곡 還穀 · 224
환곡 제도 還穀制度 · 155
활빈당 活貧黨 · 275
활인서 活人署 · 157
황구첨정 黃口簽丁 · 200
황국 신민의 서사 皇國臣民의 誓詞 · 294
황국 신민화 皇國臣民化 · 294
황국 중앙 총상회 皇國中央總商會 · 280
황국 협회 皇國協會 · 273
황성신문 皇城新聞 · 277
효행록 孝行錄 · 172
후고구려 後高句麗 · 53
후금 後金 · 149
후백제 後百濟 · 53
후시 後市 · 218
후천 개벽 後天開闢 · 223
훈고학 訓詁學 · 91
훈구 勳舊 · 140
훈련도감 訓鍊都監 · 195
훈민정음 訓民正音 · 166
훈민정음운해 訓民正音韻解 · 232
훈요 10조 訓要十條 · 56
휼양전 恤養田 · 159
흥선 대원군 興宣大院君 · 251

**

* 가게의 유래 · 164
* 간지 干支 · 139
* 고구려와 고려 · 20
* 고랑 · 두둑 · 이랑 · 214
* 고려 시대 4경京 · 111
* 고려 시대의 명절 · 81
* 고려의 군사 조직 · 64
* 고려의 중앙관제 · 59
* 고려의 토지 제도 · 84
* 공화국 나누는 방법 · 315
* 관동팔경 關東八景 · 188
* 기機와 기器의 차이 · 282
* 나미법 糯米法 · 208
* 나이 · 200
* 내명부內命婦 · 외명부外命婦 · 252
* '노다지'의 유래 · 281
* 단군의 어원에 대한 여러 주장 · 16
* 단군 조선 檀君朝鮮, 기자 조선 箕子朝鮮, 위만 조선 衛滿朝鮮 · 15
* ~도감 都監 · 59
* 동양의 역사 서술 방식 · 94
* 라마 교 · 42
* 만세 만세 만만세 · 287
* 부部와 부府의 차이 · 292
* 부인夫人과 부인婦人의 차이 · 103
* 북방 민족의 국명 변화 · 69
* 붕당의 변천사 · 203
* 붕당의 원인 · 202
* 사건 용어의 규정 · 316
* 사단四端과 칠정七情 · 178
* 사서 四書 · 46
* 삼국 시대 각 나라의 인구수 · 25
* 서기 西紀, 단기 檀紀 · 34
* 성 姓 · 154
* 신석기 혁명 新石器革命 · 12
* 신문의 발행 주기에 따른 구분 · 263
* 야스쿠니 신사 · 295
* 역사 시대란 · 11
* 열사烈士와 의사義士 · 297
* 5례 五禮 · 173
* 왕실 호칭 · 251
* 왕의 호칭(祖, 宗) · 120
* 왕이 일찍 죽는 이유 · 26
* 왕조실록이 사실대로 기록되었던 이유 · 168
* 용龍과 어御가 "왕王"의 뜻으로 쓰이는 예 · 187
* 우리 민족의 음악 · 115
* 우리나라를 가리키는 다른 용어 · 33
* 유산 상속 · 154
* 윷놀이의 유래 · 30
* 을사 늑약 乙巳勒約 · 292
* 음양 오행 陰陽五行 · 110
* 이성계의 4불가론四不可論 · 119
* 인간 사회의 발전 과정 · 14
* 임금을 부르는 높임말 · 121
* 자字, 호號, 시호諡號 · 236
* 장원급제자에게 주는 품직 · 136
* 전국 8도 지명 유래 · 181
* 조선 성리학의 발전 과정 · 90
* 조선 시대 관청 이름의 차이 · 127
* 조선 시대 벼슬 호칭들 · 137
* 조선 시대 왕들의 순서 · 121
* 조선 시대 외교 공식 언어 · 145
* 조선 시대의 행정 조직과 현재의 행정 조직 비교 · 125
* 조선의 신분 제도 · 151
* 조선의 중앙 정치 조직 · 123
* 조선의 지방 행정 조직 · 129
* 조선 후기 화폐 단위 · 254
* 조정朝廷의 유래 · 92
* 중국 유학의 시대별 특성 · 89

찾아보기

* 춘추春秋의 4가지 의미 · 168
* 풍수 지리설에서의 명당明堂 · 111
* 학파學派란 · 179
* 향약의 덕목 · 144
* 형벌의 종류(5형刑) · 126
* 휴정休靜 스님이 구분한 교종과 선종 · 45